「人事・労務」の実務がまるごとわかる本

望月建吾
水野浩志
堀下和紀
岩本浩一
杉山晃浩

日本実業出版社

はじめに

　人事部門は、「人材によって会社を発展させる」ための経営管理部門であり、たいへんやりがいのある仕事です。また、下の統計資料にもあるように、若手社員にとって人事部門は有数の「人気部門」でもあります。

◆現在、どの部署に配属されたいと思っているか（複数回答）　　※上位15位までを抜粋

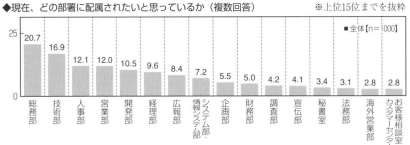

出所：ソニー生命保険株式会社　「社会人1年目と2年目の意識調査2015」

　この若手社員の人事部への配属希望は、ほぼ「採用をやりたい」ということとイコールだと言われていますが、人事部門の業務には、①給与・手続き、②労務管理、③採用、④人事企画があります。
　そして担当業務別の必要なスキル・能力は次のとおりです。

◆業務別人事部員に必要とされる能力・スキル

採用	1. コミュニケーション能力 2. 情報感度 3. プレゼン力 4. 企画・戦略立案力	5. 社内人脈 6. 調整力 7. 情報収集力 8. 社外人脈	9. カウンセリング能力 10. 経営感覚
教育・研修	1. コミュニケーション能力 2. 企画・戦略立案力 3. プレゼン力 4. 情報収集力	5. 専門知識の高さ 6. 情報感度 7. 社内人脈 8. 学習意欲	9. 調整力 10. 経営感覚
人事労務管理	1. 専門知識の高さ 2. コミュニケーション能力 3. 社内人脈 4. 事務処理能力	5. トラブル処理能力 6. 情報収集力 7. 調整力 8. 情報感度	9. 企画・戦略立案力 10. 経営感覚
人事戦略	1. 企画・戦略立案力 2. 経営感覚 3. 専門知識の高さ 4. 情報感度	5. 情報収集力 6. 社内人脈 7. 調整力 8. コミュニケーション能力	9. リーダーシップ 10. 社外人脈
海外人事	1. コミュニケーション能力 2. 異文化理解力 3. 専門知識の高さ 4. 調整力	5. 語学力 6. 情報収集力 7. 情報感度 8. 社外人脈	9. トラブル処理能力 10. 企画・戦略立案力

出所：HR総合調査研究所　「人事のキャリアに関するアンケート調査」　2012年

　つまり、人事の仕事を任されたということは、経営陣があなたにこうした「適性の素地」を見出したからにほかなりません。
　1人でも多くの担当者が、本書を手に取り、誇りを持って人事業務を行っていただければ幸甚です。

2018年4月

代表執筆者　望月　建吾

月	期限	内容（書類名）	提出（納付先）
1月	10日	源泉徴収税額の納付（所得税徴収高計算書）	銀行または郵便局
		住民税特別徴収税額の納付（納入書）	銀行または郵便局
	20日	納期の特例による源泉徴収税額の納付（前年7月〜12月分）（納付書）	銀行または郵便局
	31日	法定調書合計表の提出（源泉徴収票・報酬等支払調書・合計表）	税務署
		給与支払報告書の提出（1月1日現在）（給与支払報告書）	市区町村
		健康保険料・厚生年金保険料の納付（納入告知書、口座振替の場合は不要）	銀行または郵便局 年金事務所
		労働保険の分割納付（第3期）（概算保険料納付書）	銀行または郵便局 労働基準監督署
2月	10日	源泉徴収税額の納付（所得税徴収高計算書）	銀行または郵便局
		住民税特別徴収税額の納付（納入書）	銀行または郵便局
	28日	健康保険料・厚生年金保険料の納付（納入告知書、口座振替の場合は不要）	銀行または郵便局 年金事務所
3月	10日	源泉徴収税額の納付（所得税徴収高計算書）	銀行または郵便局
		住民税特別徴収税額の納付（納入書）	銀行または郵便局
	31日	健康保険料・厚生年金保険料の納付（納入告知書、口座振替の場合は不要）	銀行または郵便局 年金事務所
4月	10日	源泉徴収税額の納付（所得税徴収高計算書）	銀行または郵便局
		住民税特別徴収税額の納付（納入書）	銀行または郵便局
	15日	給与支払報告に係る異動届の提出（給与支払報告に係る給与所得移動届出書）	従業員の住所地の市町村役場
	30日	健康保険料・厚生年金保険料の納付（納入告知書、口座振替の場合は不要）	銀行または郵便局 年金事務所
5月	10日	源泉徴収税額の納付（所得税徴収高計算書）	銀行または郵便局
		住民税特別徴収税額の納付（納入書）	銀行または郵便局
	31日	健康保険料・厚生年金保険料の納付（納入告知書、口座振替の場合は不要）	銀行または郵便局 年金事務所
6月	1日	労働保険の年度更新手続きの開始（7月10日まで）（概算・確定保険料申告書）	銀行または郵便局 労働基準監督署
	10日	源泉徴収税額の納付（所得税徴収高計算書）	銀行または郵便局
		住民税特別徴収税額の納付（納入書）	銀行または郵便局
		納期の特例による住民税の特別徴収額の納付（前年12月から5月分）（納入告知書）	銀行または郵便局
	30日	健康保険料・厚生年金保険料の納付（納入告知書、口座振替の場合は不要）	銀行または郵便局 年金事務所

月	期限	内容（書類名）	提出（納付先）
7月	1日	健康保険・厚生年金保険の月額算定基礎届（7月10日まで） （月額算定基礎届）	年金事務所
	10日	源泉徴収税額の納付（所得税徴収高計算書）	銀行または郵便局
		住民税特別徴収税額の納付（納入書）	銀行または郵便局
		納期の特例による源泉徴収税額の納付（1月～6月分） （納付書）	銀行または郵便局
	31日	健康保険料・厚生年金保険料の納付 （納入告知書、口座振替の場合は不要）	銀行または郵便局 年金事務所
		労働保険料の分割納付（第1期） （概算保険料納付書）	銀行または郵便局 労働基準監督署
8月	10日	源泉徴収税額の納付（所得税徴収高計算書）	銀行または郵便局
		住民税特別徴収税額の納付（納入書）	銀行または郵便局
	31日	健康保険料・厚生年金保険料の納付 （納入告知書、口座振替の場合は不要）	銀行または郵便局 年金事務所
9月	10日	源泉徴収税額の納付（所得税徴収高計算書）	銀行または郵便局
		住民税特別徴収税額の納付（納入書）	銀行または郵便局
	30日	健康保険料・厚生年金保険料の納付 （納入告知書、口座振替の場合は不要）	銀行または郵便局 年金事務所
10月	10日	源泉徴収税額の納付（所得税徴収高計算書）	銀行または郵便局
		住民税特別徴収税額の納付（納入書）	銀行または郵便局
	31日	労働保険料の分割納付（第2期） （概算保険料納付書）	銀行または郵便局 労働基準監督署
		健康保険料・厚生年金保険料の納付 （納入告知書、口座振替の場合は不要）	銀行または郵便局 年金事務所
11月	10日	源泉徴収税額の納付（所得税徴収高計算書）	銀行または郵便局
		住民税特別徴収税額の納付（納入書）	銀行または郵便局
	30日	健康保険料・厚生年金保険料の納付 （納入告知書、口座振替の場合は不要）	銀行または郵便局 年金事務所
12月	10日	源泉徴収税額の納付（所得税徴収高計算書）	銀行または郵便局
		住民税特別徴収税額の納付（納入書）	銀行または郵便局
		納期の特例による住民税の特別徴収額の納付（6月から11月分） （納入告知書）	銀行または郵便局
	31日	健康保険料・厚生年金保険料の納付 （納入告知書、口座振替の場合は不要）	銀行または郵便局 年金事務所

「人事・労務」の実務がまるごとわかる本 ◆ もくじ

はじめに

年間スケジュールをチェック！（各種手続きの提出書類と納付先）

1章　人事部の役割と業務の基本を押さえよう

1　人事部でやるべきことの全体像を押さえよう …………………… 10
2　会社のなかでの人事部の位置づけ ……………………………… 12
3　キャリアのなかでの人事・労務業務 …………………………… 14
4　「よい人事・労務担当者」になるための要件 ………………… 16
5　法律のなかの人事・労務業務の位置づけ ……………………… 18
6　人事・労務のなかの給与・手続き業務の位置づけ …………… 20
7　人事・労務のなかの労務管理業務の位置づけ ………………… 22
8　人事・労務のなかの採用業務の位置づけ ……………………… 24
9　人事・労務のなかの人事企画業務の位置づけ ………………… 26

column　人事部は非生産部門ではない！　28

2章　手続き・給与計算業務の基本を押さえよう

1　手続き・給与計算業務の全体像を押さえよう ………………… 30
2　入社の手続き　①雇用保険 ……………………………………… 32
3　入社の手続き　②社会保険 ……………………………………… 34
4　退職の手続き　①雇用保険 ……………………………………… 36
5　退職の手続き　②社会保険 ……………………………………… 38
6　扶養異動の手続き　①社会保険 ………………………………… 40
7　扶養異動の手続き　②社会保険 ………………………………… 42
8　保険証等を再発行するときの手続き …………………………… 44
9　給与額が大幅に変わった際の手続き …………………………… 46
10　年次の手続き　①労働保険 ……………………………………… 48
11　年次の手続き　②社会保険 ……………………………………… 50
12　賞与を支払った際の手続き ……………………………………… 52

13	私傷病で休んだ際の手続き	54
14	私傷病で高額の医療費を支払った際の手続き	56
15	出産に関する手続き　①社会保険	58
16	出産に関する手続き　②健康保険	60
17	育児休業に関する手続き　①雇用保険	62
18	育児休業に関する手続き　②健康保険	64
19	定年再雇用に関する手続き	66
20	労災の手続き　①療養(補償)給付	68
21	労災の手続き　②休業(補償)給付	70
22	労災の手続き　③労働者死傷病報告	72
23	労災の手続き　④第三者行為災害	74
24	給与計算の全体像を押さえよう	76
25	マスター情報を変更するときは	78
26	社会保険料が決定・改定されるときは	80
27	労働保険料を計算しよう	82
28	源泉所得税を計算しよう	84
29	住民税額を給与計算に反映しよう	86
30	割増賃金の計算　①どんな情報をマスター登録するべきか	88
31	割増賃金の計算　②計算するときはどんな情報を取り込むのか	90
32	欠勤等控除を計算しよう	92
33	退職時に発行する源泉徴収票	94
34	退職時の住民税の手続きはこうする	96
35	賞与計算　①労働・社会保険料控除	98
36	賞与計算　②源泉所得税控除	100
37	年末調整　①事前準備	102
38	年末調整　②税額の確定と提出	104

column　保険証手続きが信頼の失墜にも繋がる　106

3章　労務管理業務の基本を押さえよう

1	人事・労務部門の守りと攻め	108
2	経営理念の周知・啓蒙	110

3	就業規則の周知	112
4	労働契約は会社と社員の約束事	114
5	時間外労働には36(サブロク)協定が必須	116
6	労働条件通知書と労働契約書の効力	118
7	企業秩序遵守義務、服務規律とは何か	120
8	懲戒処分のあらましと運用・手続き	122
9	競業避止義務と企業側の対策	124
10	公益通報と内部通報制度	126
11	配転命令の原則を押さえよう	128
12	年次有給休暇と時季変更権	130
13	所定労働時間と所定外労働時間(残業)	132
14	労働時間の適正な把握	134
15	労働時間制度　①原則と例外	136
16	労働時間制度　②変形労働時間制	138
17	妊娠・出産・育児・介護の両立支援制度	140
18	労働契約の解消　①4類型・解雇	142
19	労働契約の解消　②退職勧奨	144
20	労働契約の解消　③有期労働契約の雇止め	146
21	セクハラの事前措置と事後措置	148
22	パワハラのリスクと指導教育との境界線	150
23	安全衛生管理体制の整備	152
24	メンタルヘルス対策と安全配慮義務	154
25	ストレスチェックと実施の流れ	156
26	労働基準監督署への対応　①労働基準監督署の役割	158
27	労働基準監督署への対応　②是正勧告	160
28	合同労組(ユニオン)への対応　①団体交渉	162
29	合同労組(ユニオン)への対応　②団体交渉の場所・出席者	164
30	合同労組(ユニオン)への対応　③労働協約の締結	166

column 法的リスクも覚悟の労務管理　168

31	助成金　①助成金の基礎知識	169
32	助成金　②助成金の目的	172
33	助成金　③助成金と労務管理	174

| 34 | 助成金　④申請の仕方 | 176 |
| 35 | 助成金　⑤受給に向けた対策 | 178 |

column　助成金申請業務が得意な社労士とは？　180

4章　採用業務の基本を押さえよう

1	なぜ採用が大切なのか	182
2	求める人材像を明確化する方法	184
3	事業運営に必要な労働力の調達形態	186
4	ゼネラリストとスペシャリスト	188
5	新卒採用と中途採用の使い分け	190
6	新卒採用のスケジュール	192
7	中途採用のスケジュール	194
8	正規雇用と非正規雇用の選択	196
9	非正規雇用の法的留意点	198
10	労働者派遣契約と請負契約	200
11	募集条件の決定方法	202
12	衛生要因を満たす最低限の賃金設計	204
13	応募者の母集団を増やす方法	206
14	自社アピール戦略	208
15	社長の声が届く採用ホームページとは	210
16	採用にSNSを活用する際の極意	212
17	面接官を育成しよう	214
18	採用選考時に配慮すべき事項	216
19	応募者の個人情報の正しい取扱い	218
20	採用選考時の健康診断の留意点	220
21	面接時の評価エラーを防ぐ	222
22	インターンシップの活用	224
23	会社合同説明会の実施	226
24	採用時の提出書類から応募者を読み解く	228
25	内定辞退を防止するテクニック	230

column　自社採用専用ホームページを一工夫　232

5章　人事企画業務の基本を押さえよう

1. 人事企画で行う全体像を押さえよう ……… 234
2. そもそも「人事制度」とは何か ……… 236
3. 人事評価の流れ ……… 238
4. 役割責任達成度評価でやるべきこと ……… 240
5. 目標達成度評価でやるべきこと ……… 242
6. 評価者研修の方法 ……… 244
7. フィードバック面談の進め方 ……… 246
8. 人事制度づくりの基本原則 ……… 248
9. 人事制度づくりのファシリテーション ……… 250
10. 評価制度のつくり方 ……… 252
11. 処遇のつくり方 ……… 254
12. スタッフィングの基本 ……… 256
13. 人事異動管理　①異動の検討～内示 ……… 258
14. 人事異動管理　②発令～手配 ……… 260
15. 人材育成業務の基本 ……… 262
16. 研修会社の活用 ……… 264
17. 研修オペレーション ……… 266
18. メンター研修　①メンタリングの目的と効果 ……… 268
19. メンター研修　②メンターの人選 ……… 270
20. メンター研修　③カリキュラム ……… 272

column 成果主義が日本企業に根付かなかった理由　274

参考文献　275

カバーデザイン／志岐デザイン事務所(萩原 睦)
本文DTP／一企画

1章

人事部の役割と業務の基本を押さえよう

人事部でやるべきことの全体像を押さえよう

✅ 人事部は大きく4つの業務がある

　人事部の業務は、次ページ掲載の図のように、「給与・手続き」「労務管理」「採用」「人事企画」の4つの業務に分かれています。前者2つが**労務系の業務**、後者2つが**人事系の業務**です。

　そして、人事パーソンとしての**キャリアの段階**（等級、役職、経験値など）に応じて、「オペレーション→運用→企画」と果たすべき役割があります。

給与・手続き

　労働・社会保険事務手続きをし、給与計算を行う業務です。

　キャリア段階でいうと「オペレーション」に位置する業務ですが、人事制度も労務管理も正確な給与計算なくしては成り立たないので、とても大切な業務です。

労務管理

　会社や人事権者が、健全な労使関係を維持するためのサポートをする業務です。

　労働条件や服務規律を、法令遵守はいうまでもなく、会社の実態と時代にも合ったものにつくり上げて公正な運用を支援していきます。

　キャリア段階でいうと「運用」から「企画」に位置する業務で、この業務を担当するには「オペレーション」段階の業務である給与・手続き業務の経験は欠かせません。

採用

　文字どおり人材を採用する業務です。人事権者の採用ニーズを吸い上げて、採用の必要性の有無を検討し、会社が求める人材を効果的に採用できるよう採用広報を行い、採用形態や媒体を検討し、会社や人事権者の採用活動をサポートします。

　キャリア段階でいうと、「オペレーション」から「企画」まで幅広いキャリア段階に役割が及んでいる業務です。

人事企画

　人材育成に効果的な仕組みをつくり、運用していく業務です。会社や人事権者の意見を吸い上げて、「理想の従業員像」により近づけるような施策を実施できるよう会社や人事権者をサポートします。

　キャリア段階でいうと、採用業務と同様、「オペレーション」から「企画」まで幅広いキャリア段階に役割が及んでいる業務です。

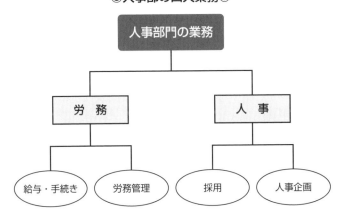

●人事部の四大業務●

●人事部の業務と役割の関係性●

	給与・手続き	労務管理	採用	人事企画
企画		・賃金制度、退職金制度企画 ・その他福利厚生制度企画	・採用計画 ・採用広報企画	・人事制度企画 ・要員計画 ・人件費計画 ・(人事権者とともに)人事異動案起案 ・教育体系企画 ・教育プログラム企画
運用		・就業規則整備 ・労務リスク対応 ・賃金制度、退職金制度運用 ・その他福利厚生制度運用	・採用活動 ・採用広報運用	・人事制度運用(人事権者の支援など) ・適性人件費管理 ・人事異動調整(通達、内示サポートなど) ・教育プログラム運用(日時・会場決定、研修会社選定など)
オペレーション	・労働社会保険手続き ・給与計算 ・勤怠データの集計	・労務管理オペレーション(健康診断事務局など)	・採用オペレーション(候補者への連絡、案内など)	・人事企画オペレーション(評価の取りまとめ、通達文面作成・発信作業、研修事務局など)

会社のなかでの人事部の位置づけ

☑人事部は社内でどのように関わっているのか

人事部は、企業の「経営管理」を行う部門の1つです。経営管理を行う部門は、社内で以下の4つの役割を果たします。
①経営陣の参謀役
②他部門のサポート役
③全社的な伝達役・取りまとめ役・けん制役
④全社的な推進役・事務局

つまり、人事部は、前項で解説した四大業務を通じて、上記4つの役割を果たす経営管理部門です。

①経営陣の参謀役

人事部は、**人事・労務分野における経営陣の「参謀役」**です。

経営陣は経営戦略部門のサポートを得て、人事戦略を含めた経営戦略を立てます。

人事部は、人事・労務分野について経営陣の戦略立案をサポートします。社内外の必要な情報を収集・分析をし、経営陣の戦略立案のために必要な情報提供、改善策の企画・立案、専門部署としてのアドバイスを行います。

●人事部と経営陣との関係性●

ミッションを与える

人事・労務に関する
情報取集、情報提供、企画、
立案、分析、助言

②他部門のサポート役

人事部も含めた経営管理部門には、各部門が与えられた本来の役割を満

足に果たせるようその活動をサポートする役割があります。従業員が働きやすい環境をつくるため、就業規則を整備して健全な労使関係を維持したり、有効な人事制度や人材育成策などを企画・運営します。

そうした制度は、部署ごと・人事権者ごとの恣意的な運用ではなく、決められたルールに沿って正しい運用がされることで、会社のなかで各組織・各従業員が最大限機能します。そのための「**人事権者のサポート**」も欠かせない業務です。

●人事部と他部門との関係性●

人事部門 → 他の経営管理部門
　　　　 → 営業部門
　　　　 → 製造部門ほか他部門

①働きやすい環境づくり
②人事権者のサポート

③全社的な伝達役・取りまとめ役・けん制役

人事部も含めた経営管理部門には、**各部門の伝達役や取りまとめ役の役割**があります。

会社の考えを全従業員に正しく伝え、会社が求める方向に進んで行けるよう取りまとめます。また、会社が求める正しい形で制度などが運用されるべく、時にはけん制役の役割も果たします。

人事部は、人事・労務分野の専門部署として、これらの役割を全うします。

④全社的な推進役・事務局

人事部は、人事・労務分野の専門部署として、会社が実施する**施策の推進役や事務局**としての機能も果たします。

近年は、「働き方改革」への取り組みや人事制度づくりなどを、経営陣と人事部だけの"密室"ではなく、公募のプロジェクトチームで取り組むケースが主流になってきました。人事部の推進役としての機能がより一層求められています。

キャリアのなかでの人事・労務業務

✓ 人事部員には２種類のキャリア類型がある

人事部員には以下の２種類のキャリア類型があります。

①プロパー型
②ジョブローテーション型

①**プロパー型**とは、新卒配属や比較的若い年次の段階で人事部員となり、定年退職や役付役員（専務、常務など）になるまで**一貫して人事としてのキャリアを歩むパターン**です。新卒配属で人事部員になった場合は、人事・労務に関する法知識や給与構造を理解するために給与・手続き担当（の補助業務）から入ることが多いと思います。

また、メガバンクの人事部員のように、現場を７年から８年程度経験した30歳前後で人事部に配属され、以降部長クラスになるまで人事としてのキャリアを重ねる場合もあります。途中数年間、国内外の関連会社の人事担当役員・管理職として出向したり、別部門に管理職として異動することもあります。

プロパー型人事部員は、前述の**四大業務を広く深く経験した人事の専門家**です。特に、若い段階で給与・手続き担当を経験している人は、給与計算も深く理解したうえで制度設計もできる貴重な人材になっていきます。

一方、②**ジョブローテーション型**とは、プロパー型人事部員とは違い一貫して人事としてのキャリアを歩まず、**ジョブローテーションで人事部に配属されてくるパターン**です。

よくあるケースとして、現場で同期トップクラスの実績を残し28歳前後で最年少の主任職に就いた30歳前後のエース人材を人事部に異動させ採用や人事企画業務を担当させる場合があります。

また、役員一歩手前の部長職や役員就任直後の方を、将来の役付役員候補として人事部長にしたりする場合などがあります。したがって、上場企業の社長には人事部長経験者が少なくありません。

前述のように人事部は、経営陣の人事戦略づくりを支援する経営管理部門ですので、**優秀な人材に本来の専門分野を離れて「多様な経験」を積ませる有望部門**でもあります。

✅効果的なキャリアルート

プロパー型人事部員として人事の専門家を目指す効果的なキャリアルートについて解説します。

多くの会社の人事部を渡り歩きながら最終的に有名企業の人事部担当役付役員まで「わらしべ長者」のようにキャリアアップしている人もたくさんいます。

彼らは、小規模から大規模まであらゆる業種の人事部長・役員を経験し、転職をすることにより、より大規模の会社に・より上の職位にキャリアアップをしていきます。一方で、転職をすることなく同じ会社で一貫して、このようなキャリアを重ねる人事部員もいます。

まず、給与・手続き担当者の経験は20代のうちに済ませておくのがよいでしょう。**給与・手続きのオペレーションの経験は、プロパー型人事部員には必須の経験**です。しかし、年齢を重ねるごとに、運用⇒企画の役割を期待され、オペレーション職に転職するチャンスも減っていくからです。

また、人事としての得意分野はそれぞれあったとしても、前述の**四大業務の幅広い経験を、できれば35歳から40歳までにしておく**ことをお勧めします。管理職としての役割を求められる以前に、担当者〜課長代理クラスとして、一度は四大業務すべてを経験しておきましょう。

それ以降は人事マネージャーとして、部下のマネジメントと四大業務の企画の役割を期待されるので、それに向けての「地力を蓄える」時期です。

●人事・労務キャリアフロー（一例）●

クラス	役割	
役員クラス	人事部門を管掌する役員	⇔ 現場のエース人材
部長クラス	人事マネージャーをマネジメントする部長職	⇔
課長クラス	人事マネージャー	⇔
課長代理・主任〜4年目クラス	採用（運用）⇔ 労務（運用）⇔ 人事企画（運用）	
3年目〜新卒クラス	給与・手続き（オペレーション）	

人事部の役割と業務の基本を押さえよう

「よい人事・労務担当者」になるための要件

✓ 人事部員に必要な3つの重要ポイント

　優秀な人事部員になるためには3つの重要ポイントを押さえることが欠かせません。

①マインド

　人事部は、人事・労務の専門部署のなかの「経営管理部門」として、1）経営陣の参謀役、2）他部門のサポート役、3）全社的な伝達役・取りまとめ役・けん制役、4）全社的な推進役・事務局の役割を果たします。

　したがって、**人事部員に健全な「他者への関心」**がないと人事部の役割を果たすことができません。人事部員は第5章に掲載したメンターに要求される「**聴く**」**スキル**を駆使し、他者の言っていることを聴いてください。

　一方で、人事部員のなかには、Lose-Winの考え方で、自分を犠牲にして他者のために生きるマインドの方も散見されますが、それでは何の解決にもなりません。

　「聴く」スキルで他者の言っていること・言いたいことを聴いたうえで、迎合するのではなく、次ページに掲載した「**アサーション**」のスキルを駆使してほしいと思います。自分と他者の双方に敬意を払い、他者の主張を聴くだけではなく、自分・自部門の主張も相手に正しく伝え、双方の願望を満たす「**双方勝利**」のコミュニケーションを目指してください。

②スキル

　人事部員は、前掲の役割を果たすために、**①実務スキルと②管理スキル**の双方を身に付けなくてはなりません。

　実務スキルには、1）**ビジネスパーソンとしての基本スキル**と、2）**人事部員としての基本スキル**があります。経営管理部門として前述の4つの役割を果たす人事部員は、ビジネスマナー、プレゼン力、PCスキルなどのビジネスマンとしての基本スキルは当然、同世代・同等級の他部門従業員よりはハイレベルでないといけないでしょう。

　また、前掲の「人事部の業務と役割の関係性」の表で示した、企画段階

までには、「給与・手続き」「労務管理」「採用」「人事企画」のすべての業務を担当者として経験することで、人事パーソンとしての基本スキルを習得するキャリアを意識して働いてください。

③ナレッジ

前述のプロパー型人事部員もジョブローテーション型人事部員も、**労働基準法をはじめとした人事・労務に関する法知識**は等しく習得しておかなくてはなりません。社会保険労務士試験の学習経験があり、「給与・手続き」の担当者としての実務経験がある人事部員に関しては、この点は及第点のケースも少なくありません。

一方で、ジョブローテーション型人事部員は、人事部に配属された段階の等級や職位が高位であればあるほど、この「基礎体力」をおろそかにしている傾向にあります。

また、プロパー型人事部員でも、「給与・手続き」「労務管理」といった労務系業務の担当者レベルの経験が少なく、「採用」「人事企画」といった人事系業務の経験中心のキャリアですと、ジョブローテーション型人事部員と同じ傾向があります。

● 「アサーション」とは ●

(1) 主張する価値があるか自問してみる
(2) タイミングに注意する
(3) 「私メッセージ」を使う
　「私」を主語にして表現する「私メッセージ」を使うことで、自分の考えや感情を表現する提案型のメッセージになり押し付けがましくありません。
(4) 肯定的表現を使う
　同じことを否定的ではなく肯定的に表現することで、相手に不快感を持たせないように配慮します。良くない例：「そんな仕事ではダメだ」
(5) 具体的に言う
　自分の意図を正確に伝えます。良くない例：「この企画書、もっと何とかならないか」
(6) 「依頼」の基本形は、感情＋説明(理由)＋依頼内容＋承諾してもらうことの肯定的効果
(7) 「断り」の基本形は、謝罪(感謝)＋説明(理由)＋断りの表明＋代替案
(8) 「非言語表現」も使う
(9) 「聴く」スキルを使う

法律のなかの人事・労務業務の位置づけ

✓ 労働基準法と労働契約法

人事業務では様々な場面で以下のような法規に接することになります。

強行法規

人事・労務業務に深く関係する法律として**労働基準法（労基法）**があります。労基法は、**労働条件の最低基準を定めた「強行法規」**ですので、この基準に満たない就業規則や労働契約は、その部分が無効となりますし、使用者が法律を守らないと罰金刑や懲役刑に処せられることもあります。

「労働者保護法」の強行法規としての役割を果たす代表的な法律は以下のとおりです。

```
①労働基準法
②労働安全衛生法
③労働者災害補償保険
④最低賃金法
⑤雇用の分野における男女の均等な機会及び待遇の確保等に関する法律（男女雇用
　機会均等法）
⑥短時間労働者の雇用管理の改善等に関する法律（パートタイム労働法）
⑦育児休業、介護休業等育児又は家族介護を行う労働者の福祉に関する法律（育児
　介護休業法）　など
```

また、「労働者のための社会保障法」の強行法規としての役割を果たす法律は以下のとおりです。

```
①雇用保険法
②健康保険法
③厚生年金保険法　など
```

行政通達

労働基準法等の条文の解釈について、厚生労働省（または旧労働省）の公的な解釈・見解を示したものとして**「行政通達」**があります。本来は厚生労働省の内部見解に過ぎず一般企業への拘束力はありません。しかし、厚生労働省の行政指導等はこの行政通達を前提に実施され、裁判例もこの行政通達を重視した判示をする傾向があるため、**実質的には一般企業へも**

影響が及びます。

厚生労働省の行政通達の代表的な種類は以下のとおりです。

発基…事務次官による労働基準局関連の通達
基発…労働基準局長による通達
基収…労働基準局長による省内下部組織からの解釈照会への回答
基監発…労働基準局監督課長による通達

そのほかにも、**収監、発婦、婦発、婦収、女発、女収**などがあります。

任意法規

労働基準法と労働契約法との関係については下図をご覧ください。前述のとおり、労働基準法は強行法規です。一方、**労働契約法は「任意法規」であり、罰則もありません**。

労働基準法の労働契約に関する規定は、「労働契約締結時の遵守事項」に関するものであり、当事者が「契約自由の原則」に則って締結した労働契約の有効性の判断基準を定めた法律がなかったため成立したのが労働契約法です。労働契約法の内容は、**これまでの判例法理の積み重ねを条文化したもの**といわれています。

我が国は「制定法主義」を採っていますが、法律の解釈のため裁判例を活用しています。特に、最高裁判例は、後継の判例で「判示を変更」しない限り、下級審はもとより今後の最高裁判決もその内容で拘束されます。一般企業への拘束力はないものの、民事の場における判断の方向性の基準として活用されます。

したがって、人事部員は、最高裁判例を中心とした**労働裁判例の勉強も**しておかなくてはなりません。

●労働基準法と労働契約法の関係●

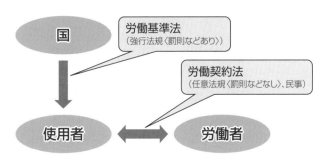

人事・労務のなかの給与・手続き業務の位置づけ

☑手続き業務には２つのタイミングがある

　人事制度も労務管理も正確な給与計算なくしては成り立たないので、「給与・手続き」はとても大切な業務です。担当者には、**漏れのない手続きと正確な給与計算**が求められています。

　手続き業務での届出・変更の情報の多くは、給与計算業務にも必要な情報でもあります。手続き業務には以下の２つの手続きのタイミングがあることを理解してください。

> (1)従業員等の申請に基づき手続きするもの
> (2)過去の給与データに基づき手続きするもの

　(1)**従業員等の申請に基づき手続きするもの**とは、資格取得や喪失、扶養異動、住所・氏名変更、保険証の再発行など従業員や所属長からの申請がないと人事部が手続きの要否を気づけないものです。これを漏れなく行うためには、「従業員から必要な情報を申請してもらう書式」を整備しておかなくてはなりません。

　一方、(2)**過去の給与データに基づき手続きするもの**とは、年度更新、算定基礎届、月額変更届など従業員等からの申請ではなく会社が保有する給与計算データに基づき手続きするものです。これは担当者が**年次の手続きスケジュールで行うべき手続きを把握して抜け・漏れなく手続き**しなくてはなりません。いずれも詳しい内容は第２章で解説いたします。

☑ミスを防ぐには従業員の申請情報の把握が必須

　実務上、**手続きが遅れたり漏れてしまいがちなのは(1)の手続き**です。人事部では、担当者が手続きに必要な情報を抜け・漏れなく把握できるよう、次ページ掲載の「身上（異動）届」の社内書式を整備しましょう。

　加えて、身上（異動）届を補う情報を収集するため、「通勤経路（変更）届」「賃金の口座振り込みに関する同意書」「賃金辞令」なども必要です。

　また、ただ単に書式を整備するだけではなく、新入社員研修や中堅社員研修など社員研修の際には、「人事部に申請が必要な場合」という内容の

カリキュラムを短時間でもいいので設定し、給与・手続き担当者が説明する時間を設けてください。

　また、管理職研修の場では、「部下に人事部に申請させる場合」という内容を、人事部内の労務系部署の管理職が、他部門の管理職向けに説明してください。そして、これを1回限りではなく、毎年根気強くやって定着を図っていきましょう。

　このように、**手続きと給与計算ソフトのマスター登録に必要なすべての情報を間違いなく人事部が把握できる「ハードとソフト」を用意し実行する**のが大切です。

●記載例　身上（異動）届●

身上（異動）届

提出日：○○年8月6日

1. 従業員（本人）に関する情報

| 社員番号 | 320 | 部署・役職 | 人事本部
人事企画部
人材採用課長 | 等級 | M級 | 氏名 | 水谷 浩志　印 |

2. 異動内容に関する情報　（今回の届出内容を全てチェック）
■住所届／住所変更届　（通勤経路を新たに届出または変更する場合は、併せて「通勤経路（変更）届」も提出）
■出生届
■被扶養者の増減
　（結婚・出生・家族の収入減少などにより扶養に入れるとき、家族の就職などにより扶養からはずれるとき　など）
□その他（　　　　　　　　　　　　　　）

3. 住所届／住所変更届に関する情報

郵便番号・住所	〒145-0071 東京都大田区田園調布0-0-0
電話番号	03-0000-0000
居住開始	平成30年7月21日

4. 出生届

| フリガナ | ミズタニ コウキ | 続柄・性別 | 子・男 |
| 氏名 | 水谷 皇輝 | 生年月日 | 平成30年8月3日 |

5. 被扶養者の増減　（今回申請する被扶養者だけを記入）

増減の種別	増　・　減（増に○）	増減年月日	平成30年8月3日
フリガナ	ミズタニ コウキ	続柄・性別	子・男
氏名	水谷 皇輝	年収	0円
職業 （無職、パート、小学3年生、大学2年生などと詳細を記入）	0歳児		
理由	出生のため		
増減の種別	増　・　減	増減年月日	
フリガナ		続柄・性別	
氏名		年収	
職業 （無職、パート、小学3年生、大学2年生などと詳細を記入）			
理由			

※扶養増減が3名以上ある場合は、続紙に記入のこと

上記のとおり申請いたします。

労務管理部長	労務管理部 担当者	所属長 ※課長以上は不要
DATE印	DATE印	DATE印

人事部の役割と業務の基本を押さえよう

人事・労務のなかの労務管理業務の位置づけ

✓ 健全な労使関係を維持する就業規則

　労務管理業務は、会社や人事権者が、健全な労使関係を維持するためのサポートをする業務です。**労務管理担当者の最重要業務の1つに、「就業規則の整備」**があります。

　就業規則には以下の2つの「原則的な」目的（①②）と1つの「新しい」目的（③）があります。

①労働条件の集合体
②服務の規定の集合体
③担当者の業務マニュアル

　まず①②に関連する事項として、**人事制度は評価・等級・処遇を結びつける制度であり、実際の賃金を含む労働条件を定めた就業規則とは一体不可分の関係**にあります。給与・手続き担当は、就業規則の内容に基づき正確な給与計算を行います。

　また、就業規則に違反する従業員は懲戒処分に処される場合があり、「人繰り」にも影響を及ぼします。つまり、就業規則は労使が健全な労使関係を維持するための「スタートライン」として、労務管理業務の根幹をなす極めて大切なものです。

　また、近時の就業規則には、①②の「原則的な」目的に加えて、③の「新しい」目的も期待される傾向があります。

　入社時の提出書類やマイナンバー管理の対応、退職時の業務引き継ぎなど、**所属長や人事部員が「どのように対応したらよいのか」を就業規則に詳しく記載**することでこの役割を果たすことが増えてきました。

　なお、労務管理担当者が整備するべき就業規則の種類の一例は次ページ上表のとおりです。

✓ 就業規則の運用

　労務管理担当者は、従業員や人事権者からの相談とその対応に、多くの時間を取られます。持ち込まれる相談内容は、通常どおりの手続きの依頼や情報照会だけではなく、**労務トラブルの案件**も少なくありません。

●就業規則と別規程（一例）●

(1) 就業規則（本則）
(2) 賃金規程
(3) 退職金規程
(4) 育児介護休業規程
(5) 慶弔見舞金規程
(6) 社宅管理規程
(7) 契約社員就業規則
(8) パート社員就業規則
(9) 嘱託社員就業規則
(10) 短時間正社員就業規則などの「多様な正社員」のための就業規則
(11) 転勤規程
(12) 国内出張旅費規程
(13) 海外出張旅費規程　など

　労務トラブルの対応判断は就業規則に則って行われます。したがって、労務管理担当者は**会社の就業規則の内容に精通していなくてはなりません**。

　しかし、労務管理担当者は、以下のような「イレギュラー対応」を要望される場合も少なくありません。

①就業規則の規定とは違う"例外対応の要望"
②就業規則の規定の行間をついた自分に都合のいい要望　など

　就業規則の運用は「公正」でなくてはなりません。したがって、"人によって違う"運用にならないように、就業規則（本則）と別規程、内規（規程の運用細則や過去の個別対応前例の集約）は、労務トラブルのつど、実態に合う形に順次アップデートしていくことを心がけてください。

　こうした相談に対して労務管理担当者は、まずは「聴く」ことを徹底してください。聴くことだけで問題が解決することも少なからずあります。

　また、相談や苦情を申し立てる一方だけの話を聴いて判断することをせず、必ず相手方や関係者の話も併せて聴くことで事実を1つひとつ積み上げていくことを忘れないでください。**初任担当者が相談対応の初動を担当する場合には、相手の話を聴きつつも決して独力で判断しようとせず、必ず所属長に聞き取り事実を伝えてバトンタッチをしてください。**

　最後に、労務管理担当者は、こうした労務トラブルの相談対応について、やり取りの記録と判断の根拠資料の保存、そして担当者同士の共有を徹底していただきたいと思います。

人事・労務のなかの採用業務の位置づけ

✅ 採用難も見据えての人材確保

　少子高齢化が進むわが国では、将来的な採用難も見据えた人材確保対策として、以下のような取組みが重要視されています。

採用広報

　採用活動に伴う広報活動を「採用広報」といいます。採用広報の目的は、「会社が採用したい人材」を採用することです。採用広報というと新卒採用を思い浮かべますが、**「採用難」の時代にあっては中途採用者に向けての採用広報も重要**になっています。一般的な採用広報のやり方は以下のとおりです。

```
①新卒採用サイト、転職サイト等に求人情報を掲載
②自社の採用専門サイトを開設
③会社説明会の開催
④就転職イベントや合同説明会へ参加
⑤自社の採用専門パンフレットの作成
⑥自社の採用専門SNSでの広報活動
⑦インターンシップを活用した採用誘引　　など
```

　次ページの1つ目の統計資料にあるように、少なくとも若年者を中心とした候補者の多くは、"ブラック企業"で働きたくないことは明白です。

　そして2つ目の統計資料にあるように、彼らの考える"ブラック企業"の定義も、未払い残業や違法な長時間労働といった法違反や、ハラスメントや名ばかり管理職といった違法状態・不法行為を行っているというだけではありません。

　「給与が低い」「福利厚生が未整備」「社員教育が行われていない」「人事制度が未整備」といった、「その会社での将来の成長イメージ」に関する不具合・未整備のある会社も、就職したくない"ブラック企業"であると解釈されています。

　つまり、「会社が採用したい人材」に訴求し、実際に採用できるかについては、闇雲に会社情報を発信するだけでは何の解決にもなりません。

　近時の採用には、労務管理業務で健全な労使関係を維持するだけではな

く、人事企画業務で「会社が採用したい人材」に選んでもらえる人事制度づくりと公正な運用を行うことが欠かせません。そして、そうした会社の人事・労務の取り組みを、どんどん「会社が採用したい人材」に向けて発信していくことが、何よりの採用広報になります。

採用活動

「採用難」の時代にあっては、新卒採用と中途採用、あるいは正社員とそれ以外という単なる二分論では、「会社が採用したい人材」を採用できなくなっています。これに対して、以下のような通常の正社員以外の「**多様な正社員**」制度を設ける会社も増えております。

① 短時間正社員
② 地域・職種限定正社員　など

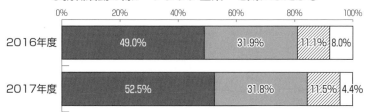

●就職活動の際、"ブラック企業"を気にしたか●

出所：三菱ＵＦＪリサーチ＆コンサルティング株式会社「2017（平成29）年度新入社員意識調査アンケート結果」

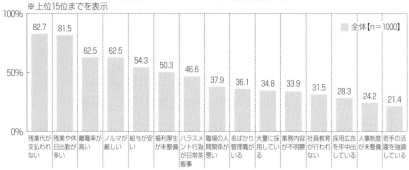

●"ブラック企業"のイメージ●

出所：日本労働組合総連合会　「就職活動に関する調査」　2014年6月12日

人事・労務のなかの人事企画業務の位置づけ

☑「理想の従業員像」に近づける施策の実施

　人事企画業務においては、従業員を「会社が求める理想の従業員像」に近づけるために、以下のような施策を実施していきます。

制度設計

　前述のとおり、"ブラック企業"といわれないような人事制度をはじめとした人材育成策を導入・実施していないと、「会社が採用したい人材」は採用できません。

　また、採用難の時代には、優秀な人材を社内に確保しておく「リテンション」の重要性が高まります。これは「退職率管理」「定着率管理」に直結し、処遇が賃金制度や退職金制度などの福利厚生制度と結びついて「この会社での将来像」を見える化できることが重要です。

　次ページに、近時の人事評価の概念図を掲載しました。ここ10年余りは、「コンピテンシー」と「アカンタビリティ」の2種類の指標を基に評価するのが主流です。

　コンピテンシーとは、その会社で「高い業績を上げる従業員の行動特性」を分析し、それを見える化したものです。コンピテンシーはいわば**「理想の従業員」の行動特性**で、これにより近づいた従業員を高く評価できます。

　次に、**アカンタビリティ**は、人事評価では**「業績を達成する責任」**と訳されます。コンピテンシーだけでは評価しきれない「業績」面を評価できます。「会社が採用したい人材」を採用し、適切なリテンションを達成できる人事制度づくりについては第5章で詳述します。

公正な制度運用

　人事制度は、「賃金原資を明確な基準に沿って公正に分配するもの」なので、基準を見える化するだけでなく、運用についてもあらかじめ示された公正な基準にしたがって実施しなければなりません。

　よい制度を設計しても、会社や人事権者が"恣意的な"運用をしていては、会社が残ってもらいたいと思っている「優秀な人材」のリテンション

には繋がりません。

前述のとおり人事部は、人事・労務の専門部署としての「経営管理部門」として、1）経営陣の参謀役、2）他部門のサポート役、3）全社的な伝達役・取りまとめ役・けん制役、4）全社的な推進役・事務局の役割を果たします。

詳しくは第5章で述べますが、**会社が公正な制度運用ができるよう、サポートするのも人事部の重要な役割です。**

●近時の人事評価の概念図●

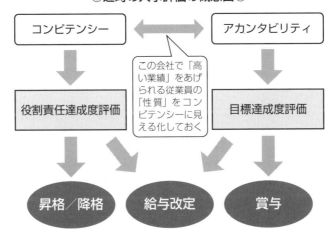

●コンピテンシーづくりの2つのアプローチ手法●

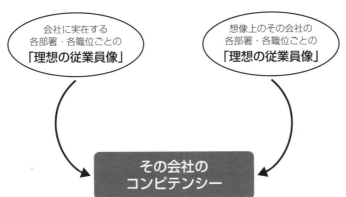

人事部は非生産部門ではない！

人事パーソンはつらいよ？

　人事部員時代、「人事部は"非生産部門"だから、売上を稼いでくる営業部門に敬意を払わないとダメだ」と同僚が言われたということを、しばしば耳にしました。

　また、リストラを検討する際に、「売上を生まない人事部などの"間接部門"から先に」ということも一般的によく行われています。賞与支給においては、同じ評価結果であっても、間接部門の支給額（率）は直接部門のそれよりも劣る運用をしている会社も少なくありません。

　こうした「人事部軽視」のカルチャーを持つ一部の会社に勤めている人事パーソン、特に本章で解説した「プロパー型人事部員」のなかには、「誇りを持って仕事ができない」と感じておられる人も少なくないでしょう。

人事部は「プロフィットセンター」である

　本章で解説したとおり、人事部は、人事・労務の専門部署として、1）経営陣の参謀役、2）他部門のサポート役、3）全社的な伝達役・取りまとめ役・けん制役、4）全社的な推進役・事務局の役割を果たす「経営管理部門」です。

　確かに、商品をつくるわけでも、それをお客様に営業して売上を上げるわけでもありません。しかし、会社は売上ではなく、そこから生み出される「利益」で活動しています。

　たとえば、営業マンの上げる1億円の売上も、そのうち売上原価が3,000万円だとしたら売上総利益（粗利）は7,000万円です。そこから販売費・一般管理費を差し引いて営業利益になります。

　売上総利益7,000万円にしても営業パーソンが独力で稼いでいるわけではなく、上司や同僚のサポート、製造部門の商品づくり、業務部門の商品管理、そして人事部など経営管理部門の支援があって上げられている売上総利益です。

　経営管理部門を重視する会社は、売上総利益の2割から2割5分は経営管理部門が上げたものと見なして、その分の「付加価値」を配分しています。

　また、人事部は、「会社が採用したい人材」を採用し、会社が残ってもらいたいと思っている「優秀な人材」を繋ぎとめる有効な施策を実施することで、何十何百億の付加価値を生み出す仕事もできる「花形部署」です。

　人事部員は、「オペレーション⇒運用⇒企画」と、キャリアのなかで役割レベルを上げていきます。"非生産部門"と言われないよう、まずは誇りを持って正確なオペレーションを目指していただきたいと思います。　　（望月建吾）

2章

手続き・給与計算業務の基本を押さえよう

手続き・給与計算業務の全体像を押さえよう

✅「正しくできて当たり前」の世界

　手続き・給与計算業務は、会社にとって非常に重要な業務です。なぜなら、給与とは、従業員が一定期間働いた結果、その対価として支給されるもので、何よりその計算には正確性が求められるからです。

　また、労働・社会保険関係の手続きは、給与計算の基礎資料となるとともに、従業員にとっては様々な支援が受けられる制度の申請を会社が窓口となって行う重要な仕事です。

　一方、給与計算や労働・社会保険手続きは、「正しくできて当たり前」の業務といえます。**これらの業務がいい加減であったなら、従業員からの信頼をなくし、会社へのクレームや離職、最悪の場合には訴訟に発展するケースもありえます。**しかし逆に、正しく、スピーディーに業務を遂行すれば、従業員からの信頼を得ることができます。

　手続き・給与計算業務担当者は、時に従業員から手続きや給与計算の内容について説明を求められることもあります。その場合も、本書に記載されている原理原則を正しく理解したうえで、会社の「就業規則」や「賃金規程」に基づいた回答をして従業員を安心させてあげてください。

✅ 主な年間スケジュールと年齢別手続き

　次ページ掲載の2つの表をご覧ください。ここでは年間を通じて行われる手続きや保険料の改定等のタイミング、従業員の年齢ごとに行われる必要な手続きといった、手続き・給与関連の共通のスケジュールを記載してあります。

　加えて、表には記載していませんが、**給与改定、昇格・降格、賞与、人事異動、新卒採用などの大量採用のタイミングなど、会社ごとの人事イベントに対応した手続きや給与計算の「イレギュラー手続き」**もあります。

　抜けや漏れのない正確な業務遂行のために、まずは本書の内容を何度も精読して知識と技術を自分のものにしてください。初めはわからないことばかりかもしれませんが、1年間実務を回してみると次の年にはできることも徐々に増えていきます。

●主な年間スケジュール●

月	時期	届出・納付先等	内容
1月	末日まで	税務署	法定調書・合計票
	末日まで	市区町村	給与支払報告書・総括票
4月		（手続不要）	雇用保険料率改定
		（手続不要）	健康保険料率（介護保険料率）改定
6月		市区町村より通知	住民税特別徴収額の更新
7月	6/1～7/10	労働局・労基署	労働保険概算・確定保険料申告・納付（年度更新）
	7/1～7/10	年金事務所・健保組合	健康保険・厚生年金保険被保険者報酬月額算定基礎届
9月		（手続不要）	社会保険料改定（10月納付分より）
10月		（手続不要）	最低賃金引き上げ
12月		従業員から回収	年末調整
毎月	10日まで	税務署	前月分の源泉所得税の納付
	10日まで	市区町村	特別徴収住民税の納付
	末日まで	年金事務所・健保組合	前月分の社会保険料の支払い
年1回		労基署	36協定締結・届出／1年変形協定締結・届出
賞与支払から5日以内		年金事務所・健保組合	賞与支払届

●主な年齢別の手続き●

年齢	届出・納付先等	内容
40歳	（手続き不要）	介護保険料の徴収開始
60歳	ハローワーク	雇用保険被保険者六十歳到達時等賃金証明書
		高年齢雇用継続給付受給資格確認票etc.
	年金事務所・健保組合	60歳以降、再雇用等により資格喪失・同日取得が可能
65歳	（手続き不要）	介護保険料の徴収終了
	ハローワーク	高年齢雇用継続給付が終了
	市区町村	65歳以降、老齢年金の受給要件クリアにより、被扶養配偶者は第3号被保険者資格の喪失（配偶者本人が手続き）
70歳	年金事務所・健保組合	厚生年金保険が資格喪失し、健康保険料のみ徴収継続
	協会けんぽから郵送	健康保険高齢受給者証が交付
75歳	年金事務所・健保組合 ↓ 市区町村	健康保険が資格喪失し、後期高齢者医療制度の被保険者に（※被扶養者が75歳になった場合の健康保険の被扶養者削除の手続きが漏れやすいので注意が必要）

❶本書での表現の約束事

「年金事務所（または健康保険組合）へ」という表記は、健康保険の保険者が全国健康保険協会の場合は年金事務所に、保険者が健康保険組合の場合は同組合に提出をするという意味です。健康保険組合に資格取得届等の書類を提出する場合は、組合から年金事務所に厚生年金保険の書類を回送してくれる場合と、回送してくれずにその後別途年金事務所に提出しなくてはならない場合があります。

【注】今般、労働保険（労災保険・雇用保険）と社会保険（健康保険・介護保険・厚生年金保険・国民年金）の事務手続きにおいて、原則として押印廃止の改正が行われました。なお、社会保険の手続きのうち、健康保険組合と厚生年金基金に対して行う手続きについては、これとは異なる取扱いの場合がありますので、詳しくは健康保険組合や厚生年金基金へご確認ください。

入社の手続き ①雇用保険

✅「雇用保険資格取得」手続きのポイント

雇用保険の被保険者の種類は、以下のとおり全部で4つあります。

①一般被保険者…下記③および④に該当しない65歳未満の常用労働者
②高年齢被保険者…下記③および④に該当しない65歳以上の常用労働者
③短期雇用特例被保険者…季節的に雇用される者で、4か月を超えて就業する者のうち、週所定労働時間が30時間以上の者
④日雇労働被保険者…日々雇用される者や30日以内の期間雇用の者

本書では、上記①の一般被保険者の手続きを中心に解説していきます（一部の手続きは、一般被保険者以外も同様の書式を使用します）。

　従業員が入社した場合は、**翌月10日までに公共職業安定所へ雇用保険の資格取得手続きが必要**です。被保険者番号は前職の雇用保険被保険者証で確認しますが、被保険者証がない場合は前職の会社名を備考欄に記入することが必要です。場合によっては、前職のおおむねの勤務期間の記載も求められることがあります。

　なお、この手続きが所定の期限より遅れると、賃金台帳や出勤簿の写しを添付書類として提出しなければならない場合があるので注意してください。

　また、2018年5月以降、マイナンバーの記載が必要な届出等についてマイナンバーの記載がない場合には補正のため返戻される場合があります。

✅手続きが必要な従業員

以下の2つのいずれにも該当する常用労働者は、一般被保険者または高年齢被保険者として雇用保険の資格取得届の提出が必要です。

①週所定労働時間20時間以上
②31日以上引き続き雇用される見込みがある

　ただし、上記のいずれにも該当したとしても、昼間部の学生や事業主、事業主と同居の親族等、雇用保険の被保険者になれない者もいますので注意してください。

●記載例　雇用保険 被保険者資格取得届●

様式第2号（第6条関係）

雇用保険被保険者資格取得届

標準字体：0 1 2 3 4 5 6 7 8 9
（必ず第2面の注意事項を読んでから記載してください。）

帳票種別：1 9 1 0 1

1. 個人番号（マイナンバー）：9 8 7 6 5 4 3 2 1 0 0 1

役員で　（ある・ない）
事業主の親族で　（ある・ない）
□同居 □別居／続柄（　）

2. 被保険者番号：5 0 0 0 - 0 0 0 0 0 0 - 1

3. 取得区分：2（1 新規／2 再取得）

4. 被保険者氏名：杉並　太郎
フリガナ（カタカナ）：スギナミ　タロウ

5. 変更後の氏名：
フリガナ（カタカナ）：

6. 性別：1（1 男／2 女）

7. 生年月日：4-031102（1 大正 3 昭和 4 平成 5 令和）元号 年 月 日

8. 事業所番号：1300-000000-0

9. 被保険者となったことの原因：2
1 新規（新規学卒）
2 新規（その他）
3 日雇からの切替
7 その他
8 出向元への復帰等（65歳以上）

10. 賃金（支払の態様ー賃金月額：単位千円）：4-222
（1 月給 2 週給 3 日給 4 時間給 5 その他）

11. 資格取得年月日：5-050501（4 平成 5 令和）

12. 雇用形態：4
1 日雇　2 派遣　5 季節的雇用
3 パートタイム　4 有期契約労働者　7 船員
13. 職種：02（01〜11）第2面参照
14. 就職経路：1
1 安定所紹介　2 自己就職　3 民間紹介　4 把握していない
15. 1週間の所定労働時間：4000 時間 分

16. 契約期間の定め：1（1 有　2 無）
契約期間：5-050501 から 5-051031 まで
契約更新条項の有無：1（1 有　2 無）
（4 平成 5 令和）

事業所名：株式会社東京商事　備考：

17欄から23欄までは、被保険者が外国人の場合のみ記入してください。

17. 被保険者氏名（ローマ字）（アルファベット大文字で記入してください。）
被保険者氏名〔続き（ローマ字）〕
18. 在留カードの番号（在留カードの右上に記載されている12桁の英数字）
19. 在留期間　西暦　年　月　日　まで
20. 資格外活動の許可の有無（1 有 2 無）
21. 派遣・請負就労区分（派遣・請負労働者として主として当該事業所以外で就労する場合2に該当しない場合）
22. 国籍・地域（　）
23. 在留資格（　）

※公共職業安定所記載欄
24. 取得時被保険者種類
　1 一般
　2 短期常雇
　3 季節
　4 高年齢被保険者（65歳以上）
25. 番号複数取得チェック不要（チェック・リストが出力されたが、調査の結果、同一人でなかった場合に「1」を記入。）
26. 国籍・地域コード（22欄に対応するコードを記入）
27. 在留資格コード（23欄に対応するコードを記入）

雇用保険法施行規則第6条第1項の規定により上記のとおり届けます。

住　所：東京都千代田区飯田橋0-0-0
令和　5 年　5 月　2 日

事業主　氏　名：株式会社東京商事　代表取締役　田中　一郎
電話番号：03-5211-0000

飯田橋 公共職業安定所長　殿

社会保険労務士記載欄（作成年月日・提出代行者・事務代理者の表示）　氏　名　電話番号

※所長　次長　課長　係長　操作者

備考：
出勤簿・タイムカード・労働者名簿
雇用契約書・労働条件通知書
雇入通知書・管理台帳・辞令
その他（　　　）
期限内省略　照合省略
確認通知　令和　年　月　日

(1) 2022.1

手続き・給与計算業務の基本を押さえよう

入社の手続き ②社会保険

☑「社会保険資格取得」手続きのポイント

　従業員が入社した場合は、5日以内に年金事務所(または健康保険組合)へ健康保険と厚生年金保険の資格取得手続きが必要です。被扶養者がいる場合は「健康保険被扶養者(異動)届」の提出も必要になります。

　この書式の「種別(性別)」欄の記載方法は以下のとおりです。なお、この考え方は、資格喪失届の同欄も同様です。

種別1…厚生年金基金に加入しない坑内員ではない男性
種別2…厚生年金基金に加入しない坑内員ではない女性
種別3…厚生年金基金に加入しない坑内員
種別5…厚生年金基金に加入する坑内員ではない男性
種別6…厚生年金基金に加入する坑内員ではない女性
種別7…厚生年金基金に加入する坑内員

　この様式には、**マイナンバーもしくは基礎年金番号は必ず記載しなくてはなりません**。また、この書式で記載する報酬額は、通勤手当などの非課税の手当や割増賃金等の見込み額も合算した金額になりますので注意してください。

　手続き完了後、被保険者証や被扶養者証が届くので、従業員に渡してください。また、**被保険者証や被扶養者証の発行まで時間がかかるので、併せて「健康保険被保険者資格証明書交付申請書」を提出してあげるとよい**でしょう。この健康保険被保険者資格証明書があれば、被保険者証等の発行手続き中も医療機関等の受診ができるようになります。

☑手続きが必要な従業員

　以下のいずれにも該当する従業員は、パート社員等、正社員以外の者も含めて社会保険の被保険者となります。

①2か月を超えて引き続き雇用される見込みがある(※)
②週の所定労働時間および1か月の所定労働日数がその会社の正社員等の4分の3以上
※以下のいずれかに該当する場合、雇用期間が2か月以内であっても雇用期間の当初から社会保険の加入となります。
ア　就業規則、雇用契約書等において、その契約が「更新される旨」、または「更新される場合がある旨」が明示されている場合

イ 同一事業所において、同様の雇用契約に基づき雇用されている者が、更新等により最初の雇用契約の期間を超えて雇用された実績がある場合

ただし、従業員数101名以上の会社（2024年10月以降は51名以上）、または100名以下の会社（2024年10月以降は50名以下）で社会保険加入について労使で合意されている場合は、以下のいずれにも該当する従業員が社会保険の被保険者となります。

①週の所定労働時間が20時間以上
②所定内賃金が月額8.8万円（年収106万円）以上（残業代、賞与等は含まない）
③２か月を超える雇用の見込みがある
④学生ではない（休学中や夜間学生は加入対象）

社会保険の加入状況は、年金事務所や健康保険組合による調査が定期的に行われます。**未加入や虚偽申請が指摘されると最大２年間に遡って加入手続きが必要になる**ので、対象者の適正な資格取得手続きをしてください。

●記載例　健康保険・厚生年金保険　被保険者資格取得届●

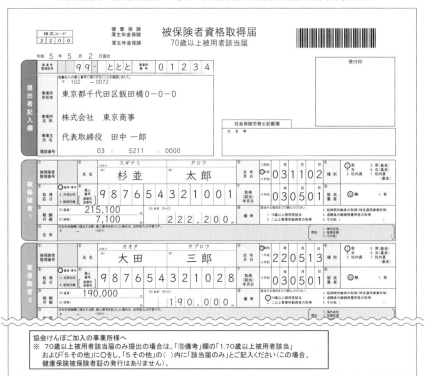

協会けんぽご加入の事業所様へ
※ 70歳以上被用者該当届のみ提出の場合は、「⑩備考」欄の「1.70歳以上被用者該当」および「5.その他」に○をし、「5.その他」の（ ）内に「該当届のみ」とご記入ください（この場合、健康保険被保険者証の発行はありません）。

退職の手続き ①雇用保険

✅「雇用保険資格喪失」手続きのポイント

　従業員が退職した場合は、10日以内に公共職業安定所へ雇用保険の資格喪失の手続きが必要です。本人が希望する場合または離職日において59歳以上の者については、「雇用保険 被保険者離職証明書」の手続きも併せて行う必要があります。

　なお、離職証明書の発行手続きが遅れると、退職者の失業等給付の受給開始時期が遅れるなどの不利益が生じる場合がありますので、所定の期限内に手続きしてください。

　離職証明書記載上の注意点として、離職理由の記入があります。離職理由によって、失業等給付（基本手当等）の受給可能期間や金額に差が出ます。また、第3章で後述しますが、助成金の計画届提出や支給申請の際の、労働局等が行う会社ごとの「会社都合」退職の有無の確認も、資格喪失届および離職証明書の記載内容によって行います。

　離職理由は、正確に記入してください。本来は自己都合退職なのに"温情"で会社都合と記載してしまうケースも散見されますが、これは会社が失業等給付の不正受給に手を貸していることにほかなりませんので、絶対にやめましょう。

　なお、離職理由によって以下の添付書類が必要になる場合がありますので、手続きまでには必ず入手しておいてください。

> 自己都合退職…「退職届」等その内容がわかるもの
> 期間満了による雇止め…「労働契約書」等期間の定めがわかるもの
> 定年退職…就業規則等の定年に関する条文の写し
> 解雇…「解雇予告通知書」、「退職証明書」等と併せて就業規則等の解雇に関する条文の写し
> 退職勧奨…「退職勧奨文」等退職勧奨の事実がわかるものと併せて就業規則等の退職に関する条文の写し

　離職証明書の書式は3枚複写で、2枚目以降には退職者本人の署名（または記名押印）欄があります。こちらは原則として本人の署名等をもらわなくてはなりません。しかし、最終出社日以降有給取得などで出社せず郵送等で押印をもらっていると離職証明書発行まで時間がかかってしまうな

どのやむを得ない場合もあります。この場合は当該欄に「本人退職後のため押印もらえず」といったその理由を記載するとともに、事業主が署名（または記名・代表印を押印）することで手続きを進めることができます。

●記載例　雇用保険 被保険者離職証明書●

退職の手続き ②社会保険

✓「社会保険資格喪失」手続きのポイント

　従業員が退職した場合は、年金事務所（または健康保険組合）へ健康保険と厚生年金保険の資格喪失手続きが必要です。なお、**資格喪失日は退職日の翌日になります。この手続きは資格喪失日から5日以内に行わなくてはなりません。**「健康保険厚生年金保険被保険者資格喪失届」に健康被保険証（扶養がいる場合は被扶養者証）を添えて提出してください。

✓年金制度の加入について

　厚生年金保険の被保険者期間は1か月単位です。**同月得喪の場合を除いて、退職日が月の最終日でない限り退職月は被保険者期間となりません**（被保険者証などは退職日当日まで使うことができます）。

　退職後、新たな勤務先で厚生年金保険に加入する日までの間に被保険者期間の空白期間が生じる場合で20歳以上60歳未満の場合は、配偶者の扶養親族として国民年金の第3号被保険者となるか国民年金の第1号被保険者にならなければなりません。

✓健康保険証の返却と退社後の健康保険について

　退職の際は被保険証等の返却が必要です。紛失等により返却できない場合は「健康保険被保険者証回収不能届」も併せて提出しなければなりません。

　退職後1日の空白期間もなく新たな勤務先で健康保険制度に加入しない限り、退職者は以下の3パターンのいずれかの方法により健康保険に加入することになります。

①国民健康保険に加入する…最寄りの市区町村の窓口へ届出
　前年の所得や国民健康保険に加入する世帯人数で保険料が決定
②退職前の健康保険の任意継続被保険者になる…退職後20日以内に協会けんぽ（または健康保険組合）へ届出
　退職後の保険料は全額個人負担。ただし、協会けんぽの場合は標準報酬月額は30万円が上限で、原則2年間変更なし。
③ご家族の扶養に入る…ご家族の会社で扶養異動の手続き

◉記載例　健康保険・厚生年金保険 被保険者資格喪失届◉

様式コード
2201

健康保険
厚生年金保険
厚生年金保険

被保険者資格喪失届
70歳以上被用者不該当届

令和 2 年 10 月 1 日提出

提出者記入欄

事業所整理記号	99－ととと
事業所番号	01234
	届書記入の個人番号に誤りがないことを確認しました。
事業所所在地	〒 102 － 0072 東京都千代田区飯田橋0－0－0
事業所名称	株式会社　東京商事
事業主氏名	代表取締役　田中 一郎
電話番号	03 （ 5211 ） 0000

在職中に70歳に到達された方の厚生年金保険被保険者喪失届は、この用紙ではなく『70歳到達届』を提出してください。

受付印

社会保険労務士記載欄
氏名等

被保険者1

① 被保険者整理番号	6
② 氏名	(フリガナ) アオヤマ タケシ (氏) 青山 (名) 健
③ 生年月日	⑤昭和 7.平成 9.令和　500801
④ 個人番号〔基礎年金番号〕	987654321012
⑤ 喪失年月日	9.令和 021001
⑥ 喪失（不該当）原因	④退職等（令和 2 年 9 月 30 日退職等） 5. 死亡（令和　年　月　日死亡） 7. 75歳到達（健康保険のみ喪失） 9. 障害認定（健康保険のみ喪失） 11. 社会保障協定
⑦ 備考	該当する項目を○で囲んでください。 1. 二以上事業所勤務者の喪失 2. 退職後の継続再雇用者の喪失 3. その他（　）
保険証回収	添付 1 枚 返不能 ＿ 枚
⑧ 70歳不該当	□ 70歳以上被用者不該当（退職日または死亡日を記入してください） 不該当年月日 9.令和　年　月　日

被保険者2

① 被保険者整理番号	9
② 氏名	(フリガナ) アサガヤ アキオ (氏) 阿佐谷 (名) 章夫
③ 生年月日	⑤昭和 7.平成 9.令和　220311
④ 個人番号〔基礎年金番号〕	987654321029
⑤ 喪失年月日	9.令和 021001
⑥ 喪失（不該当）原因	④退職等（令和 2 年 9 月 30 日退職等） 5. 死亡（令和　年　月　日死亡） 7. 75歳到達（健康保険のみ喪失） 9. 障害認定（健康保険のみ喪失） 11. 社会保障協定
⑦ 備考	該当する項目を○で囲んでください。 1. 二以上事業所勤務者の喪失 2. 退職後の継続再雇用者の喪失 3. その他（　）
保険証回収	添付 1 枚 返不能 ＿ 枚
⑧ 70歳不該当	☑ 70歳以上被用者不該当（退職日または死亡日を記入してください） 不該当年月日 9.令和 020930

被保険者3

① 被保険者整理番号	
② 氏名	(フリガナ) (氏) (名)
③ 生年月日	5.昭和 7.平成 9.令和　年　月　日
④ 個人番号〔基礎年金番号〕	
⑤ 喪失年月日	9.令和　年　月　日
⑥ 喪失（不該当）原因	4. 退職等（令和　年　月　日退職等） 5. 死亡（令和　年　月　日死亡） 7. 75歳到達（健康保険のみ喪失） 9. 障害認定（健康保険のみ喪失） 11. 社会保障協定
⑦ 備考	該当する項目を○で囲んでください。 1. 二以上事業所勤務者の喪失 2. 退職後の継続再雇用者の喪失 3. その他（　）
保険証回収	添付 ＿ 枚 返不能 ＿ 枚
⑧ 70歳不該当	□ 70歳以上被用者不該当（退職日または死亡日を記入してください） 不該当年月日 9.令和　年　月　日

被保険者4

① 被保険者整理番号	
② 氏名	(フリガナ) (氏) (名)
③ 生年月日	5.昭和 7.平成 9.令和　年　月　日
④ 個人番号〔基礎年金番号〕	
⑤ 喪失年月日	9.令和　年　月　日
⑥ 喪失（不該当）原因	4. 退職等（令和　年　月　日退職等） 5. 死亡（令和　年　月　日死亡） 7. 75歳到達（健康保険のみ喪失） 9. 障害認定（健康保険のみ喪失） 11. 社会保障協定
⑦ 備考	該当する項目を○で囲んでください。 1. 二以上事業所勤務者の喪失 2. 退職後の継続再雇用者の喪失 3. その他（　）
保険証回収	添付 ＿ 枚 返不能 ＿ 枚
⑧ 70歳不該当	□ 70歳以上被用者不該当（退職日または死亡日を記入してください） 不該当年月日 9.令和　年　月　日

6 扶養異動の手続き　①社会保険

✓「健康保険扶養異動」手続きのポイント

　従業員がその家族等を被扶養者とする場合は、年金事務所（または健康保険組合）に、「健康保険 被扶養者（異動）届」を提出します。なお、この書式は2018年に様式が大幅に変更されました。**この手続きは被扶養者の異動（増減のこと）があった日から5日以内に行わなくてはなりません。**

　資格取得と同時に行う場合は、前掲の「健康保険厚生年金保険 被保険者資格届」と同時に提出してください。なお、**扶養異動手続きは、届出が遅れた場合には、届出を行った日が認定日とされてしまう場合があるので注意が必要です。**

　次に、この手続きの添付書類について解説します。

　所得税法上の源泉控除対象配偶者・控除対象扶養親族に該当する場合は、記載例のように「事業主の証明」があれば、原則として添付書類は不要です。それ以外の者については、被扶養者の属性によって以下の添付書類が必要になりますので、従業員から入手してください。

①退職者を扶養に入れる場合…離職票または退職証明書の写し
②失業等給付の受給者または受給修了者を扶養に入れる場合…雇用保険受給資格者証の写し
③年金受給者を扶養に入れる場合…年金額の改定通知書等の写し
④自営業者を扶養に入れる場合…直近の確定申告書の写し
⑤上記以外の者を扶養に入れる場合…市区町村が発行する非課税（課税）証明書
※上記に加えて、同居を要件とする者を被扶養者にする場合には、住民票の写しが必要です。

　なお、家族であれば誰でも被扶養者になれるわけではなく、被扶養者認定の要件があります。まずは、被扶養者の「範囲」について解説します。

①被保険者と同居が要件にならない者…父母・祖父母等の直系尊属、配偶者（内縁含む）、子（養子含む）、孫、兄弟姉妹
②被保険者と同居が要件になる者…①以外の3親等内の親族、内縁関係の配偶者の父母および子、内縁関係の配偶者の死後の当該配偶者の父母および子

　次に、被扶養者の「収入要件」について解説します。収入要件は、年間収入130万円未満（60歳以上または障害者の場合は、年間収入180万円未満）であり、以下のいずれかを満たすことが必要です。

①同居の場合…収入が被保険者（従業員本人）の収入の2分の1未満
※2分の1未満より多い場合であっても被保険者（従業員本人）の収入より少なければ世帯の家計の状況を総合考慮して認められる場合もあります。
②別居の場合…収入が被保険者（従業員本人）からの仕送り額未満

　また、2020年の改正で被扶養者の認定要件に国内居住要件が追加されました。日本国内に住所がなくても以下の場合は例外として認められます。

①外国において留学をする学生／②外国に赴任する被保険者に同行する者／③観光、保養又はボランティア活動その他就労以外の目的での一時的な海外渡航者／④被保険者の海外赴任期間に当該被保険者との身分関係が生じた者で、上記②と同等と認められるもの／⑤上記①から④までに掲げられるもののほか、渡航目的その他の事情を考慮して日本国内に生活の基礎があると認められる者

　2021年8月1日から夫婦が共同して扶養している場合の被扶養者の認定に当たり、以下の囲みに掲げる内容を参考に、家計の実態、社会通念等を総合的に勘案して判断されます。夫婦の一方が国民健康保険被保険者の場合は、直近の年間所得で見込んだ年間収入を比較し、いずれか多いほうを主として生計を維持する者とされます。

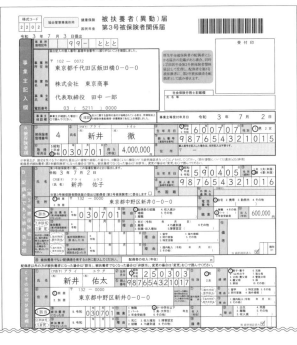

●記載例　健康保険 被扶養者（異動）届●

①原則、被扶養者の数にかかわらず、被保険者の「年間収入」（過去、現在、将来の収入などから今後1年間の年収を見込んだもの。以下同）の多い方の被扶養者とする。／②夫婦の年間収入の差額が多い方の1割以内である場合は、届け出により「主たる生計維持者」の被保険者とする。／③夫婦のいずれか一方が共済組合の組合員であって、その者に「扶養手当等」が支給されている場合は、当該子についてはその者の被扶養者として差し支えない。

扶養異動の手続き ②社会保険

✓「国民年金第3号被保険者関係届」手続きのポイント

　厚生年金に加入している従業員（原則65歳未満）に扶養される20歳以上60歳未満の被扶養配偶者は、国民年金の「第3号被保険者」に該当します。2018年3月5日より前までは、被扶養配偶者が国民年金の第3号被保険者に該当する場合、「国民年金　第3号被保険者該当届」を届出していましたが、この書式は、2018年3月5日より、前述の「健康保険被扶養者（異動）届・国民年金第3号被保険者関係届」と一体化されました。よって、以下の条件に該当する場合のみ用いることになります。

- 配偶者の健康保険が以下の場合で扶養の異動があったとき
    健康保険組合　　　　　　国民健康保険組合
    国家公務員共済組合　　　地方公務員等共済組合
    日本私立学校振興・共済事業団
- 被扶養配偶者の届出事項に変更があったとき
    氏名等に変更がある
    生年月日や氏名に誤りを訂正するとき（上記の健康保険組合等の場合）
- 健康保険の扶養手続きと同時でないとき
    ①すでに健康保険の扶養になっていた20歳未満の配偶者が20歳に到達した
    ②国民年金第3号の手続きをしていると思っていたが、健康保険の扶養手続きしか行われておらず、後日、国民年金第3号の手続きをする場合
- 海外居住の人が海外特例要件に該当または非該当となる場合

✓国民年金の被保険者

　国民年金の被保険者は、以下の3種類があります。

第1号被保険者…第2号・第3号被保険者以外の者で、日本国内に住む20歳以上60歳未満の者
第2号被保険者…厚生年金保険の加入者（70歳未満）
　なお、65歳以上の被保険者で、老齢基礎・厚生年金。退職共済年金などの受給権がある人は第2号被保険者とはなりません。
第3号被保険者…第2号被保険者被扶養配偶者で、20歳以上60歳未満の者

　第2号・第3号被保険者の国民年金保険料は、国民年金保険料としての個別負担はありませんが、厚生年金保険料より基礎年金拠出金として納付しています。

●記載例 国民年金 第3号被保険者関係届●

様式コード 4300

国民年金　第3号被保険者関係届

令和 5 年 4 月 5 日提出

提出者情報

- 事業所所在地：〒110-0005　東京都台東区上野0-0-0
- 事業所名称：株式会社 銀座商事
- 事業主氏名：代表取締役 上野 洋行
- 電話番号：03（0000）0000
- 事業主等受付年月日：令和　年　月　日

日本年金機構

社会保険労務士記載欄

A 配偶者欄（第2号被保険者）

- フリガナ：メグロ　ジロウ
- 氏名：目黒　次郎
- 生年月日：⑤昭和 7.平成　48 02 02
- 性別：1.男性　2.女性
- 個人番号（基礎年金番号）：9876 5432 1009
- 住所：〒　－

B 第3号被保険者欄

届出内容に応じて、該当・非該当（変更）のいずれかを○で囲み、記入してください。

この届書記載のとおり届出します。
令和 5 年 4 月 5 日
日本年金機構理事長あて

- フリガナ：メグロ　ミレイ
- 氏名：目黒　美玲
- 生年月日：⑤昭和 7.平成　61 11 26
- 続柄：1.夫　3.夫（未届）　2.妻　4.妻（未届）
- 個人番号（基礎年金番号）：9876 5432 1008
- 外国籍 通称名

※届書の提出は配偶者（第2号被保険者）に委任します ✓

- 住所：①同居　2.別居　〒153-0061　東京都目黒区中目黒0-0-0
- 電話番号：①自宅　2.携帯　3.勤務先　4.その他　03（0000）4444

【該当】
- 第3号被保険者になった日：7.平成　⑨令和　03 04 01
- 理由：①配偶者の就職　4.収入減少　2.婚姻　5.その他　3.離職
- 配偶者の加入制度：㉛厚生年金保険・健康保険　36.地方公務員等共済組合　30.厚生年金保険・船員保険　32.国家公務員共済組合　37.日本私立学校振興・共済事業団
- 備考

【非該当】（変更）
- 第3号被保険者でなくなった日：7.平成　9.令和　年　月　日
- 理由：1.死亡（令和　年　月　日）　2.離婚　3.収入増加　6.その他（　　）

右の①～④の欄は、海外へ転出した場合や、海外から転入した場合のいずれかで該当し、記入してください。

- 1.海外特例要件に該当した日：　7.平成　9.令和　年　月　日　理由：1.留学　2.同行家族　3.特定活動　4.海外婚姻　5.その他（　）
- 2.海外特例要件非該当になった日：　7.平成　9.令和　年　月　日　理由：1.国内転入（令和　年　月　日）　6.その他（　）

健康保険証の発行元に確認を受けてください。　※届書記載の配偶者が協会けんぽ加入者の場合は、確認不要です。

医療保険者記入欄

- 組合（保険者）番号：00110011
- 上記のとおり第3号被保険者関係届の届出がありましたので提出します。
- 届書記載の第3号被保険者は、健康保険組合又は共済組合に加入している者の被扶養者であることを確認する。
- 認定年月日：令和　年　月　日　（⑨第3号被保険者になった日と同じ場合は、記載の必要はありません）
- 所在地：〒160-0023　東京都新宿区西新宿0-0-0
- 名称：東京産業健康保険組合
- 代表者等氏名：理事長　大野 宏
- 電話：03（5937）0000

2章　手続き・給与計算業務の基本を押さえよう

43

8 保険証等を再発行するときの手続き

✓「被保険者証等再交付」手続きのポイント

　従業員が、**被保険者証**や**被扶養者証**を紛失したり、汚してしまったり、破損した場合は、全国健康保険協会の都道府県支部（または健康保険組合）へ「**健康保険　被保険者証再交付申請書**」を提出し、被保険者証等の再交付手続きを行います。

　紛失に伴う再交付申請で、後日紛失した被保険者証等が見つかった場合には、見つかった被保険者証等を全国健康保険協会の都道府県支部（または健康保険組合）へ返却しなくてはならないので、従業員にはこの手続きの際にはあらかじめその案内をしておきましょう。

　被保険者証等は本人確認書類としても使われる重要書類ですから、紛失や盗難にあった場合は警察に届けるよう指導してください。

　なお、再交付完了までには資格取得や扶養異動の際と同様に時間がかかりますから、併せて「**健康保険被保険者資格証明書交付申請書**」を提出するようにするとよいでしょう。ただし、この手続きの提出先は年金事務所（または健康保険組合）になり、健康保険被保険者再交付申

●記載例①　健康保険 被保険者証再交付申請書●

請書の提出先と異なりますので注意してください。

✅ 基礎年金番号再交付手続き

　2022年4月より、年金手帳の交付を廃止し、基礎年金番号通知書が交付されています。

　従業員が、基礎年金番号通知書や年金手帳を紛失したり、汚してしまったり、毀損した場合、または届出によらず、住民基本台帳ネットワークの異動情報に基づき氏名の変更が行われたときは、年金事務所へ個人番号または基礎年金番号を記載した**「基礎年金番号通知書再交付申請書」**を提出し、基礎年金番号通知書の再交付手続きを行います。

　被保険者が事業主を経由せずに提出する場合で、かつ個人番号（マイナンバー）を記載し提出する場合は、マイナンバーカード（または下記①および②）を添付してください。

①**マイナンバーが確認できる書類**…個人番号の表示がある住民票の写し、通知カード
②**身元（実存）確認書類**…運転免許証、パスポート、在留カードなど

　以前は、「手続きが必要な際に紛失している恐れがある」として、従業員の年金手帳を会社が預かっている場合もありました。しかし、最近は個人情報の管理の問題などから、年金手帳を預からない会社も増えています。また、年金と言うと、老齢年金を想定され、まだ先の話として重要視しない人もいます。しかし、遺族年金や障害年金でも年金手帳や基礎年金番号通知書が必要になることがありますので、紛失した場合は再交付しておきましょう。

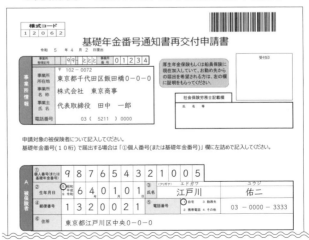

●記載例②　基礎年金番号通知書再交付申請書●

9 給与額が大幅に変わった際の手続き

✓「月額変更届」手続きのポイント

　従業員の報酬が、固定的賃金の変動や賃金体系の変更に伴って大幅に（原則、標準報酬月額等級で2等級以上）変わったときは、速やかに年金事務所（または健康保険組合）へ「健康保険・厚生年金保険 被保険者報酬月額変更届」を提出することで、標準報酬月額等級の変更手続きが必要となります。これを**随時改定（月変）**といいます。以下のいずれにも該当する場合に手続きが必要です。

> ①固定的賃金の変動や賃金体系の変更があった
> ②上記①以後3か月の間に支払われた報酬月額の平均額を標準報酬月額等級表に当てはめた等級が、それ以前の標準報酬月額等級と比較して2等級以上の差があった
> ③上記①以後3か月間の報酬支払基礎日数がいずれも17日以上である
> ※月給制の者の報酬支払基礎日数は暦日から欠勤等の賃金控除対象日数を控除した日数（所定休日や有給休暇取得日は控除しない）、日給制・時給制の者の報酬支払基礎日数は勤務日に有給休暇取得日を加えた日数

　固定的賃金とは、割増賃金等の毎月変動する賃金ではなく、月給などの基本給や通勤手当等の毎月の支給が変わらない賃金をいいます。食事や定期券等の現物支給がある場合も忘れずに記入が必要です。

　月額変更届には、原則として添付書類は必要ありませんが、保険料の改定月の初日から起算して60日以上提出が遅れた場合や、標準報酬等級が5等級以上下がる場合には、賃金台帳（変動の前月分から変動後3か月分までの合わせて4か月分）と出勤簿（変動後3か月分）の写しなどの提出が必要になります（役員の場合は出勤簿の代替として役員会議事録の写しが必要）。

　随時改定（月変）は、固定的賃金の変動または賃金体系の変更があった月から3か月間の報酬月額を月額変更届で届け出ます。**書式へ記載する報酬額は、「支払い月」を基準とするので注意してください。**たとえば、7月に昇給があった場合、毎月末日締め翌月10日支払だと、昇給があった給与が支給されるのは8月10日となります。この場合の月額変更届には8月・9月・10月に支給された報酬額を記載します。

また、月額変更届に伴う標準報酬月額等級の変更は、前述の3か月間の最後の月の翌月分の保険料からになります。たとえば、8月・9月・10月の報酬月額での届出の場合には、翌月11月分の保険料からの変更になります。これを実務的には「11月月変」などといいます。ちなみに、社会保険料は前月分を当月に徴収するので、給与計算的には12月支給給与分からの変更となります。

　なお、月額変更届で届出する報酬月額も、資格取得届と同様、通勤手当のような非課税の手当や、割増賃金などの固定的賃金ではないものを含めて記載する必要がありますので注意してください。

●記載例　健康保険・厚生年金保険　被保険者報酬月額変更届●

10 年次の手続き ①労働保険

✓「年度更新」手続きのポイント

　労働保険料とは、労働者災害補償保険料（労災保険料）と雇用保険料の総称で、毎年4月1日～翌年3月31日までの1年間（保険年度）に支払った賃金総額に、業種ごとに異なる保険料率を乗じて計算します。

　前年度の確定保険料と本年度の概算保険料を、毎年6月1日～7月10日の間に、**労働基準監督署または都道府県労働局に申告し、労働保険料を納付する「年度更新」**を行います。この年度更新は、基本的には労働局から送られてくる書式で行います。書式には前年度に申告・納付した概算保険料額や会社ごとの保険料率等の情報が記載済みなので、担当者はそれ以外の必要箇所を記入してください。

　前年度（その年の3月）が終わったら、あらかじめ「確定保険料・一般拠出金算定基礎賃金集計表（以下、「集計表」）」を作成し、前年度の賃金総額を計算しますが、**「対象者の範囲」には注意が必要です**。労災保険料と一般拠出金の対象者は原則として全従業員ですが、雇用保険料の対象者は前述の労災保険の対象者から雇用保険の被保険者ではない従業員を除外した者になります。

　次に、「労働保険 概算・確定保険料申告書」を作成します。まず前年度の確定保険料を計算し、前年度の概算保険料との差額（①）、次に本年度の概算保険料（②）を計算します。本年度の概算保険料は本年度の対象となる賃金総額が前年度の二倍超または半分未満にならない限りは、原則、前年度の確定保険料と同額の保険料・一般拠出金算定基礎額を用いて計算します。この①と②に一般拠出金を加えて申告・納付となります。

　労働保険料は社会保険料とは異なり、毎月納付する必要はありません。原則、年度更新の手続きのタイミングで年に1回（延納できる場合は最大3回）の納付となります。また、従業員からは雇用保険料のみ月次の給与計算および賞与計算の際に被保険者負担分を徴収しています。労災保険料と一般拠出金は全額会社負担であり、雇用保険料は会社負担分と被保険者負担分を合算した額を確定保険料として納付します。

●記載例 労働保険 概算・確定保険料申告書●

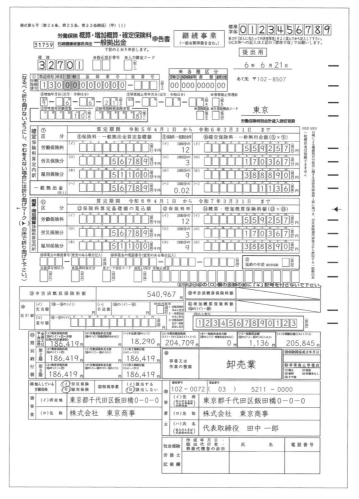

　労働保険料は、「労働保険概算・確定保険料申告書」を労働基準監督署または都道府県労働局に提出する際に納付するか、後日「労働保険概算・確定保険料申告書」下部の納付書を金融機関に持参して納付します。

　概算保険料額が40万円（労災保険か雇用保険のどちらかの保険関係のみ成立している場合は20万円）以上の場合または労働保険事務組合に労働保険事務を委託している場合は3回に分割納付する「延納」ができます。

	第1期	第2期	第3期
期　間	4月1日～7月31日	8月1日～11月30日	12月1日～3月31日
納期限	7月10日	10月31日	1月31日

11 年次の手続き ②社会保険

✅「算定基礎届」手続きのポイント

　毎年4月・5月・6月の報酬額を平均して、被保険者1人ひとりの標準報酬月額を見直すことを「定時決定」（算定）といいます。**毎年7月1日～10日の間に、年金事務所（または健康保険組合）に「健康保険厚生年金保険 被保険者報酬月額算定基礎届」を提出しなくてはなりません。**

　算定基礎届は、基本的には日本年金機構等の保険者から送られてくる書式で行います。年金機構等から送られてくる書式には5月19日現在の被保険者情報が記載済みですので、それ以降の資格取得者を加え、それ以降の資格喪失者や算定の対象とならない者を削除します。

　算定基礎届に記入する**報酬を、実際に支払われた月で考えるのは前述の月額変更届と同様です。食事や定期券等の現物支給も記入します。**

　この手続きにより決定した標準報酬月額は「健康保険厚生年金保険 被保険者標準報酬決定通知書」が9月頃までに届き、9月分保険料（10月給与控除分）から適用されます。

　算定基礎届は、原則、7月1日に在籍する被保険者全員について届出が必要です。ただし、以下の被保険者については届出の対象外となります。

①6月1日以降に資格取得した被保険者
②6月30日以前に退職した被保険者
③7月月変対象者
④8月または9月月変予定の旨の申し出を行った被保険者

　報酬月額の計算対象となる「報酬支払基礎日数」ですが、月給者の場合とそれ以外の場合の日数の基本的な考え方は、前述の月額変更届の場合と同様です。しかし、**報酬額計算の対象となる月のカウント方法は月額変更届の場合と扱いが異なるので注意が必要です。**まず、原則、その月の報酬の支払対象となった日数が17日以上ある月であることが要件なので、17日未満の月は計算の対象から除きます。たとえば、17日以上の月が1か月しかない場合は、当該月の報酬額だけで計算されます。

　パートタイマー等の短時間就労者で、3か月のいずれの支払基礎日数も17日未満だった場合は、15日以上の月の報酬月額の平均により算定された

額により標準報酬月額を決定します。ただし、**被保険者の数が101人以上の会社等である特定適用事業所の短時間労働者は、いずれも支払基礎日数が11日以上の月で算定します**。いずれの場合も、算定対象となる月も対象とならない月も、算定基礎届の報酬支払基礎日数と各月の報酬額欄は記載する必要がありますが、総額と平均欄には対象月分だけ記載してください。

12 賞与を支払った際の手続き

✓「賞与支払届」手続きのポイント

　健康保険および厚生年金保険の被保険者に賞与を支払った場合は、支払いから5日以内に年金事務所（または健康保険組合）へ「健康保険厚生年金保険 被保険者賞与支払届」の提出が必要です。

　社会保険の新規適用の際などにあらかじめ賞与支払予定月を年金事務所（または健康保険組合）へ届け出ておくと、その前月までの被保険者の氏名、生年月日等が印字された届出用紙が送られてきます。あとは記載例を参考に、支払年月日・被保険者ごとの賞与額等を記入してください。

　なお、支払予定月に賞与の支払がなかった場合でも「健康保険・厚生年金保険 被保険者賞与不支給報告書」の提出だけは必要です。

　社会保険料計算の対象となる標準賞与額は、原則として各被保険者の賞与額から1,000円未満の端数を切り捨てたものになります。この標準賞与額には上限が設定されており、健康保険は年間（4月1日～3月31日）で573万円、厚生年金保険は1回の支給につき150万円です。同一月内に2回以上賞与を支払った場合は、最後に支払った日を賞与支払年月日として合算した額を一括で届出し、その合算した額で上限額が適用されます。

　届出の対象となる賞与は、賞与（役員賞与も含む）、ボーナス、期末手当等、その名称を問わず、社会保険の被保険者が月次の報酬額とは別に労働の対償として受けるもののうち、年3回以下で支給されたものです。

　なお、見舞金、慶弔金、健康保険の傷病手当金、出張旅費、大入袋等は賞与支払届の対象外です。賞与等であっても、年4回以上支給されるものは標準報酬月額の対象となり、算定基礎届の手続きの際に毎年7月1日以前1年間に支払われた賞与等を12分割して、各月の報酬月額に加算して計算します。

　注意点としては、資格取得月（資格取得日以降）に支払われた賞与は保険料賦課の対象となりますが、資格喪失月に支払われた賞与は保険料賦課の対象とはならない点があります。ただし、資格取得と同月に資格喪失があった場合は、資格取得日から資格喪失日の前日までに支払われたものであれば対象となります。また、産前産後休業・育児休業中の被保険者につ

いても届出は必要ですが、後述の保険料免除の届出により保険料は免除されます。

　なお、2022年10月１日以降に開始した育児休業等については、当該賞与月の末日を含んだ連続した１か月を超える育児休業を取得した場合に限り、免除の対象となります。

●記載例　健康保険・厚生年金保険 被保険者賞与支払届●

13 私傷病で休んだ際の手続き

✓「傷病手当金」手続きのポイント

　従業員が私傷病により一定期間以上休んだ場合は、全国健康保険協会の都道府県支部（または健康保険組合）に、「健康保険 傷病手当金支給申請書」の手続きが必要です。

　申請期限は、労務不能であった日ごとに、その翌日から2年以内ですが、実務的には1か月単位でまとめて手続きすることが多いでしょう。

　傷病手当金の手続きは、以下の3つの要件があります。

> ①業務外での療養のため、働くことができない（労務不能）
> ②待機期間（連続した3日間）を含み、4日以上休んでいる
> ③その間、賃金の支払いがない、またはその支払額が傷病手当金の額より少ない

　傷病手当金の支給申請には、会社の証明だけではなく、医師の証明も必要です。医師の証明には時間を要す場合もあるので、手続きは早めの対応を心がけましょう。

　傷病手当金の金額は、標準報酬日額（支給開始日以前の12か月の各標準報酬月額を平均した額を30で除した金額）の3分の2です。健康保険組合が保険者の場合は、この額を超えるケースもあります。休業日に賃金の支払いがある場合は、これらの金額と支払われた賃金との差額のみが支給されます。なお、障害年金または資格喪失後の老齢年金、労災保険の休業補償給付を受ける場合は、その支給額が傷病手当金よりも多いと傷病手当金が支給されず、傷病手当金よりも少ない場合は障害年金等との差額が支給されます。

　傷病手当金には、待機期間として連続した3日間の休業が必要ですが、その間は有給休暇を取得したり、給与の支払いがあったとしても、「労務不能」で連続3日間休業していれば待機が完成します。

　受給期間は、待機期間後の支給開始日から最大1年6か月（健康保険組合が保険者の場合はこれを超える期間の場合もある）ですが、この期間内で労務不能である日についてのみ支給されます。

　なお、この期間内であれば、次の要件に該当する場合は、「退職後の傷病手当金」を受給できる場合もあります。

受給期間は、2022年1月1日より、支給を開始した日から通算して1年6か月となりました。健康保険組合が保険者のときは、これを超える期間の場合もあります。

①退職日までに継続して1年以上健康保険の被保険者期間があること
　異なる会社での被保険者期間や保険者が異なる場合であっても、1日の空白期間もなければ期間は通算されます。ただし、共済組合、国民健康保険、任意継続被保険者の期間は通算の対象外です。
②退職日に傷病手当金が「受給できる状態」にあること
※退職後の傷病手当金の手続きは、会社ではなく従業員本人が実施することになります。

●記載例　健康保険　傷病手当金支給申請書●

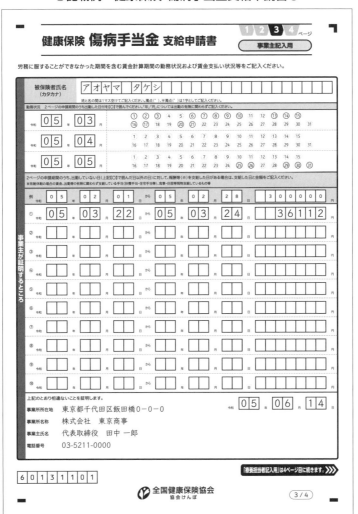

14 私傷病で高額の医療費を支払った際の手続き

✓「高額療養費」手続きのポイント

　事前に保険者に「健康保険 限度額適用認定申請書」を提出しなかった場合で、被保険者と被扶養者の私傷病による同一月の医療費が高額になった場合は、全国健康保険協会の都道府県支部（または健康保険組合）に、「健康保険 高額療養費支給申請書」の手続きが必要です。高額療養費の申請期限は、診療月の翌月の初日から2年以内ですが、実務的には1か月ごとに手続きを行うことが多いでしょう。

　申請の対象となる医療費の計算には以下のルールがあります。

①1か月単位で計算
②同じ医療機関でも診療科ごとに計算
③入院と通院は別途計算
④保険診療以外の診療、入院時の食事代、個室差額代等は含めない　等

　高額療養費は、被保険者および被扶養者の1か月ごとの医療費自己負担額が下表の自己負担限度額を超過した場合に当該超過額が支給されます。なお、自己負担額は個人や世帯で合算することができますが、70歳未満の者については21,000円以上のものしか合算できないので注意してください。

　また、同一世帯で直近12か月に高額療養費の支給が3か月以上ある場合、4か月目から自己負担額が下表「多数該当」の額に引き下げられます。

所得区分（70歳未満）	自己負担限度額	多数該当
区分ア （標準報酬月額83万円以上の人）	252,600円＋（総医療費－842,000円）×1％	140,100円
区分イ （標準報酬月額53万～79万円の人）	167,400円＋（総医療費－558,000円）×1％	93,000円
区分ウ （標準報酬月額28万～50万円の人）	80,100円＋（総医療費－267,000円）×1％	44,400円
区分エ （標準報酬月額26万円以下の人）	57,600円	44,400円
区分オ （被保険者が市区町村民税の非課税者等）	35,400円	24,600円

※70歳以上の分は掲載省略

70歳未満の者について自己負担額が高額になることが事前にわかっている場合は、1つの医療機関ごとの窓口での支払が自己負担限度額までとなる「健康保険 限度額適用認定申請書」の手続きを行うと便利です。

●記載例　健康保険 高額療養費支給申請書●

15 出産に関する手続き ①社会保険

✓「社会保険料免除」手続きのポイント

①産前産後期間中の保険料の免除

　従業員が出産する場合は、労働基準法により、産前42日間（多胎妊娠の場合は98日間）は請求により、産後56日間は請求しなくても産前産後休業を取ることができます。

　産前産後休業期間中の健康保険料および厚生年金保険料は、年金事務所（または健康保険組合）に「健康保険厚生年金保険 産前産後休業取得者申出書」を提出することで従業員負担分も会社負担分も免除になります。

　この申し出は、産前産後休業中または産前産後休業終了後の終了日から1か月以内の期間中に行わなければなりません。**免除期間は産前産後休業開始月から終了予定日の翌日の前月までになります。**この手続きにより保険料が免除されても、従業員の被保険者資格に変更はなく、被保険者証や被扶養者証も引き続き使用でき、年金の被保険者期間としても通常どおり保険料を納めた期間として取り扱われます。

　なお、当初届出の出産予定日以外の出産の場合は産前産後休業期間が変更されるので、「産前産後休業取得者変更（終了）届」を年金事務所（または健康保険組合）提出してください。

②育児休業期間中の保険料の免除

　女性従業員は、育児介護休業法により、産前産後休業終了後、原則として子が1歳に達する日（一定の要件のもと最大2歳に達する日まで延長も可能）まで、育児休業を取得できます。なお、男性従業員で配偶者が出産した場合は、産前産後休業は取得できないので、出産日当日から育児休業の取得が可能です。この育児休業は、会社によっては独自の制度で、より長い期間の取得ができる場合もあります。

　育児休業期間中の健康保険料（介護保険料含む）と厚生年金保険料についても、年金事務所（または健康保険組合）へ「健康保険・厚生年金保険 育児休業等取得者申出書」を提出することにより、従業員負担分も会社負担分も免除になります。また、**子どもが1歳に達した後も育児休業を延長**

する場合は、同じ様式を用いて延長後の期間の届出をしますが、延長期間の免除申請は育児休業終了後には手続きできないので注意してください。

　社会保険料の免除期間は、育児休業開始月から終了予定日の翌日の前月までですが、最大で子どもが3歳に達する日までです。保険料が免除期間中の被保険者証等や年金の被保険者期間の扱いは、産前産後休業の場合と同様です。また、**育児休業終了予定日よりも前に職場復帰した場合（育児休業を終了した場合）**は、年金事務所（または健康保険組合）に、「健康保険厚生年金保険　育児休業等取得者終了届」を提出します。

　この申出は、育児休業等の期間中または育児休業等終了後の終了日から起算して1か月以内の期間中に行わなければなりません。2022年10月1日から、産後休業をしていない労働者が、育児休業とは別に、子の出生後8週間以内に4週間まで、2回に分割して取得できる休業（出生時育児休業）を取れるようになりました。出生時育児休業は産後パパ育休とも呼ばれますが、養子を育てる女性の労働者も取得できます。この出生時育児休業の取得の際も、同様の申請を行いましょう。

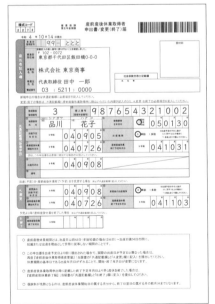

●記載例①　健康保険・厚生年金保険
　産前産後休業取得者申出書／
　　　　　　変更（終了）届●

●記載例②　健康保険・厚生年金保険
　育児休業等取得者申出書
　　　　　（新規・延長）／終了届●

16 出産に関する手続き ②健康保険

✅「出産手当金」手続きのポイント

　従業員が出産する場合には、産前産後休業として出産予定日以前42日（多胎妊娠の場合98日）から出産の翌日から起算して56日目までの範囲内で、会社を休んだ期間を対象として出産手当金が支給されます。出産日当日は産前休業の期間に含まれ、出産が予定日より遅れた場合は、その期間についても出産手当金が支給されます。

　この手続きは、全国健康保険協会の都道府県支部（または健康保険組合）に、「健康保険 出産手当金支給申請書」を提出することで行います。

　申請は、産前産後で分けて２回申請しても、産後にまとめて申請しても構いません。ただし、**産後にまとめて申請する場合、従業員がしばらく無収入になるので、事前に十分な説明が必要です。**

　なお、従業員または被扶養者が出産した場合、生まれた子ども１人につき50万円（保険者が健康保険組合の場合はこれを超える金額の場合もあり）が出産育児一時金（被扶養者が出産した場合は家族出産育児一時金）として支払われる制度があります。こちらの手続きは、基本的に会社が行うものではありませんが、対象となる従業員には会社から情報提供してあげるとよいでしょう。

　出産手当金の金額は、標準報酬日額（支給開始日以前の12か月の各標準報酬月額を平均した額を30で除した金額）の３分の２です。健康保険組合が保険者の場合は、これを超える額の場合もあります。休業日に賃金の支払いがある場合には、これらの金額と支払われた賃金との差額のみが支給されます。

　なお、産前産後休業の期間内であれば、以下の要件に該当する場合は、「退職後の出産手当金」を受給できる場合もあります。

①退職日までに継続して１年以上健康保険の被保険者期間があること。異なる会社での被保険者期間や保険者が異なる場合であっても、１日の空白期間もなければ期間は通算されます。ただし、共済組合、国民健康保険、任意継続被保険者の期間は通算の対象外です。
②退職日に出産手当金が「受給できる状態」にあること。この退職後の出産手当金の手続きは、会社ではなく従業員本人が実施することになります。

●記載例　健康保険 出産手当金支給申請書●

健康保険 出産手当金 支給申請書

事業主記入用（3ページ）

労務に服さなかった期間を含む賃金計算期間の勤務状況および賃金支払い状況等をご記入ください。

被保険者氏名（カタカナ）：シナガワ ハナコ

姓と名の間は1マス空けてご記入ください。濁点（゛）、半濁点（゜）は1字としてご記入ください。

勤務状況　2ページの申請期間のうち、出勤した日付を【○】で囲んでください。「年」「月」については出勤の有無に関わらずご記入ください。

令和 04 年 07 月　③ ④ ⑤ ⑥ ⑦ ⑧ ⑨ ⑪ ⑫ ⑬ ⑭ ⑮　⑱ ⑲ ⑳ ㉑

令和 04 年 08 月
令和 04 年 09 月
令和 04 年 10 月
令和 04 年 11 月

2ページの申請期間のうち、出勤していない日（上記【○】で囲んだ日）以外の日に対して、報酬等（※）を支給した日がある場合は、支給した日と金額をご記入ください。
※有給休暇の場合の賃金、出勤等の有無に関わらず支給している手当（扶養手当・住宅手当等）、食事・住居現物支給しているもの等

例　令和 05 年 02 月 01 日 から 05 年 02 月 28 日　300000 円

① ② ③ ④ ⑤ ⑥ ⑦ ⑧ ⑨ ⑩　令和　年　月　日 から　年　月　日　円

上記のとおり相違ないことを証明します。

事業所所在地　東京都千代田区飯田橋0-0-0
事業所名称　株式会社　東京商事
事業主氏名　代表取締役　田中 一郎
電話番号　03-5211-0000

令和 05 年 01 月 05 日

6 1 1 3 1 1 0 1

全国健康保険協会
協会けんぽ

(3/3)

17 育児休業に関する手続き　①雇用保険

✓「育児休業給付金」手続きのポイント

　従業員が育児休業を取得した場合は、休業開始日から4か月経過後の月末までに、公共職業安定所に「雇用保険被保険者 育児休業開始時賃金月額証明書」と「育児休業給付受給資格確認票・(初回) 育児休業給付金支給申請書」を提出し、初回の育児休業給付金申請手続きを行います。

　添付書類として、出勤簿(タイムカード等)の写しと賃金台帳、受取預金口座の写し、母子手帳の出産予定日及び出生日を確認できるページ(育児休業取得者名が記入されたもの)の写しが必要になります。実務的には、**「育児休業申出書」を記入してもらい、母子手帳の写しを事前に対象従業員から入手しておくことを忘れないでください。**

　この初回の手続きで、2か月分の申請を行います。2回目以降の支給申請は、以降2か月ごとに行うことになります。

　申請は「育児休業給付次回支給申請日指定通知書(事業主通知用)」に記載してある期限までに、公共職業安定所から交付された「育児休業給付金支給申請書」の書式で申請してください。2回目以降の手続きでも、出勤簿(タイムカード等)の写しと賃金台帳は添付書類として必要ですが、手続き自体は初回より簡便なものになります。

　育児休業給付金は支給申請が極めて厳格で、支給期限を過ぎた申請は一切受けつけられません。また、出産・育児関連のこれ以外の手続きも多く煩雑です。したがって、実務的には、従業員ごとの産前休業の初日から職場復帰日までの「期日管理表」の作成は必須になります。

　育児休業給付金は原則、育児休業期間中に支給されます。この支給対象となる育児休業期間とは、原則として従業員の子どもが1歳(パパママ育休プラス利用時は1歳2か月)に達する日までであり、一定の延長事由に当たる場合には1歳6か月または2歳に達する日までとなります[※]。

　育児休業給付金の受給資格要件として、1歳(一定の場合は最大2歳)未満の子を養育し、休業開始前の2年間に賃金支払基礎日数が11日(10日に満たない場合は、賃金の支払いの基礎となった時間数が80時間)以上ある月が12か月以上必要です。なお、この賃金支払基礎日数の考え方は、前

※会社によっては独自の制度で、より長い期間育児休業を取得できる場合がありますが、育児休業給付金の支給対象期間は、上記期間までとなります。

述の離職証明書と同様です。さらに、休業開始時賃金月額の80％以上の賃金が支払われていないことと、就業している日数が10日（10日を超える場合は、就業時間が80時間）以下であることが必要です。

　育児休業給付金の金額は、育児休業を開始してから180日間は、休業開始時賃金日額×支給日数の67％、それ以降は50％となります（上限があり、毎年8月1日に変更）。この休業開始時賃金日額とは、休業開始前6か月間の賃金を180で除した金額になります。なお、育児休業中に賃金が支払われた場合の取扱いは以下のとおりです。

①**休業開始時賃金月額の13％**（※30％）**以下**…休業開始時賃金日額×休業期間の日数の67％（50％）
②**休業開始時賃金月額の13％**（※30％）**超80％未満**…休業開始時賃金日額×休業期間の日数の80％相当額と賃金の差額　　　　　※育児休業の開始から181日目以降は30％
③**休業開始時賃金月額の80％以上**…支給されません

　2022年10月1日より、出生時育児休業を取得した場合に、**出生時育児休業給付金**が支給されます。出生時育児休業を取得すると、出生時育児休業給付金として、**休業1日あたり「休業開始時の賃金日額の67％」**が支給されます（28日が上限です）。従業員が出生時育児休業を取得した場合は、公共職業安定所に「**育児休業給付受給資格確認票・出生時育児休業給付金支給申請書**」の手続きを提出してください。

●記載例　雇用保険被保険者 育児休業開始時賃金月額証明書●

18 育児休業に関する手続き ②健康保険

✓「休業終了時報酬月額変更届」手続きのポイント

産前産後休業終了時報酬月額変更届と育児休業終了時報酬月額変更届

　従業員が産後に職場復帰する場合は、産前産後休業終了時改定や育児休業等終了時改定によって、**随時改定に該当しなくても標準報酬月額を改定できる場合があります**。復帰後の短時間勤務等によって賃金額が減額になった従業員について、算定基礎届の手続きを待たずして社会保険料の改定が行われ、労使双方にとって新しい報酬額に見合った保険料額にできる効果があります。この手続きの要件は、以下のいずれにも該当することです。

①産前産後休業または育児休業等終了時に3歳未満の子を養育していること
②改定前と改定後の標準報酬月額との間に1等級以上の差があること
③産前産後休業または育児休業等終了日の翌日が属する月以後3か月のうち、少なくとも1か月における支払基礎日数が17日（前掲算定基礎届での特定適用事業所に勤務する短時間労働者は11日）以上であること
※短時間就労者（パート）に係る支払基礎日数の取扱いは、前掲算定基礎届の考え方と同様

　産前産後休業終了時には「健康保険厚生年金保険 産前産後休業終了時報酬月額変更届」を、育児休業終了時には「健康保険厚生年金保険 育児休業終了時報酬月額変更届」を、年金事務所（または健康保険組合）に、休業等終了3か月経過後速やかに提出します（添付書類は特になし）。

　そのほか、従業員が養育する子どもが3歳までの間、勤務時間短縮等の措置が適用されて働き、それに伴って標準報酬月額が低下した場合でも、出産前の標準報酬月額に基づく年金額を受け取ることができる制度があります。

　この場合には、「厚生年金保険 被保険者養育期間標準報酬月額特例申出書」を年金事務所に提出します。添付書類として、市区町村長の証明書または戸籍抄本と住民票（コピー不可・マイナンバーの記載がないもの）が必要になります。申出日よりも前の期間については、申出日の前月までの2年間についてみなし措置が認められます。

　なお、この手続きは、従業員の申し出に基づいて行うもので、会社の義務ではありません。この特例は厚生年金保険のみの適用であり、健康保険の給付（傷病手当金等）には反映されないので注意してください。

●記載例① 健康保険・厚生年金保険 産前産後休業終了時報酬月額変更届●

●記載例② 健康保険・厚生年金保険 育児休業等終了時報酬月額変更届●

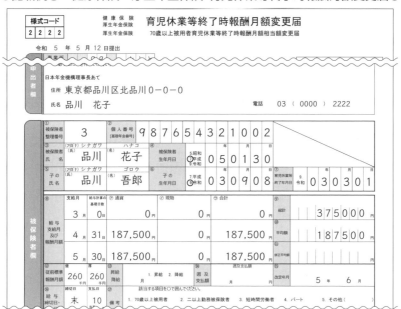

19 定年再雇用に関する手続き

✓「高年齢雇用継続基本給付金」手続きのポイント

　従業員が60歳以後も引き続き雇用保険の一般被保険者であるときで、以下のいずれの要件も満たした場合には、会社は従業員のために、公共職業安定所に高年齢雇用継続基本給付金の手続きを行います。

①賃金が60歳到達時に比べて75％未満に低下
②雇用保険の一般被保険者としての被保険者期間が5年以上

　高年齢雇用継続基本給付金の受給資格は、上記2つの要件もいずれも満たす一般被保険者ですが、これは定年退職後も同じ会社で嘱託社員等として継続雇用される場合だけではなく、定年退職を期に別の会社の嘱託社員等として転職した場合も対象となります。

　手続きは、最初に支給を受けようとする支給対象月（受給要件を満たし、給付金の支給の対象となった月）の初日から起算して4か月以内に、「雇用保険 被保険者六十歳到達時等賃金証明書」と「高年齢雇用継続給付受給資格確認票・(初回)高年齢雇用継続給付支給申請書」に、出勤簿（タイムカード等）の写し・賃金台帳・運転免許証（あらかじめマイナンバーを届け出ている者については年齢確認書類の写しを省略できます）のコピー等を添えて提出します。

　なお、高年齢雇用継続基本給付金も育児休業給付金と同様2か月に1回の支給になります。2回目以降の支給申請は2か月ごとに行います。この申請は、「高年齢雇用継続給付次回支給申請日指定通知書」に記載してある期限までに行ってください。

　高年齢雇用継続基本給付金の支給対象期間は、従業員が60歳に達した月から65歳に達する月までです。ただし、60歳時点に雇用保険に加入していた期間が5年に満たない場合は、5年に至った月から支給対象期間となります。

　次に、高年齢雇用継続基本給付金の支給額は、以下のとおりです。

①60歳以上65歳未満の各月の賃金が60歳時点の賃金の61％以下に低下した場合…各月の賃金の15％（2025年4月からは10％に変更）相当額
②60歳時点の賃金の61％超75％未満に低下した場合…その低下率に応じて、0％〜15％（2025年4月からは10％に変更）相当額未満の額
※各月の賃金が支給限度額（この額は毎年8月1日に変更）を超える場合は支給されません。

ここでいう60歳時点の賃金とは、60歳に到達する前6か月間の総支給額（保険料等が控除される前の額で、賞与は除く）を180で除した賃金日額の30日分の額になります。
　なお、高齢者が再就職した場合、一定の要件のもと、「高年齢再就職給付金」が受給できる場合があります。高年齢再就職給付金は最大2年間受給できますが、再就職手当との併給はできないので注意が必要です。

●記載例　雇用保険 被保険者六十歳到達時等賃金証明書●

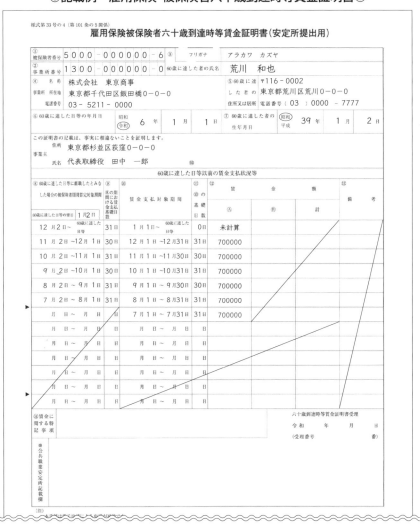

20 労災の手続き ①療養（補償）給付

✓「療養補償給付たる療養の費用請求書」手続きのポイント

　従業員が業務災害や通勤災害によって療養のために病院等にかかった場合には、療養（補償）給付を受けるための手続きが必要です。

　なお、これは以降の手続きでも同様ですが、療養補償給付・休業補償給付などと「補償」という文字が入ったら「業務災害」に対する給付であり、療養給付・休業給付などと「補償」という文字が入っていなかったら「通勤災害」に対する給付になります。

　また、労災保険の給付の申請先は、各労働基準監督署の労災課になります。

　療養（補償）給付の手続きは、以下の4つの届出書類を使い分けて行います。

①療養補償給付たる療養の給付請求書（様式5号）
②療養給付たる療養の給付請求書（様式16号の3）
③療養補償給付たる療養の費用請求書（様式7号）
④療養給付たる療養の費用請求書（様式16号の5）

　また、療養（補償）給付には、給付の受け方に以下の2種類の類型があります。

(1)労災指定病院にて治療の現物の給付（自己負担額なしでの治療）を受ける場合
(2)労災指定病院以外の病院で治療を受けていったん費用の全額を支払った後、労働基準監督署に請求してその費用の給付を受ける場合

　上記(1)の場合は、労災指定病院等を経由して労働基準監督署へ提出します。書類の準備や書類記入まで含めて、労災指定病院等で行ってくれるケースがほとんどです。

　一方、上記(2)の場合は、直接、労働基準監督署へ書類を提出します。なお、病院を受診した後に、別の薬局へ行った場合は、病院用と薬局用の2枚の様式が必要になるので注意してください。

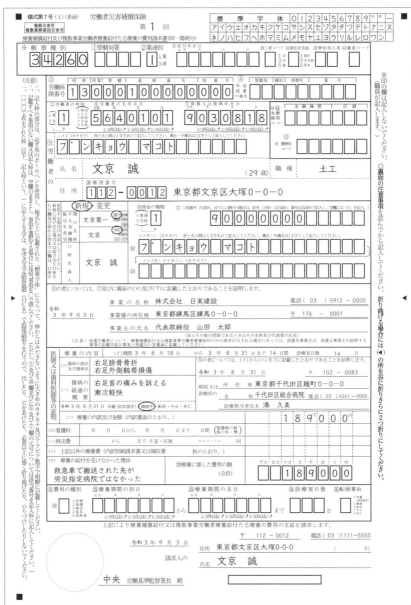

●記載例　療養補償給付たる療養の費用請求書●

21 労災の手続き ②休業（補償）給付

✓「休業補償給付支給申請書・休業特別支給金支給申請書」手続きのポイント

従業員が業務災害や通勤災害によって療養のために休業した場合で、その療養のため仕事ができず賃金が支払われない場合には、以下のいずれかの届出を労働基準監督署に行います。

①休業補償給付支給請求書（様式8号）
②休業給付支給請求書（様式16号の6）

休業（補償）給付の申請時効は2年間ですが、休業が長期にわたる場合は、従業員の生活を考慮して1か月ごとの申請が一般的です。

なお、療養開始日から1年6か月を経過した日またはその日以後、傷病が治らず、一定の傷病等級に該当する場合は、傷病（補償）年金の支給申請に切り替わることになります。

✓休業（補償）給付の支給開始時期、金額など

休業（補償）給付は、休業第4日目から支給されます。なお、休業の初日から第3日目（連続でなくても構いません）までを「待期期間」といい、この間は業務災害の場合には会社が労働基準法に基づく休業補償（1日につき平均賃金の60％）を行います。通勤災害の場合には、待期期間中の休業補償は必要ありません。

給付の金額は、以下の2つの給付金の合計金額になります。

①休業（補償）給付＝（給付基礎日額の60％）×休業日数
②休業特別支給金＝（給付基礎日額の20％）×休業日数

上記の「給付基礎日額」とは、原則として労働基準法の平均賃金相当額です。

原因となった事故が発生した日または医師の診断によって病気の発生が確定した日（賃金締切日が定められているときは、傷病発生日の直前の賃金締切日）の直前3か月間に、従業員に対して支払われた賃金の総額（ボーナスや臨時に支払われる賃金を除く）を、その期間の暦日数で除した1日当たりの賃金額になります。

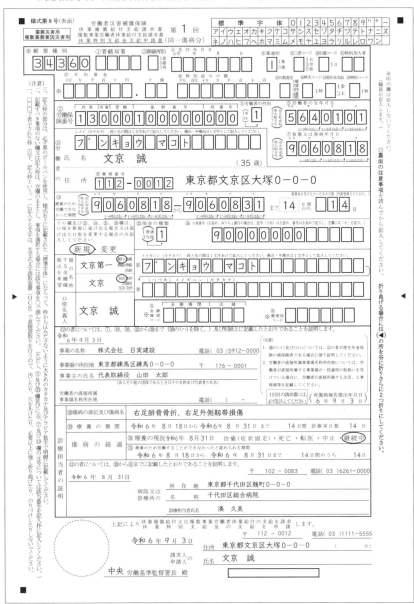

22 労災の手続き ③労働者死傷病報告

✓「労働者死傷病報告」手続きのポイント

　従業員が業務災害によって療養のために休業したときおよび死亡したときは、「労働者死傷病報告」を労働基準監督署に提出しなくてはなりません。なお、この提出先は各労働基準監督署ですが、提出先部署は労災課ではなく安全衛生課になります。

　この「労働者死傷病報告」には、以下のとおり2種類があります。

①4日以上の休業または死亡の場合…労働者死傷病報告（様式第23号）
②4日未満の休業の場合…労働者死傷病報告（様式第24号）

　上記①の場合は、遅滞なく提出することとなっています。

　一方、②の場合は、四半期ごと（1月～3月、4月～6月、7月～9月、10～12月）の翌月末日までにまとめて提出します。

✓労働者死傷病報告が必要な場合

　「労働者死傷病報告」は、原則として業務災害で休業した場合または死亡した場合にのみ提出します。したがって、いわゆる不休労災である場合や、通勤災害については提出する義務はありません。

　ただし、例外として、業務災害に該当しなくても提出が必要な場合（就業中ではないが事業場内や付属する建設物・敷地内等で負傷した場合）があるので注意してください。

　また、「病院に労災保険の給付の書類を提出したから労働基準監督署への報告は不要」と勘違いするケースがあります。**業務災害によって療養のために休業したときおよび死亡した場合には、労災保険の給付の手続きに加えて（あるいは手続きとは別に）必ず労働者死傷病報告の提出が必要になるので注意してください。**

　「労働者死傷病報告」の提出を怠ったり、書類に事実を正確に記載せず、故意に偽った内容で提出した場合は、「労災隠し」となります。労災隠しは、労働安全衛生法120条により50万円以下の罰金が科せられる犯罪行為です。

　手続きを行う際は、被災した従業員だけでなく、関係者等に事実関係の聴き取り等を行い、正確な手続きを行わなくてはなりません。

●記載例　労働者死傷病報告（4日以上）●

労働者死傷病報告

様式第23号（第97条関係）（表面）

労働保険番号：8 1 0 0 1 - 1 3 0 0 0 1 0 0 0 0 0 0 0 0 0
事業の種類：建設業

事業場の名称（建設業にあっては工事名を併記のこと。）
カナ：カブシキガイシャ ニチジツケンセツ
漢字：株式会社 日実建設

工事名：（仮称）千代田〇丁目マンション新築工事

事業場の所在地：東京都練馬区練馬0-0-0　電話 03（5912）0000

郵便番号：176-0001
労働者数：10人
発生日時：9:令和　9 0 3 0 8 1 8　1005

被災労働者の氏名
カナ：ブンキョウ マコト
漢字：文京 誠
生年月日：5 6 4 0 1 0 1（32）歳
性別：男
職種：土工
経験期間：10

休業見込期間又は死亡日時：休業見込 2月〇日
傷病名：右足腓骨骨折 右足外側靱帯損傷
傷病部位：右足首
被災地の場所：東京都千代田区

災害発生状況及び原因

①どのような場所で ②どのような作業をしているときに ③どのような物又は環境に ④どのような不安全な又は有害な状態があって ⑤どのような災害が発生したかを詳細に記入すること。

残土仮置場において、ダンプのシートを外すため、シート掛外し専用架台からダンプの荷台に移動したところ、安全帯をかけ替えていた途中に、足を滑らせて高さ2.1mのダンプ荷台後方から地面に落下した。作業手順書では安全帯を親綱に掛けてからダンプ荷台に移る手順であった。

工期：令和〇年〇月〇日から
　　　令和×年×月×日まで

略図（発生時の状況を図示すること。）
足を滑らせて、ダンプ荷台から落ちた。

報告書作成者
職：人事　氏名：北 一男

令和3年　9月　3日

中央　労働基準監督署長殿

事業者職氏名
株式会社日実建設
東京都練馬区練馬0-0-0
03 5912 0000
代表取締役　山田 太郎

受付印

第2章　手続き・給与計算業務の基本を押さえよう

23 労災の手続き ④第三者行為災害

✓「第三者行為災害届」手続きのポイント

業務災害・通勤災害で第三者行為災害に該当した場合には速やかに、「第三者行為災害届」を労働基準監督署に提出してください。

「第三者行為災害届」の、添付書類は以下のとおりです。

添付書類名	交通事故による災害	交通事故以外による災害	提出部数	備考
「交通事故証明書」または「交通事故発生届」	○	―	1	自動車安全運転センターの証明がもらえない場合は「交通事故発生届」
念書（兼同意書）	○	○	1	
示談書の謄本	○	○	1	示談が行われた場合（写しでも可）
自賠責保険等の損害賠償金等支払証明書または保険金支払通知書	○	―	1	仮渡金または賠償金を受けている場合（写しでも可）
死体検案書または死亡診断書	○	○	1	死亡の場合（写しでも可）
戸籍謄本	○	○	1	死亡の場合（写しでも可）

被災労働者には、速やかに以下の指示を出しましょう。

①必ず病院に行くこと
②(事件、事故の場合は）速やかに警察に通報すること
③可能な状況であれば、加害者について以下のことを確認させること
　加害者の氏名・住所・電話番号・自賠責保険や任意保険の番号と保険会社・業務遂行中であるか・会社に関する情報（会社名・住所・電話番号）
④「事故発生の具体的場所」と「事故発生の状況」について会社に報告させること
※上記2つは「第三者行為災害届」の必要記載事項
⑤示談を行う場合には、必ず所轄の労働基準監督署に相談してから行うこと

●記載例 第三者行為災害届（抜粋）●

(届その1)

第三者行為災害届（業務災害・⦿通勤災害⦿）
　　　　　　　　　（⦿交通事故⦿・交通事故以外）

令和　6　年　9　月　3　日

労働者災害補償保険法施行規則第22条の規定により届け出ます。

保険給付請求権者　住所　東京都杉並区高円寺北0-0-0
　　　　　　　　　　　　　フリガナ　スギナミ タロウ　郵便番号（166 - 0002）
　　　　　　　　　　　　　氏名　杉並　太郎
　　　　　　　　　　　　　電話（自宅）　03 - 0000 - 1111
　　　　　　　　　　　　　　（携帯）　　－　　　－

署受付日付印

三田　労働基準監督署長　殿

1 第一当事者(被災者)
フリガナ　スギナミ タロウ
氏名　杉並　太郎　（⦿男⦿・女）　生年月日　平成3年　11月　2日　（32歳）
住所　東京都杉並区高円寺北0-0-0
職種　営業

2 第一当事者(被災者)の所属事業場
労働保険番号

府県	所掌	管轄	基幹番号	枝番号
13	0	00	000000	000

名称　株式会社　東京商事　　　電話　03 - 5211 - 0000
所在地　東京都千代田区飯田橋0-0-0　　郵便番号　102 - 0072
代表者（役職）　代表取締役　　担当者（所属部課名）　人事部長
　　　（氏名）　田中　一郎　　　　（氏名）　北　一男

3 災害発生日
日時　令和6年　9月　1日　⦿午前⦿・午後　9時　00分頃
場所　東京都新宿区早稲田0-0-0　コンビニ前

4 第二当事者(相手方)
氏名　板橋　優子　　　　（27歳）　電話（自宅）03 - 1111 - 1111
　　　　　　　　　　　　　　　　　　　（携帯）－　－
住所　東京都板橋区本町0-0-0　　　　郵便番号　173 - 0001
第二当事者(相手方)が業務中であった場合
所属事業場名称　株式会社　銀座商店　　電話　03 - 6280 - 0000
所在地　東京都中央区銀座0-0-0　　　郵便番号　110 - 0005
代表者（役職）　代表取締役　　　（氏名）　上野　洋子

5 災害調査を行った警察署又は派出所の名称
戸塚　警察署　　交通　係（派出所）

6 災害発生の事実の現認者(5の災害調査を行った警察署又は派出所がない場合に記入してください)
氏名　　　　　　　　　（　歳）　電話（自宅）－　－
　　　　　　　　　　　　　　　　　（携帯）－　－
住所　　　　　　　　　　　　　　　　郵便番号　－

7 あなたの運転していた車両(あなたが運転者の場合にのみ記入してください)

車種	大・中・普・特・自二・軽自・原付自	登録番号（車両番号）		
運転者の免許	有/無	免許の種類	免許証番号	資格取得	有効期限	免許の条件
	無	普通	500000000000	平成22年3月30日	令和6年12月2日まで	

2章　手続き・給与計算業務の基本を押さえよう

24 給与計算の全体像を押さえよう

☑ そもそも「給与計算」とは何か

給与計算とは、**支給額から控除額を差し引いて従業員に支給することで**す。詳述すると、給与計算担当者が、就業規則や労働契約に則った従業員ごとの基本給や諸手当の金額や支給ルールを正しく把握し、従業員の毎月の勤怠を正確に反映させ、支給すべきものを支給し、控除すべきものを控除して支給金額を求め、その結果を従業員ごとの給与明細書に記載して従業員に支給することです。したがって、**「給与明細書」**は、大きく分けて、「勤怠」「支給」「控除」の3つの項目から成り立っています。

①**勤怠**…出勤日数、勤務した所定労働時間、時間外労働時間、欠勤日数・遅刻早退時間数、有給休暇の残日数や使用日数など、その月の従業員の勤怠状況について記載

②**支給**…基本給や諸手当、割増賃金等の支給内容について記載

③**控除**…労働・社会保険料や源泉徴収する所得税・住民税といった法律上当然に控除すべきものと、社友会費や労働組合費等といった労使協定を締結して控除するものについて記載

月次の給与計算は以下の順序で行います。なお、ここでは、給与計算ソフトを使用し、給与明細書は紙ベースである、典型的な会社の給与計

部課コード	社員コード	氏
011	008	大田

支給	基本給	役職手当	資格手当
	200,000	30,000	15,000
	時間外手当	休日労働手当	深夜労働手当
	28,126	6,075	188

控除	健康保険料	介護保険料	厚生年金保険料
	15,000	2,730	27,450
	生命保険料	積立金	財形貯蓄
	15,000	5,000	5,000

勤怠	出勤日数	遅刻早退回数	欠勤日数
	22	1	1
	就労時間	遅刻早退時間	時間外労働
	176		15
記事	社会保険合計	課税対象額	
	46,926	238,965	

算を例にしています。

> ① **マスター情報の変更**…従業員の入退社、扶養異動、住所変更、基本給や諸手当の金額の変更などといった「増減・変更」があった場合に、給与計算ソフトにその情報を入力して最新の情報にすること
> ② **勤怠情報の取り込み**…タイムカード等の出勤簿に記録されている従業員1人ずつの勤怠状況を給与計算ソフトに取り込むこと
> ③ **給与計算**…上記①②が完了した状況で給与計算ソフトを回して月次の給与計算を行うこと
> ④ **給与支払準備**…給与計算ソフトで給与明細書を印刷し、給与計算ソフトから出力した「振込依頼書」のデータまたは用紙で全従業員への給与振込手続きを行うこと
> ⑤ **給与支払**…上記④を経て全従業員に給与振り込みが完了し、給与明細書を部署ごとに配布するなどして従業員に手交すること

● 記載例　給与明細書 ●

給与明細書
〇〇年11月分

支給日　〇〇年11月15日
給与締日　〇〇年10月31日

名　亮　様

家族手当	住宅手当	精皆勤手当	非課税通勤手当	課税通勤手当	
10,000	10,000		5,170		
欠勤控除	遅刻早退控除				
−11,998	−1,500				
					支給額合計
					291,061

雇用保険料	所得税	住民税	社友会	労働組合費	
1,746	4,590	13,400	3,000	3,000	
借上社宅					
					控除額合計
					95,916

有給取得					
1					
休日労働	深夜労働				有給残日数
3	0.5				7
			振込支給額	現物支給額	差引支給額
			195,145		195,145

25 マスター情報を変更するときは

✓ どんなシチュエーションで変更登録するのか

どの会社のソフトであっても、給与計算ソフトには、一般的に以下の2つの「マスターデータ」があります。

> ①**会社マスター**…会社名、会社住所、代表者名など会社の基本情報や、その会社の階層や役職名、給与支給のパターン、諸手当や割増賃金の単価や計算方法、端数処理の方法、労働・社会保険の料率などその会社の給与計算のルールが登録
> ②**社員マスター**…各従業員の氏名、自宅住所、被扶養者の状況、基本給や固定手当の金額、割増賃金など変動手当の単価、労働・社会保険料・所得税・住民税の金額など、その人の給与計算に必要な固定情報が登録

給与計算は、マスターデータの情報に月次の勤怠情報を掛け合わせて行います。したがって、以下のような状況では、社員マスターの「変更」を行って、給与支給時点での最新情報に更新しておかなくてはなりません。

入社時の処理

先月の給与計算時には居なかった従業員の給与計算を今月から行うことになるので、今回の賃金計算期間の初日から末日までの間に入社した従業員の情報を社員マスターに「登録」しなくてはなりません。

退職時の処理

先月の給与計算時には給与計算を行ったものの、今月からは給与計算を行わない退職者についても登録処理をします。今回の賃金計算期間の初日から末日までの間に退職した従業員の社員マスターで退職年月日を入力して、ステータスを「在職」から「退職」に変更してください。なお、残余の割増賃金など退職日以降も支給額がある場合は、直近次回の給与計算でその支給処理も忘れないでください。

各種変更時の処理

今回の賃金計算期間の初日から末日までの間に、以下ケースに該当する従業員については、社員マスターの変更を行います。

> ①扶養の増減（家族手当の変更にも注意）
> ②住所変更（通勤経路や通勤手当、住宅手当の変更にも注意）
> ③氏名変更
> ④給与改定・昇格降格…基本給・割増賃金計算単価の変更、給与支給パターンの変更（例：一般従業員⇒管理職）など

⑤昇進・降職…役職の変更、役職手当・割増賃金計算単価の変更など
⑥資格の取得…資格手当・割増賃金計算単価の変更
⑦定時決定、随時改定、産前産後休業終了時改定、育児休業終了時改定に該当…社会保険料の等級や保険料額の変更
⑧40歳該当および65歳該当…介護保険対象／非対象の変更
⑨毎年6月…1年間の月次の住民税額の変更登録　など

　上記のうち、①②③⑥については、従業員が会社に申告してくれないと給与担当者が把握できない事象になります。このような**情報を管理する**ための書式として、「**身上異動届**」を活用してください。

●記載例 身上（異動）届●

令和 3 年11月 2 日

身上（異動）届

株式会社 東京商事
代表取締役 田中 一郎 殿

社員番号　011
社員氏名　杉並 太郎 ㊞

※変更届として使用する場合には、変更箇所のみ記入

新フリガナ		旧フリガナ		性別	男・女
新氏名	㊞	旧氏名			

住所	〒

生年月日	大・昭・平　年　月　日	電話番号	－　　－
基礎年金番号	－　－	社員区分	役員・正社員・パートタイマー
雇用保険被保険者番号	－　－	入社日	年　月　日
不明な場合は、前職の社名等を記入	社名 在籍期間　平成　年　月　日～ 　　　　　　平成　年　月　日	給与区分	月給・日給月給・時給
		税区分	甲・乙
他社への就業の有無	□なし／あり（当社がメイン）　□あり（他社がメイン）		
緊急連絡先	電話番号　－　－　氏名　　　　続柄		

被扶養者の有無	有（ 1 ）人・無	被扶養配偶者の基礎年金番号	1000 － 100000				
フリガナ	スギナミ カオリ	男・女		男・女		男・女	男・女
被扶養者氏名	杉並 香織	女					
続柄	妻						
生年月日	平成4年3月13日						
扶養になった日	令和3年11月1日						
扶養から外れた日							
職業	パート						
年収	900,000円						
異動理由	結婚のため						

26 社会保険料が決定・改定されるときは

✓ 社会保険料が決定されるタイミング

　給与から控除される社会保険料には、健康保険料、介護保険料（40歳以上65歳未満のみ）、厚生年金保険料があります。

　社会保険料を決定する際の基準となるものが手続きの箇所で解説した「標準報酬月額」です。この標準報酬月額に保険料率を乗じることで、保険料が算出されます。標準報酬月額が決定または改定されるタイミングには、以下の4つがあります。

> ①**資格取得時決定**…従業員が入社した際に、毎月の固定的賃金に加え、見込まれる割増賃金や通勤手当などを加えた報酬額を届け出て決定されます
> ②**定時決定(算定)**…毎年の4月・5月・6月支給の報酬月額を平均し、その年の9月から翌年8月までの標準報酬月額が決定されます
> ③**随時改定(決定)**…固定的賃金の変動または賃金体系の変更により、3か月間の報酬月額を平均して2等級以上変動した場合に届け出て標準報酬月額を見直します
> ④**産前産後休業・育児休業等終了時改定**…職場復帰した者の勤務時間の短縮等により報酬が低下した際に届け出て標準報酬月額を見直します

　保険料率や保険料額は、協会けんぽの適用事業所であれば協会けんぽの、健康保険組合の適用事業所であれば各健康保険組合の「標準報酬月額等級表」で決定されます。協会けんぽの標準報酬月額等級表は、都道府県ごとに健康保険料率が異なりますから注意してください。

　社会保険料の納付期限は、翌月末日です。そのため、前月分の社会保険料を当月支給分の給与額から控除されることになります。たとえば、15日締めの当月25日支給の会社に、6月10日に入社した従業員については、6月25日に支給される賃金では社会保険料を控除せず、7月25日に支給される賃金から社会保険料の控除が始まります。

　なお、資格取得時決定以外の社会保険料改定時の給与計算での扱いは以下のとおりです。

> ①**定時決定**…算定基礎届で決定した標準報酬月額は、9月分保険料から適用されますので、翌月10月支給分の給与から新しい保険料額が反映されます
> ②**随時改定**…固定的賃金が変動または賃金体系が変更された月から4か月目の標準報酬月額が改定となりますので、その翌月支給分の給与から新しい保険料額が反映されます

例：4月に固定的賃金が変動⇒7月月変になるので、8月支給分から変更が反映
③産前産後休業・育児休業等終了時改定…随時改定と同様です

次に、保険料率の改定への対応について解説します。原則として、毎年3月に健康保険料率と介護保険料率、9月に厚生年金保険料率が改定されます。以下の月に支給する給与計算の際には、「会社マスター」の社会保険料率の変更処理が必要になりますので注意してください。

① 4月給与時…健康保険料、介護保険料
②10月給与時…厚生年金保険料

●参考資料 標準報酬月額等級表（令和6年3月 協会けんぽ 東京都）●

令和6年3月分（4月納付分）からの健康保険・厚生年金保険の保険料額表

・健康保険料率：令和6年3月分～ 適用　　・厚生年金保険料率：平成29年9月分～ 適用
・介護保険料率：令和6年3月分～ 適用　　・子ども・子育て拠出金率：令和2年4月分～ 適用

（東京都）　　　　　　　　　　　　　　　　　　　　　　　　　　　　　　　　　　　（単位：円）

標準報酬		報酬月額		全国健康保険協会管掌健康保険料				厚生年金保険料（厚生年金基金加入員を除く）	
				介護保険第2号被保険者に該当しない場合 9.98%		介護保険第2号被保険者に該当する場合 11.58%		一般、坑内員・船員 18.300%※	
等級	月額			全額	折半額	全額	折半額	全額	折半額
		円以上	円未満						
1	58,000	～	63,000	5,788.4	2,894.2	6,716.4	3,358.2		
2	68,000	63,000～	73,000	6,786.4	3,393.2	7,874.4	3,937.2		
3	78,000	73,000～	83,000	7,784.4	3,892.2	9,032.4	4,516.2		
4(1)	88,000	83,000～	93,000	8,782.4	4,391.2	10,190.4	5,095.2	16,104.00	8,052.00
5(2)	98,000	93,000～	101,000	9,780.4	4,890.2	11,348.4	5,674.2	17,934.00	8,967.00
6(3)	104,000	101,000～	107,000	10,379.2	5,189.6	12,043.2	6,021.6	19,032.00	9,516.00
7(4)	110,000	107,000～	114,000	10,978.0	5,489.0	12,738.0	6,369.0	20,130.00	10,065.00
8(5)	118,000	114,000～	122,000	11,776.4	5,888.2	13,664.4	6,832.2	21,594.00	10,797.00
9(6)	126,000	122,000～	130,000	12,574.8	6,287.4	14,590.8	7,295.4	23,058.00	11,529.00
10(7)	134,000	130,000～	138,000	13,373.2	6,686.6	15,517.2	7,758.6	24,522.00	12,261.00
11(8)	142,000	138,000～	146,000	14,171.6	7,085.8	16,443.6	8,221.8	25,986.00	12,993.00
12(9)	150,000	146,000～	155,000	14,970.0	7,485.0	17,370.0	8,685.0	27,450.00	13,725.00
13(10)	160,000	155,000～	165,000	15,968.0	7,984.0	18,528.0	9,264.0	29,280.00	14,640.00
14(11)	170,000	165,000～	175,000	16,966.0	8,483.0	19,686.0	9,843.0	31,110.00	15,555.00
15(12)	180,000	175,000～	185,000	17,964.0	8,982.0	20,844.0	10,422.0	32,940.00	16,470.00
16(13)	190,000	185,000～	195,000	18,962.0	9,481.0	22,002.0	11,001.0	34,770.00	17,385.00
17(14)	200,000	195,000～	210,000	19,960.0	9,980.0	23,160.0	11,580.0	36,600.00	18,300.00
18(15)	220,000	210,000～	230,000	21,956.0	10,978.0	25,476.0	12,738.0	40,260.00	20,130.00
19(16)	240,000	230,000～	250,000	23,952.0	11,976.0	27,792.0	13,896.0	43,920.00	21,960.00
20(17)	260,000	250,000～	270,000	25,948.0	12,974.0	30,108.0	15,054.0	47,580.00	23,790.00
21(18)	280,000	270,000～	290,000	27,944.0	13,972.0	32,424.0	16,212.0	51,240.00	25,620.00
22(19)	300,000	290,000～	310,000	29,940.0	14,970.0	34,740.0	17,370.0	54,900.00	27,450.00
23(20)	320,000	310,000～	330,000	31,936.0	15,968.0	37,056.0	18,528.0	58,560.00	29,280.00
24(21)	340,000	330,000～	350,000	33,932.0	16,966.0	39,372.0	19,686.0	62,220.00	31,110.00
25(22)	360,000	350,000～	370,000	35,928.0	17,964.0	41,688.0	20,844.0	65,880.00	32,940.00
26(23)	380,000	370,000～	395,000	37,924.0	18,962.0	44,004.0	22,002.0	69,540.00	34,770.00
27(24)	410,000	395,000～	425,000	40,918.0	20,459.0	47,478.0	23,739.0	75,030.00	37,515.00
28(25)	440,000	425,000～	455,000	43,912.0	21,956.0	50,952.0	25,476.0	80,520.00	40,260.00
29(26)	470,000	455,000～	485,000	46,906.0	23,453.0	54,426.0	27,213.0	86,010.00	43,005.00
30(27)	500,000	485,000～	515,000	49,900.0	24,950.0	57,900.0	28,950.0	91,500.00	45,750.00
31(28)	530,000	515,000～	545,000	52,894.0	26,447.0	61,374.0	30,687.0	96,990.00	48,495.00
32(29)	560,000	545,000～	575,000	55,888.0	27,944.0	64,848.0	32,424.0	102,480.00	51,240.00
33(30)	590,000	575,000～	605,000	58,882.0	29,441.0	68,322.0	34,161.0	107,970.00	53,985.00
34(31)	620,000	605,000～	635,000	61,876.0	30,938.0	71,796.0	35,898.0	113,460.00	56,730.00
35(32)	650,000	635,000～	665,000	64,870.0	32,435.0	75,270.0	37,635.0	118,950.00	59,475.00
36	680,000	665,000～	695,000	67,864.0	33,932.0	78,744.0	39,372.0		
37	710,000	695,000～	730,000	70,858.0	35,429.0	82,218.0	41,109.0		
38	750,000	730,000～	770,000	74,850.0	37,425.0	86,850.0	43,425.0		
39	790,000	770,000～	810,000	78,842.0	39,421.0	91,482.0	45,741.0		
40	830,000	810,000～	855,000	82,834.0	41,417.0	96,114.0	48,057.0		
41	880,000	855,000～	905,000	87,824.0	43,912.0	101,904.0	50,952.0		
42	930,000	905,000～	955,000	92,814.0	46,407.0	107,694.0	53,847.0		
43	980,000	955,000～	1,005,000	97,804.0	48,902.0	113,484.0	56,742.0		
44	1,030,000	1,005,000～	1,055,000	102,794.0	51,397.0	119,274.0	59,637.0		
45	1,090,000	1,055,000～	1,115,000	108,782.0	54,391.0	126,222.0	63,111.0		
46	1,150,000	1,115,000～	1,175,000	114,770.0	57,385.0	133,170.0	66,585.0		
47	1,210,000	1,175,000～	1,235,000	120,758.0	60,379.0	140,118.0	70,059.0		
48	1,270,000	1,235,000～	1,295,000	126,746.0	63,373.0	147,066.0	73,533.0		
49	1,330,000	1,295,000～	1,355,000	132,734.0	66,367.0	154,014.0	77,007.0		
50	1,390,000	1,355,000～		138,722.0	69,361.0	160,962.0	80,481.0		

※厚生年金基金に加入している方の厚生年金保険料率は、基金ごとに定められている免除保険料率（2.4%～5.0%）を控除した率となります。
加入する基金ごとに異なりますので、免除保険料率および厚生年金基金の掛金については、加入する厚生年金基金にお問い合わせください。

◆介護保険第2号被保険者とは、40歳から64歳までの方であり、健康保険料率（9.98%）に介護保険料率（1.60%）が加わります。
◆等級欄の（ ）内の数字は、厚生年金保険の標準報酬月額等級です。
　4(1)等級の「報酬月額」欄は、厚生年金保険の場合「93,000円未満」と読み替えてください。
　35(32)等級の「報酬月額」欄は、厚生年金保険の場合「635,000円以上」と読み替えてください。

労働保険料を計算しよう

✓ 月次の給与計算に反映するべき労働保険料とは

労働保険とは、労災保険と雇用保険の総称です。

労災保険は、正式名を労働者災害補償保険といい、労働者が業務災害や通勤災害に遭った際、労働者やその遺族の補償のための保険給付を行う制度です。労働者を1名以上雇用している場合、原則、加入義務があります。

雇用保険は、労働者が失業した場合や、雇用の継続が困難となった場合に、労働者の生活および雇用の安定を図るとともに、再就職を促進するための必要な給付を行う制度です。俗に失業保険と呼ばれることが多い基本手当などの失業等給付がよく知られています。

ほかにも、一定の要件のもと育児や介護等の理由で働けない場合に給付が受けられる育児休業給付・介護休業給付、60歳以降で賃金が一定以上に減額された場合にも雇用継続できるように給付が受けられる高年齢雇用継続給付、厚生労働大臣が指定する講座を受講した場合にその費用の一部を負担する教育訓練給付があります。

また、雇用保険料の一部は助成金の財源にもなっています。

労災保険料は、事業の種別ごとに保険料率は異なり、その全額を会社が負担するので、給与計算上、**従業員の給与や賞与から保険料を控除することはないので、給与計算での処理は不要**です。

雇用保険料は、労災保険料とは違い会社と従業員が双方で負担するので、月次の給与計算で控除しなくてはなりません。月次給与の際の雇用保険料額の計算は、前述の社会保険料とは異なり、毎月の総支給額に料率を乗じて行います。したがって、毎月保険料額が異なります。

次ページには雇用保険料率の表を掲載していますが、**雇用保険の料率は毎年4月が改定時期なので、4月支給給与計算時には新しい料率を「会社マスター」で登録することを忘れないでください。**

なお、以前は毎年4月1日現在において、満64歳以上の労働者は雇用保険料が免除される措置が導入されていましたが、2020年度からは徴収されるようになりました。

●参考資料　最新の労働保険料の被保険者・事業主負担分の内訳表●
〈労災保険率〉

労災保険率表

（単位：1/1,000）　　　　　　　　　　　　　　　　　　　　（令和6年4月1日施行）

事業の種類の分類	業種番号	事業の種類	労災保険率
林業	02又は03	林業	52
漁業	11	海面漁業（定置網漁業又は海面魚類養殖業を除く。）	18
	12	定置網漁業又は海面魚類養殖業	37
鉱業	21	金属鉱業、非金属鉱業（石炭石鉱業又はドロマイト鉱業を除く。）又は石炭鉱業	88
	23	石炭石鉱業又はドロマイト鉱業	13
	24	原油又は天然ガス鉱業	2.5
	25	採石業	37
	26	その他の鉱業	26
建設事業	31	水力発電施設、ずい道等新設事業	34
	32	道路新設事業	11
	33	舗装工事業	9
	34	鉄道又は軌道新設事業	9
	35	建築事業（既設建築物設備工事業を除く。）	9.5
	38	既設建築物設備工事業	12
	36	機械装置の組立て又は据付けの事業	6
	37	その他の建設事業	15
製造業	41	食料品製造業	5.5
	42	繊維工業又は繊維製品製造業	4
	44	木材又は木製品製造業	13
	45	パルプ又は紙製造業	7
	46	印刷又は製本業	3.5
	47	化学工業	4.5
	48	ガラス又はセメント製造業	6
	66	コンクリート製造業	13
	62	陶磁器製品製造業	17
	49	その他の窯業又は土石製品製造業	23
	50	金属精錬業（非鉄金属精錬業を除く。）	6.5
	51	非鉄金属精錬業	7
	52	金属材料品製造業（鋳物業を除く。）	5
	53	鋳物業	16
	54	金属製品製造業又は金属加工業（洋食器、刃物、手工具又は一般金物製造業及びめっき業を除く。）	9
	63	洋食器、刃物、手工具又は一般金物製造業（めっき業を除く。）	6.5
	55	めっき業	6.5
	56	機械器具製造業（電気機械器具製造業、輸送用機械器具製造業、船舶製造業又は修理業及び計量器、光学機械、時計等製造業を除く。）	5
	57	電気機械器具製造業	3
	58	輸送用機械器具製造業（船舶製造又は修理業を除く。）	4
	59	船舶製造又は修理業	23
	60	計量器、光学機械、時計等製造業（電気機械器具製造業を除く。）	2.5
	64	貴金属製品、装身具、皮革製品等製造業	3.5
	61	その他の製造業	6
運輸業	71	交通運輸事業	4
	72	貨物取扱事業（港湾貨物取扱事業及び港湾荷役業を除く。）	8.5
	73	港湾貨物取扱事業（港湾荷役業を除く。）	9
	74	港湾荷役業	12
電気、ガス、水道又は熱供給の事業	81	電気、ガス、水道又は熱供給の事業	3

〈雇用保険料率　令和6（2024）年度〉

負担者 事業の種類	雇用保険率	労働者負担 （失業等給付の 保険料率のみ）	事業主負担		
			失業等給付に 係る保険料率	二事業に係 る保険料率	
一般の事業	15.5/1,000	6/1,000	9.5/1,000	6/1,000	3.5/1,000
農林水産・清酒製造業	17.5/1,000	7/1,000	10.5/1,000	7/1,000	3.5/1,000
建設業	18.5/1,000	7/1,000	11.5/1,000	7/1,000	4.5/1,000

28 源泉所得税を計算しよう

✓ 月次の給与計算に反映すべき源泉所得税とは

扶養には、税法上の扶養と社会保険上の扶養があります。

税扶養とは、従業員に扶養親族等がいれば所得控除できる制度です。税扶養は、配偶者と配偶者以外の扶養親族で要件が異なります。

> **源泉控除対象配偶者**…従業員の合計所得額が900万円以下であり、従業員と生計を一にする配偶者のうち年間の合計所得金額が95万円（給与収入では年収150万円）以下の者
> **控除対象扶養親族**…従業員と生計を一にする親族（6親等内の血族及び3親等内の姻族）、児童福祉法の規定により養護を委託されたいわゆる里子または老人福祉法の規定により養護を委託されたいわゆる養護老人で、年間所得額が48万円（給与収入では年収103万円）以下で、その年12月31日現在の年齢が16歳以上の者

毎月、所得税の見込み額を源泉徴収しておき、12月に最終的な年間収入が確定したら年末調整にて過不足を調整します。給与から源泉徴収する税額を計算するには「給与所得の源泉徴収税額表」を使用します。この給与所得の源泉徴収税額表で月次の控除額を算出するには、以下の手順で行います。

> ①「給与所得者の扶養控除等の（異動）申告書」（通称「マル扶」）に記載されている、従業員の源泉控除対象配偶者と控除対象扶養親族の物理的な人数をカウントする
> ②本人が障害者、寡婦・ひとり親、勤労学生に該当するときは、上記①の合計人数にそれぞれ1名ずつを加算
> ③源泉控除対象配偶者と控除対象扶養親族に障害者がいる場合は1名を、同居特別障害者がいる場合は2名を上記①の合計人数に加算する
> ④上記①〜③の手順で「扶養親族等の数」を算出する
> ⑤給与総支給額から社会保険料を控除して「社会保険料控除後の金額」を算出する
> ⑥上記④と⑤を「給与所得の源泉徴収税額表」に当てはめて月次の源泉所得税額を算出する

なお、「給与所得の源泉徴収税額表」では、「**給与所得者の扶養控除等の（異動）申告書**」の提出のある従業員には甲欄を使用しますが、提出のない従業員には乙欄を使用することになります。

2020年の税制改正で単身児童扶養者の欄が設けられました。これは、ひとり親世帯の経済的負担を軽減するため、前年の所得が135万円以下の場合に住民税の非課税措置を受けるためのものです。

さらに、2023年分の様式から「退職手当等を有する配偶者・扶養親族等」の記載欄が追加されました。これは税額計算にあたって、所得税は合計所得額に退職所得を含むのに対し、住民税は退職所得を含まないとされているからです。

【設例】 従業員の年間所得見込み額：900万円以下、本人障害者、源泉控除対象配偶者あり、控除対象扶養親族2名（うち1名は同居特別障害者）の場合
源泉控除対象配偶者…1名、控除対象扶養親族…2名
控除対象扶養親族が同居特別障害者…プラス2名⇒扶養親族等の数は合計6名

●記載例　給与所得者の扶養控除等（異動）申告書●

29 住民税額を給与計算に反映しよう

✓ 月次の給与計算に反映すべき住民税とは

　市町村民税（特別区民税含む）と道府県民税（都民税含む）の2つを合わせて住民税と呼びます。

　住民税は都道府県や市区町村が行政サービスを行う際に必要な経費として、1月1日現在の住所地において、前年の1月1日から12月31日までの1年間の所得に応じて課税されます。納付方法には「普通徴収」と「特別徴収」の2種類がありますが、本書では「特別徴収」について記載していきます。

　特別徴収は会社が、その年の6月から翌年の5月までの12回に分けて給与から控除し、本人に代わって納税する方法です。給与から徴収した住民税は翌月10日までに納付が必要です。

　ただし、常時10人未満の小規模事業所は、12月10日までと6月10日までの年2回に6か月分ずつまとめて納付する特例制度があります。この特例制度の適用を受ける場合には、事前に従業員が住民税を納付する市区町村に「特別徴収税額の納期の特例申請書」の提出が必要となります。

　また、いずれの場合も10日が土曜日・日曜日・祝日等の場合は、金融機関の翌営業日が納付期限となります。なお、所得税の納付の特例とは期限が異なるので注意してください。

　住民税は、年末調整が終わった後、毎年1月31日までに会社が市区町村に提出する「給与支払報告書」によって計算されます。

　こうして決定された従業員ごとの6月以降の住民税の金額は、毎年5月31日までに、会社あてに「特別徴収税額通知書」が送付されて確認することができます。

　特別徴収税額通知書には毎年6月から翌年5月まで給与から源泉控除する金額が記載されてきます。金額は年間の税額を12等分したものとなっており、端数があれば最初の6月に支払う仕組みです。

　特別徴収税額通知書は、従業員が特別徴収で住民税を納付する市区町村の数だけ送付されてきます。給与計算では、特別徴収税額通知書の金額を**毎年6月の給与計算の際に「社員マスター」の変更登録をしてください。**

また、前職で特別徴収を行っていた入社者が、前職で必要箇所を記入された「給与所得者異動届出書」を提出してきた場合には、給与担当者は自社の必要記入箇所を記入のうえ、入社者が住民税を納付する市区町村に提出してください。この場合にも会社に「特別徴収税額通知書」が送付されてきますので、「社員マスター」への登録をしてください。

●住民税を納付する流れ●

| 毎年1月31日までに「給与支払報告書」を各市区町村へ提出 |

| 市区町村は「給与支払報告書」に基づき住民税額を計算 |

| 市区町村から会社へ、毎年5月31日までに「特別徴収税額通知書」送付 |

| 「特別徴収税額通知書」のデータを社員マスターへ登録（スムーズな納付のために6月中にデータ入力しておく） |

| 毎年6月から翌年5月まで給与から住民税を源泉控除 |

| 翌月10日までに各市区町村へ納付（特例の場合は、12月10日まで、6月10日までの年2回の納付） |

30 割増賃金の計算
①どんな情報をマスター登録するべきか

✓ 登録が必要な3大項目の内容

給与計算ソフトの「会社マスター」では、以下の計算単価の計算式、端数処理のルール、割増率を登録しておかなくてはなりません。

①計算単価の計算式

「割増賃金算定基礎額」は、賃金の形態ごとに以下の数式で求めます。なお、下記の計算式の「1か月平均所定労働時間数」は、年間365日から会社の「所定休日日数」を控除し、「1日の所定労働時間数」を乗じて、それを12で除して計算します。

給与形態	計算方法
月給制	月額給与額 / 1か月平均所定労働時間数
日給制	日額給与額 / 1日平均所定労働時間数
時給制	時間給
出来高給制	出来高給額 / 1か月総労働時間数
上記の2つ以上の組み合わせ	上記それぞれの計算結果の合計額

割増賃金算定基礎額の計算には、基本給だけでなく役職手当・資格手当・精皆勤手当などの諸手当も含みますが、次ページに掲載した「計算の基礎から除外できる手当等」は、計算基礎から除外して計算することができます。

②端数処理のルール

まず、「通常の1時間当たりの賃金額」と「1時間当たりの割増賃金額」については、以下の端数処理が認められています。

①円未満四捨五入
②円未満切り上げ
③そのままの数字を使用（一般的には小数第二位くらいまでを使用）

一賃金支払期間ごとの割増賃金の項目ごとの合計額については、円未満四捨五入か円未満切り上げが認められています。

なお、一賃金支払期間ごとの時間外労働時間数などの端数処理は、その「一賃金支払期間ごとの合計時間」を15分単位・30分単位など一定の時間数区切りで「労働者に有利に」取り扱うことは許されています。

> 例：一賃金支払期間の時間外労働時間数：8時間32分を30分単位で換算
> ⇒ 9時間分を支給

③マスター登録するべき割増率

下記掲載の労基法所定の割増率以上の率になります。

●参考資料　計算の基礎から除外できる手当等●

割増賃金の基礎となる賃金から除外できるもの(※)
①家族手当
②通勤手当
③別居手当
④子女教育手当
⑤住宅手当
⑥臨時に支払われた賃金
⑦1か月を超える期間ごとに支払われる賃金

※条件にかかわらず、全労働者に対して一律で支払われる手当は除外の対象とはなりません。

●参考資料　割増率●

時間外労働	法定労働時間を超えて労働した場合	25％以上等(※)
休日労働	法定休日に労働した場合	35％以上
深夜労働	深夜（22時〜5時）に労働した場合	25％以上
時間外労働＋深夜労働	時間外労働が深夜に及んだ場合	25％等＋25％＝50％以上
休日労働＋深夜労働	休日労働が深夜に及んだ場合	35％＋25％＝60％以上

※1か月に45時間を超え60時間までの場合は25％を超える率（努力義務）。60時間を超える場合50％以上

31 割増賃金の計算
②計算するときはどんな情報を取り込むのか

✓「勤怠データ」を掛け合わせよう

　給与計算では、前節で解説したマスター登録情報に、勤怠データを掛け合わせて、割増賃金の計算を行います。したがって、**月次の給与計算では、その賃金計算期間中の勤怠データを給与計算ソフトに取り込まなくてはなりません。**

　紙のタイムカードやエクセルの出勤簿で勤怠管理をしている場合は、そこで集計された時間外労働時間数等を給与計算ソフトの月次の勤怠登録画面から入力することになります。こうした勤怠管理手法を採っている会社の給与計算では、勤怠集計の工数は給与計算全体の5割以上になります。

　一方、クラウド勤怠管理システムなどを活用している場合には、少なくともcsv.形式で給与計算ソフトに取り込むことができます。また、導入しているソフトによっては、API連携によってボタン1つで簡単に給与計算ソフトに勤怠情報を取り込むことも可能です。

✓勤怠管理の「ムダな時間」をカットしていこう

　上記いずれの場合であっても、**従業員の勤怠入力の「穴」や不備を、給与担当者がいちいち本人や所属長に電話確認等をして埋めていく非効率な方法だと、時間がいくらあっても足りません。**

　第3章で詳述する就業規則では、従業員が会社の指定する期限までに穴のない完全な勤怠入力をする義務がある旨を定め、「教育」によって本人や所属長にそれが当然な文化として定着させることで、こうした「ムダな時間」をカットしていきましょう。

●割増賃金額の計算設例●

【設例①】
年間所定休日：125日
1日の所定労働時間：8時間
基本給：25万円、役職手当：3万円、資格手当：1万円、家族手当：2万円、住宅手当：3万円、精皆勤手当：1万円、通勤手当：月額1万円
給与計算期間中の時間外労働：5時間
端数処理：1時間当たりの賃金額はそのままの数字を使用、1時間当たりの割増賃金額は円未満切り上げ
⇒1か月平均所定労働時間数：(365日－125日)×8時間÷12＝160時間
⇒月額給与額：基本給：25万円＋役職手当：3万円＋資格手当：1万円＋精皆勤手当：1万円＝30万円
⇒割増賃金算定基礎額：30万円÷160時間＝1,875円
⇒1か月の割増賃金額：1,875円×1.25×5時間＝**11,720円**

【設例②】
年間所定休日：125日
1日の所定労働時間：8時間
基本給：時給1,300円、リーダー手当：月額1万円、通勤手当：月額1万円
給与計算期間中の時間外労働：5時間
端数処理：1時間当たりの賃金額はそのままの数字を使用、1時間当たりの割増賃金額は円未満切り上げ
⇒1か月平均所定労働時間数：(365日－125日)×8時間÷12＝160時間
⇒割増賃金算定基礎額：{1,300円＋(1万円÷160時間)}＝1,362.5円
⇒1か月の割増賃金額：1,362.5円×1.25×5時間＝**8,520円**

【設例③】
年間所定休日：125日
1日の所定労働時間：8時間
基本給：20万円、歩合給：10万円、通勤手当：1万円
給与計算期間中の時間外労働：5時間
端数処理：1時間当たりの賃金額はそのままの数字を使用、1時間当たりの割増賃金額は円未満切り上げ
⇒1か月平均所定労働時間数：(365日－125日)×8時間÷12＝160時間
⇒割増賃金算定基礎額：200,000円÷160時間＝1,250円(A)と100,000円÷(160時間＋5時間)＝606.06円(B)
⇒1か月の割増賃金額：(A×1.25＋B×0.25)×5時間＝**8,575円**

32 欠勤等控除を計算しよう

✓ 勤怠控除の計算単価

　ノーワーク・ノーペイの原則により、会社は、従業員が働かなかった時間について、賃金を支払う必要がありません。**この場合は、就業規則や労働契約に基づいて、欠勤や遅刻・早退した時間分の賃金を控除することになります。**

　欠勤や遅刻・早退控除額の計算方法は、特に労働基準法上での定めはありません。基本給のみ控除されて諸手当は控除されない場合や、諸手当も併せて控除する場合など会社によって様々です。ただ、定期代相当額を通勤手当として支給している場合の通勤手当の減額は、ほとんどの会社で行われることがありません。

　よくある間違いとして、管理監督者からも欠勤控除等を行ってしまっていることがあります。管理監督者は、労働基準法41条の適用により、労働時間・休憩・休日の適用がないので、そもそも欠勤や遅刻・早退も関係ないためこれらの控除の対象外になるので注意してください。

　計算に当たっては前述の割増賃金計算と同様、**会社の就業規則などで定めた方法に基づく「控除単価」を、給与計算ソフトの「会社マスター」に登録しておく必要があります。**また、前述の管理監督者は勤怠控除の対象外になることも会社マスターに登録しておいてください。

✓ 欠勤・遅刻・早退控除の計算方法

　月給者を対象とした一般的な控除の方法を解説します。

　欠勤控除の場合は、次ページの数式のとおり、1か月平均所定労働日数（またはその月の所定労働日数）で除して日割り計算をします。

　遅刻・早退控除の場合は、1か月平均所定労働時間（またはその月の所定労働時間）で除して時間単価を算出して計算します。それぞれの単価に、日数や時間数を掛け合わせて計算するだけになります。

✓ 勤怠データの取り込み

　前述の割増賃金計算でも解説したとおり、月次の給与計算では、その賃

金計算期間中の勤怠データを給与計算ソフトに取り込まなくてはなりません。**勤怠控除の計算方法のマスターデータに勤怠データを掛け合わせて、給与計算ソフトが自動で控除額を計算**します。

●参考資料　一般的な欠勤控除の方法●

$$\frac{基本給＋諸手当（ただし、家族手当・住宅手当・通勤手当等は除外することが多い）}{1か月平均所定労働日数}$$
　×不就労日数と賃金規定に規定されている場合

【計算例】　年間休日が125日　1日の所定労働時間が8時間
　　　　　　基本給が25万円　役職手当が3万円　家族手当が2万円
　　　　　　3日間欠勤

1か月平均所定労働日数は(365日－125日)÷12＝20日間/月
3日間の欠勤控除額は、(25万円＋3万円)÷20日×3日＝**42,000円**

●参考資料　一般的な遅刻早退控除の方法●

$$\frac{基本給＋諸手当（ただし、家族手当・住宅手当・通勤手当等は除外することが多い）}{1か月平均所定労働時間}$$
　×不就労時間数と賃金規定に規定されている場合

【計算例】　年間休日が125日　1日の所定労働時間が8時間
　　　　　　基本給が25万円　役職手当が3万円　家族手当が2万円
　　　　　　2時間早退

1か月平均所定労働時間は(365日－125日)×8時間÷12＝160時間/月
早退控除の算定基礎となる賃金は(25万円＋3万円)÷160＝1,750円
2時間分の早退控除額は1,750円×2時間＝**3,500円**

注：上記の不就労分の控除は一般的な計算方法です。個別具体的な計算方法は、就業規則や賃金規程等に記載があります。

33 退職時に発行する源泉徴収票

✓ 退職時には2種類の源泉徴収票を発行する

①給与所得の源泉徴収票

年度（1月1日から12月31日の間）の中途で退職した従業員は、原則として会社で年末調整は行わないので、従業員自身が確定申告するか転職先で年末調整を行うことになります。

そのため、退職した年の1月から退職日までの支払の確定した給与の総支給額、源泉徴収税額、社会保険料の控除額などを記載した**「給与所得の源泉徴収票」**を、**退職の日から1か月以内に退職者に発行**しなくてはなりません。なお、中途退職者の源泉徴収票は、年収が確定していないため、給与所得控除後の金額欄は未記入になります。

②退職所得の源泉徴収票

退職所得は、退職により勤務先から受ける退職金などの所得をいい、社会保険制度などにより退職に起因して支給される一時金、適格退職年金契約に基づいて受ける退職一時金なども退職所得とみなされます。また、解雇予告手当や未払い賃金も退職所得に該当します。

退職所得は、所得税の課税対象ですが、他の所得とは区別して源泉徴収税額が計算されます。これに関しては、退職する従業員に事前に「退職所得の受給に関する申告書」を記入してもらいます。この申告書を提出することにより、退職所得に関する軽減措置が受けられるだけでなく、会社が所得税額を計算し源泉徴収が行われるため、原則として確定申告の必要はありません。この場合の退職所得は以下の計算式で求められます。

退職所得＝（退職金の額－退職所得控除額）×1／2※
※役員としての勤続年数が5年以下の場合この1/2課税は適用されません。

なお、退職所得控除額は、勤続年数に応じて以下のようになります。

勤続年数（＝A）	退職所得控除額
20年以下	40万円×A（80万円に満たない場合は80万円）
20年超	800万円＋70万円×（A－20年）

一方、「退職所得の受給に関する申告書」を提出していない退職者は、退職金の収入金額から一律20.42％の所得税および復興特別所得税が源泉徴収されるので、自身で確定申告にて清算することになります。

●記載例　給与所得の源泉徴収票●

●記載例　退職所得の源泉徴収票●

就職　平成8年10月1日
退職　令和5年9月30日
勤続年数　27年
支払金額　2,000万円

退職所得控除額　1,290万円
★800万円＋70万円
　×（27年－20年）

課税対象額　355万円
★（2,000万円－1,290万円）÷2

源泉徴収税額　28万8432円
★（355万円×20％
　－42万7500円）×1.021

市町村民税（区民税）　21.3万円
★355万円×0.06

道府県民税（都民税）　14.2万円
★355万円×0.04

34 退職時の住民税の手続きはこうする

✅ 未徴収の住民税の納付方法は全部で4種類ある

退職する従業員がいる場合は**各市区町村へ**「**給与支払報告・特別徴収に係る給与所得者異動届出書**」に必要事項を記入し、翌月10日までに提出する必要があります。「給与支払報告・特別徴収にかかわる給与所得者異動届出書」は「特別徴収関係書つづり」に添付されています。また、市区町村によってはホームページよりダウンロードが可能です。

「給与支払報告・特別徴収に係る給与所得者異動届出書」の届出がないまま、退職した従業員の住民税を支払わないと、会社が督促状の送付や延滞処分を受けることがあるので、忘れずに提出してください。

なお、退職金を支払う場合は住民税の計算もする必要があります。

未徴収の住民税の納付方法は、以下のとおり全部で4種類あります。

---

① **1月1日から5月31日に退職した場合**…最後の給与または退職金が、残りの住民税額を超える場合は残りの住民税を「一括徴収」。一括徴収ができない場合は、「普通徴収」に切り替え

② **6月1日から12月31日に退職した場合**…以下の3つの方法から従業員が選択
　(1) 最後の給与または退職金が残りの住民税額を超える場合：残りの住民税を「一括徴収」する
　(2) 残りの住民税を従業員自身で支払う：「普通徴収」に切り替え
　(3) 再就職先が決まっている場合は：新しい職場で「特別徴収」継続

このように退職時期によって未徴収額の納

付方法も異なるので退職する時期と退職者へ確認を行ったうえで、適切に「給与支払報告・特別徴収に係る給与所得者異動届出書」に記入してください。

また、給与支払報告書を提出した後で退職する従業員がいる場合は4月16日までに「給与支払報告・特別徴収に係る給与所得者異動届出書」の提出が必要となります。

●記載例　給与支払報告・特別徴収に係る給与所得者異動届出書●

35 賞与計算 ①労働・社会保険料控除

✓ 賞与から控除される労働・社会保険料の計算方法

　賞与の支給額は、基本給の何か月分といった決め方や、従業員の成績・会社の業績、評価制度に基づくもの等を考慮し支給額を決定する方法など、原則として就業規則や労働契約に基づき会社が自由に決定することができます。

　賞与の支給が決定したら、給与計算ソフトの「賞与計算明細書登録」のページに入力またはcsv.データで取り込みをします。

　賞与計算では、勤怠データの取り込みは原則として不要で、賞与額のみの入力または取り込みとなります。ただ、賞与計算期間中の勤怠状況により減額などを行う場合には、当該期間中の勤怠データの取り込みも必要になります。

　年3回までの賞与は前述の賞与支払届の提出が必要な「賞与」として取り扱いますが、**年4回を超えて支給する賞与は「報酬」扱いとなり定時決定などで標準報酬月額に組み入れて月次の給与計算での社会保険料控除の対象となります。**毎年7月2日以降に賞与にかかる諸規定を新設した場合には、年間を通じて4回以上の支給につき客観的に定められていても、次期標準報酬月額の定時決定（7月～9月の随時改定を含む）による標準報酬月額が適用されるまでの間は「賞与」として取り扱います。なお、見舞金、慶弔金、大入袋（中身が高額ではなく縁起物として支給する場合）等は社会保険料計算上の賞与ではなく、保険料計算の対象とはなりません。

　年3回までの賞与からは、健康保険料、介護保険料、厚生年金保険料、雇用保険料、所得税が控除されますが、住民税は控除されません。

　健康保険料、介護保険料、厚生年金保険料は、賞与の総支給額から1,000円未満の端数を切り捨てた金額（標準賞与額）にそれぞれの保険料率を乗じて算出します。

　賞与計算では、毎月の社会保険料の計算で用いている標準報酬月額等級表は用いません。また、標準賞与額には上限があり、健康保険はその年度（毎年4月から翌年3月）の累計額が573万円まで、厚生年金保険は1か月当たり150万円までとしています。これより高額の賞与が支払われても、

その超過分は社会保険料計算の対象外となります。なお、育児休業等により保険料免除期間に支払われた賞与についても年間累計額に含まれます。

　雇用保険料は、賞与の総支給額に雇用保険料率を乗じて算出します。この保険料率は、毎月の給与にかかる保険料率と同じものを使用します。

●参考資料　賞与における各社会保険料の計算式●

社会保険料＝標準賞与額×保険料率
（標準賞与額とは賞与額から1,000円未満の端数を切り捨てた額）

※健康保険料と介護保険料の保険料率は、都道府県ごとに異なり、毎年見直されます。健康保険組合の保険料率は3.0～13.0％の範囲内で決定されます。また、厚生年金保険料の保険料率は全国共通で18.3％です。なお、社会保険料の保険料は会社と従業員が半分ずつ負担します。

雇用保険料＝賞与額×保険料率

　雇用保険料の保険料は業種により異なり、会社と従業員の負担割合も異なります。また、毎年見直しされています。

事業の種類	保険率〈令和6(2024)年4月〉		
	合計　負担分	事業主　負担率	被保険者　負担率
一般の事業	15.5/1,000	9.5/1,000	6/1,000
農林水産・清酒製造の事業	17.5/1,000	10.5/1,000	7/1,000
建設の事業	18.5/1,000	11.5/1,000	7/1,000

【計算例】　賞与額555,500円　東京都に住む35歳　一般の営業職
〈健康保険〉
　保険料（従業員負担）：555,000円×9.98％×1/2＝27,694円
〈厚生年金保険〉
　保険料（従業員負担）：555,000円×18.3％×1/2＝50,782円
〈介護保険〉
　保険料（従業員負担）：40歳未満のため対象外
〈雇用保険〉
　保険料（従業員負担）：555,500円×0.6％＝3,333円

36

賞与計算 ②源泉所得税控除

✓ 賞与から控除される源泉所得税の計算式

賞与から源泉所得税を控除する際の流れは以下のとおりです。

①扶養親族等（源泉控除対象配偶者および控除対象扶養親族）の人数の確認をします。
　※カウント方法は月次の給与計算と同じ
②前月中の給与等（賞与を除く）から社会保険料等を控除した額（社会保険料控除後の金額）を求めます。（前月の賃金台帳を確認）
③扶養親族等の数と前月の社会保険料控除後の金額を次ページの「税額表」に当てはめて該当する税率を算出します。
④賞与から社会保険料を控除した額（課税対象額）に、上記④の税率を乗じて所得税額を算出します。
　※変則的な事案については次ページ下にまとめてあります。

具体的な事例で計算してみましょう（2024年7月支給の例）。
35歳男性（東京都）　扶養人数：1人
月給：320,000円　　今回の賞与額：550,000円

①扶養人数1人の列を選択
②月給320,000の場合　健康保険料：15,968円、厚生年金保険料：29,280円、雇用保険料：1,920円　⇒社会保険料計：47,168円
　よって課税対象額は320,000−47,168＝272,832円
③243千円〜282千円の金額の範囲に該当します。
④③の行の最左欄「賞与の金額に乗ずべき率」は4.084％です。
⑤賞与550,000円の場合、健康保険料：550,000×4.99％＝27,445円、厚生年金保険料：550,000×9.15％＝50,325円、雇用保険料：550,000×0.6％＝3,300円　⇒社会保険料計：81,070円
賞与から社会保険料を控除した額：550,000−81,070＝468,930円
468,930×4.084％＝19,151.10円　⇒19,151円となります。
※所得税の計算において1円未満は切り捨てます。

●参考資料 「賞与に対する源泉所得税額の算出の表」（抜粋）●

賞与の金額に乗ずべき率	扶養親族					
	0 人		1 人		2 人	
	前 月 の 社 会 保 険					
	以上	未満	以上	未満	以上	未満
％	千円	千円	千円	千円	千円	千円
0.000	68 千円未満		94 千円未満		133 千円未満	
2.042	68	79	94	243	133	269
4.084	79	252	243	282	269	312
6.126	252	300	282	338	312	369
8.168	300	334	338	365	369	393
10.210	334	363	365	394	393	420
12.252	363	395	394	422	420	450
14.294	395	426	422	455	450	484
16.336	426	550	455	550	484	550
18.378	550	647	550	663	550	678
20.420	647	699	663	720	678	741
22.462	699	730	720	752	741	774
24.504	730	764	752	787	774	810
26.546	764	804	787	826	810	852
28.588	804	857	826	885	852	914
30.630	857	926	885	956	914	987
32.672	926	1,321	956	1,346	987	1,370
35.735	1,321	1,532	1,346	1,560	1,370	1,589
38.798	1,532	2,661	1,560	2,685	1,589	2,708
41.861	2,661	3,548	2,685	3,580	2,708	3,611
45.945	3,548 千円以上		3,580 千円以上		3,611 千円以上	

賞与から控除される源泉所得税額の変則的な計算方法

以下のいずれかの場合は上表によらず月次の給与計算で使う「月額表」を使用します。
　①賞与支給時の前月に給与等の支払いがなかった場合
　②前月の給与等の金額が先月中の社会保険料等の金額以下であった場合
　③賞与の額が前月の社会保険料控除後の給与の10倍を超える場合

37 年末調整 ①事前準備

✓ 年末調整の意義とは何か

　年末調整とは、従業員に対して会社が支払った1年間（1月〜12月）の給料・賞与から源泉徴収した所得税等について、原則として12月の最終支払日に再計算し過不足を調整することです。月次や賞与時の源泉徴収税額はあくまでその時々の暫定的な徴収額で、正確な年税額ではありません。年末調整はそのための過不足調整で、不足があれば徴収し余剰があれば還付します。ただし、給与額が2,000万円を超える人や年の途中の退職者等は年末調整の対象外となり、自身で確定申告をします。

　まず最初に扶養控除等（異動）申告書について解説します。扶養控除等（異動）申告書とは、年末調整で従業員からの提出が必要な書類の1つです。会社は従業員から提出された内容をもとに、配偶者控除、扶養控除、障害者控除等を判断し、従業員のその1年間の所得税額を計算します。扶養控除等（異動）申告書は12月初旬には従業員から回収することが多いのですが、その年の12月31日までに扶養親族等記載内容の異動があった際は正しい内容で再度提出させることで年末調整のやり直しができます。

　次に保険料控除申告書について解説します。保険料控除は、従業員がその年に支払った各種保険料の全額または一定限度を、給与所得から控除できるもので、以下の4種類があります。

①**生命保険料控除**…一般の生命保険料、介護医療保険料、個人年金保険料の3種があり、その合計の控除上限額は12万円です
②**地震保険料控除**…地震保険料だけでなく、一定の長期損害保険契約等に係る損害保険料も経過措置として、この対象となります。なお、控除上限額は5万円です
③**社会保険料控除**…給与から直接天引きされる社会保険料は記載不要ですが、生計同一の家族の国民年金保険料は対象となります
④**小規模企業共済等掛金**…小規模企業共済掛金や個人型確定拠出年金、心身障害者扶養共済で、その保険料等の全額が控除できます

　最後に給与所得者の基礎控除申告書 兼 給与所得者の配偶者控除等申告書 兼 所得金額調整控除申告書について解説します。これは、2020年の税制改正により新しく導入されました。給与所得者の基礎控除申告書は、給与所得者の所得金額に応じて段階的に減る項目です。給与所得者の配偶者

＊2019年分以前のものとは大幅に書式と内容が異なりますので注意してください。

控除等申告書は、本人や配偶者の所得によって変わる項目です。所得金額調整控除申告書は、増税となる850万円超の方への救済措置として、一定の場合に所得金額を調整する項目です。

●記載例　給与所得者の保険料控除申告書●

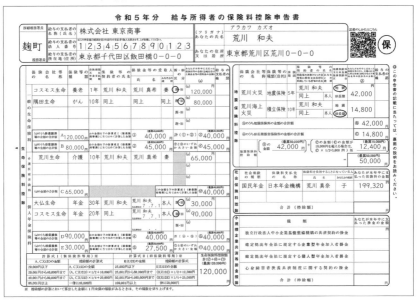

●記載例　給与所得者の配偶者控除等申告書●

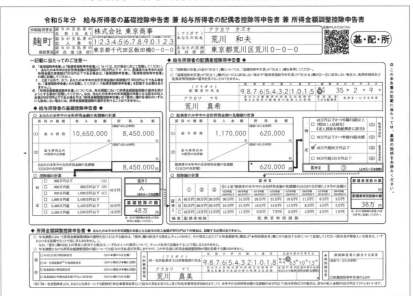

38 年末調整 ②税額の確定と提出

✅ 年末調整時に必要になる源泉徴収票と給与支払報告書

年末調整後に発行する「源泉徴収票」は1月1日から12月31日までの給与総額や所得税額、年末調整の結果等を記載したもので、**一般的に12月または翌年1月の給与明細と一緒に交付**します。

報酬額150万円超の役員や給与額500万円超の従業員等は税務署へも源泉徴収票の提出が必要です。

さらに、源泉徴収票と同様の内容で、全従業員の「給与支払報告書」2枚を「給与支払総括表」と一緒に1月31日までに従業員が居住する市区町村へ提出します。

✅ 支払調書と法定調書

法定調書は多種ありますが、一般的な会社が提出するのは、以下の6種類で、大きく分けると**源泉徴収票**と**支払調書**になります。

```
①給与所得の源泉徴収票
②退職所得の源泉徴収票
③報酬、料金、契約金および賞金の支払調書
④不動産の使用料等の支払調書
⑤不動産等の譲受けの対価の支払調書
⑥不動産等の売買または貸付けのあっせん手数料の支払調書
```

法定調書の提出期限は、すべて翌年1月31日です。その際に「給与所得の源泉徴収票等の法定調書合計表」を作成し、添付する必要があります。これらはe-TaxやCD-ROM等での提出も可能です。

これらの法定調書にもマイナンバーの記載項目がありますが、提供を拒む人もいます。その場合、相手に義務であることを伝えて提供を求め、それでも提供がない場合は、その記録を残して会社が義務違反ではないことを明確にしておきましょう。

上記③のように、弁護士や税理士、社会保険労務士、司法書士への報酬、作家や画家への原稿料や画料、講演料で、年間の合計が5万円を超える場合、相手が法人か個人かを問わず、支払調書の提出が必要ですが、報酬

支払時は、相手が個人の場合は源泉徴収し、相手が法人の場合は源泉徴収しないので、間違わないように注意してください。

●記載例　給与所得者の源泉徴収票等の法定調書合計表●

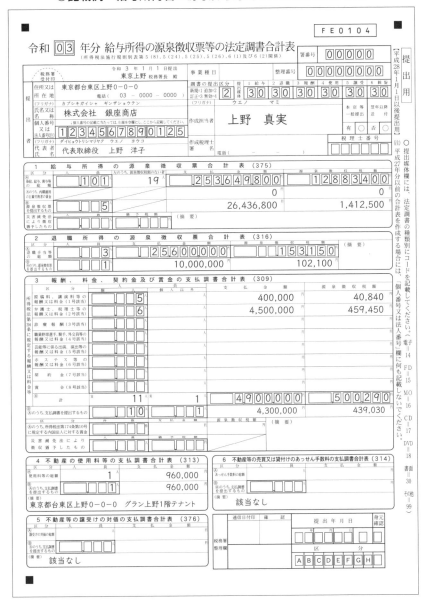

保険証手続きが信頼の失墜にも繋がる

従業員の顔が次第に落胆の表情に……

　数ある手続き業務のなかでも、今回は保険証の発行手続きを例に1つひとつの手続きの大切さについて、とあるエピソードとともに記したいと思います。

　従業員Aさんが、子どもが産まれたため、身上異動届とともに嬉しそうに総務課長Bさんに報告しました。「待ちに待った子どもが産まれました。元気な男の子です。よい名前にしようとずっと考えていて、妻と1週間悩んで、ようやく△△と命名しました。もう毎日が幸せです‼」。

　すぐにB課長は、部下のCさんに「健康保険被扶養者（異動）届」の手続きを命じました。しばらくすると、会社に保険証が届いたので、さっそく従業員のAさんに届けに行きました。

　「B課長、ありがとうございます」と最初は喜んでいましたが、次第に落胆した表情に変わりました。「どうしたの？」とAさんに声をかけると、Aさんは「息子の名前が間違っている。あんなに一生懸命に考えたのに、とても残念です」。B課長はAさんに平謝りし、すぐに自ら訂正の手続きをしました。

「たまたま」では済まされない！

　長い間人事部で仕事をしていると、人間ですから誰でも間違いの1つや2つはあります。しかし、Aさんの立場で考えると、待望の子どもが産まれて、一生懸命考えてつけた息子の名前が間違っており、非常にショックだったことでしょう。

　子どもにとっては産まれて初めての身分証明書でもあります。それが手続き担当者Cさんのちょっとしたミスで間違っていたのです。「1週間も悩んで決めた思い入れのある名前なのに！」です。

　Cさんは早く保険証を発行してあげようと、焦っていたのかもしれません。また、昨今のいわゆる「キラキラネーム」と呼ばれるような難しい漢字や読みだったのかもしれません。しかし、大事な名前で間違いが発生した事実は消えません。

　大きな事故につながる話ではありませんが、Aさんやご家族が傷ついたと思います。手続き業務は、できて当たり前。間違いがあったり遅かったりすると責められます。普段は間違うことがなくても、たまたま間違えられてしまった者にとっては、たまたまでは済まないのです。手続き担当者は、従業員やそのご家族に思いを馳せ、正確で素早い手続きを心がけてほしいと思います。

（水野浩志）

3章

労務管理業務の基本を押さえよう

1 人事・労務部門の守りと攻め

☑ ハーズバーグの2要因論

　人事・労務部門の重要な役割として、社員のモチベーションをアップさせ、生産性を上げることがあります。

　人事・労務管理には、守りと攻めの側面があります。ハーズバーグの2要因論は、社員の満足要因には、不満足要因と満足要因があるとしています。

　「経営方針・職場環境・対人関係・労働条件・給与待遇・福利厚生」などの要因が不十分なとき、社員は不満足と感じます。

　一方、「達成感・承認・満足感・責任・昇進・成長」などの要因が十分なときに社員の意欲が高まります。

　前者が守りの人事・労務管理、後者が攻めの人事・労務管理です。どちらも欠かすことができないものです。人事・労務管理部門は、このように社員のモチベーションを様々な施策により高めていく崇高な任務を担っているという気概を持って職務にあたることが重要です。

☑ マズローの欲求5段階説

　次ページの図は、マズローの欲求5段階説を表しています。心理学者のマズローによれば、**人間の欲求は、第1段階から第5段階まで順序よく階段を上る**としています。第1段階が生存欲求で、最高の第5段階が自己実現の欲求です。

　これを会社経営に当てはめると、最高の第5段階が、経営理念の達成であり、最下層の第1段階が、最低限の労働法を守る等のコンプライアンスといえます。

　社員が、経理理念を達成する、お客様のためにがんばるといった崇高な理念があったとしても、最低限の賃金が払われないとか、違法な長時間労働があったならば、社員の欲求の最上位を満たすことはできません。

　このような意味からも、人事・労務部門が、**社員が働きやすい環境を整備し、適正な労務管理を行うことは、非常に重要な職務**です。

●ハーズバーグの2要因論●

動機づけ要因	達成感	満足要因
	他者からの承認	
	仕事への満足感	
	責任	
	昇進	
	成長の可能性	
衛生要因	経営方針	不満足要因
	職場環境	
	対人関係	
	労働条件	
	給与待遇	
	福利厚生	

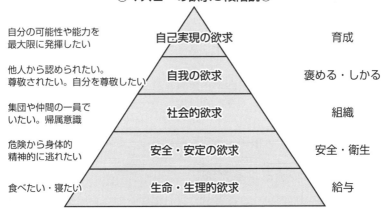

●マズローの欲求5段階説●

- 自己実現の欲求 — 自分の可能性や能力を最大限に発揮したい / 育成
- 自我の欲求 — 他人から認められたい。尊敬されたい。自分を尊敬したい / 褒める・しかる
- 社会的欲求 — 集団や仲間の一員でいたい。帰属意識 / 組織
- 安全・安定の欲求 — 危険から身体的精神的に逃れたい / 安全・衛生
- 生命・生理的欲求 — 食べたい・寝たい / 給与

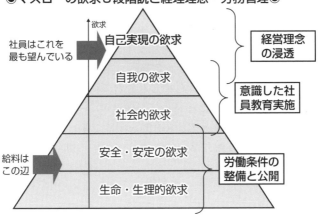

●マズローの欲求5段階説と経理理念・労務管理●

- 自己実現の欲求（社員はこれを最も望んでいる）→ 経営理念の浸透
- 自我の欲求 → 意識した社員教育実施
- 社会的欲求
- 安全・安定の欲求（給料はこの辺）→ 労働条件の整備と公開
- 生命・生理的欲求

2 経営理念の周知・啓蒙

✓ 経営理念は社員の採用と定着に役立つ

　労務管理は、健全な労使関係を維持するために経営層からの付託を受けて行う業務です。経営理念（企業理念、社是、社訓、行動指針、ミッション・ビジョン・バリュー、ファイロソフィー、クレドなど企業により様々な呼び方がある）は、会社を経営するうえで根底をなす基本的な考え方です。**人事基本ポリシーや労務管理基本ポリシーは、経営理念に基づいたものでなければなりません。**

　経営理念を示すことにより、会社の基本的な考え方や方向性、価値観を求職者に対してアピールすることができ、会社の求める人材像に合う人材の採用に寄与することができます。

　また、経営理念に基づいた人事・労務管理を行うことにより、社員に対して安心感を与えることができ、社員のモチベーションのアップ、社員の定着に寄与します。

　経営理念に基づいた人事・労務管理を行うことが重要です。

✓ 経営理念を浸透させる方法

　人事・労務管理部門は、全従業員に対して経営理念を周知し、啓蒙することも役割として担っています。

　そのためには、まず、**自分自身が経営理念を理解することが重要**です。経営理念を理解することなしに人事・労務管理を行うことは、短期的に問題がなくても、長期的に問題が生じます。

　周知、啓蒙する具体的な施策を企画し、実行することも重要な役割です。最も有効な手段は、社長をはじめとした経営陣が社員に語る機会に経営理念を意識した訓示を行うことです。管理層がミーティングのつど、経理理念に立ち返る機会を設けることも有効な手段です。人事・労務管理部門は、こうした機会を可能な限り演出することにより、社内に経営理念を啓蒙し、浸透させることに寄与します。

●ジョンソン・エンド・ジョンソン「我が信条」●

我が信条

我々の第一の責任は、我々の製品およびサービスを使用してくれる医師、看護師、患者、
そして母親、父親をはじめとする、すべての顧客に対するものであると確信する。
顧客一人一人のニーズに応えるにあたり、我々の行なうすべての活動は質的に高い水準のものでなければならない。
適正な価格を維持するため、我々は常に製品原価を引き下げる努力をしなければならない。
顧客からの注文には、迅速、かつ正確に応えなければならない。
我々の取引先には、適正な利益をあげる機会を提供しなければならない。

我々の第二の責任は全社員 ──世界中で共に働く男性も女性も── に対するものである。
社員一人一人は個人として尊重され、その尊厳と価値が認められなければならない。
社員は安心して仕事に従事できなければならない。
待遇は公正かつ適切でなければならず、
働く環境は清潔で、整理整頓され、かつ安全でなければならない。
社員が家族に対する責任を十分果たすことができるよう、配慮しなければならない。
社員の提案、苦情が自由にできる環境でなければならない。
能力ある人々には、雇用、能力開発および昇進の機会が平等に与えられなければならない。
我々は有能な管理者を任命しなければならない。
そして、その行動は公正、かつ道義にかなったものでなければならない。

我々の第三の責任は、我々が生活し、働いている地域社会、
更には全世界の共同社会に対するものである。
我々は良き市民として、有益な社会事業および福祉に貢献し、適切な租税を負担しなければならない。
我々は社会の発展、健康の増進、教育の改善に寄与する活動に参画しなければならない。
我々が使用する施設を常に良好な状態に保ち、環境と資源の保護に努めなければならない。

我々の第四の、そして最後の責任は、会社の株主に対するものである。
事業は健全な利益を生まなければならない。
我々は新しい考えを試みなければならない。
研究開発は継続され、革新的な企画が開発され、失敗は償わなければならない。
新しい設備を購入し、新しい施設を整備し、新しい製品を市場に導入しなければならない。
逆境の時に備えて蓄積を行なわなければならない。
これらすべての原則が実行されてはじめて、株主は正当な報酬を享受することができるものと確信する。

Johnson&Johnson

3 就業規則の周知

✓ 就業規則の周知は社員のやる気アップにつながる

就業規則の周知の法的側面

労働基準法（以下、労基法といいます）89条には、「常時10人以上の労働者を使用する使用者は、就業規則を作成し、行政官庁に届けなければならない」と規定されています。就業規則には必ず記載しなければならない事項（絶対的記載事項）と、定めをする場合には記載しなければならない事項（相対的記載事項）があります。

就業規則は、変更のつど、労働基準監督署に届出をする義務があります。

労基法は、「使用者は、就業規則、労使協定、労使委員会の決議を、常時各作業場の見やすい場所に掲示し、又は備え付けること、書面を交付することその他省令で定める方法によって、労働者に周知させなければならない」（労基法106条）として、会社に**周知義務**を課しています。

なお、就業規則は、事業場ごとに備え付けるなどして周知しなくてはなりません。本社に行けば就業規則を見ることができる状態では周知したことにはなりません。

●労働基準法が認める就業規則の具体的な周知方法●

1	事業場ごとに、掲示板等に掲示する
2	事業場ごとに、いつでも、誰でも、取り出せる場所に置いておく
3	全従業員に配布する
4	社内LAN等インターネットシステムで全従業員がいつでも、どこでも見ることができる状態にしておく

✓ 就業規則の周知がやる気アップになる理由

前述したとおり、労基法106条により就業規則は労働者に周知する義務があります。しかし、実際はその義務を履行していない企業があります。特に中小企業の場合、経営者が就業規則を周知することに消極的な場合があります。

現代はネットに多くの情報が氾濫しています。就業規則を周知しなければならない義務は、多くの人が知っています。就業規則を周知していない企業は、それだけでブラック企業の烙印を押されます。逆にいえば、就業規則を周知することはブラック企業を脱する一丁目一番地といえます。

●就業規則の絶対的記載事項（労基法89条）●
必ず記載しなければいけない事項

労働時間に関すること	始業、終業の時刻
	休憩時間
	休日
	休暇（年次有給休暇、育児休業、生理休暇など）
	交替勤務の場合は交替勤務について
賃金に関すること	賃金（基本給や各手当）の決定方法
	賃金の計算方法
	賃金の支払の方法
	賃金の締切日
	賃金の支払日
	昇給について
退職に関すること	退職、解雇、定年の事由
	退職、解雇、定年の際の手続き

●就業規則の相対的記載事項（労基法89条）●
定めをする場合、記載しなければならない事項

退職手当の定めが適用される労働者の範囲、退職手当の決定、計算及び支払の方法、支払の時期に関すること
退職手当を除く臨時の賃金等（賞与、臨時の手当等）及び最低賃金額に関すること
労働者の食費、作業用品費その他の負担に関すること
安全及び衛生に関すること
職業訓練に関すること
災害補償及び業務外の負傷や病気の扶助に関すること
表彰及び制裁の種類及び程度に関すること
この他、当該事業場の労働者すべてに適用される定めをする場合においては、これに関すること

3章 労務管理業務の基本を押さえよう

4 労働契約は会社と社員の約束事

✓ 使用者と労働者の権利と義務

　労働契約とは、「労働者が使用者に使用されて労働し、使用者がこれに対して賃金を支払うことについて、**労働者及び使用者が合意した契約**」（労働契約法6条）です。

　次ページの「労働契約」の図をご覧ください。労働契約において、使用者と権利義務は次のように整理されます。労働者は**労働力を提供する義務**を負い、使用者は**労働力を受領する権利**を有します。使用者は**賃金を支払う義務**を負い、労働者は**賃金を受領する権利**を有します。

　次ページの「労働契約の信義則」の図をご覧ください。労働契約法3条4項「労働者及び使用者は、労働契約を遵守するとともに、信義に従い誠実に、権利を行使し、及び義務を履行しなければならない」ことを図にしたものです。労働者は信義誠実義務を負い、使用者は保護・配慮義務を負います。

✓ 使用者の権利（労働者の義務）と労働法による使用者の権利の制限

　次ページ「労働契約」の図をご覧ください。労働契約法3条により「労働契約は、労働者及び使用者が対等の立場」であるべきものです。しかし、使用者の立場が歴史的に強かったことを鑑み、立場の弱い労働者を保護するという立法趣旨により、労働法（労働基準法、最低賃金法、雇用機会均等法などの総称）は使用者の権利を制限しています。

　一方、本来、使用者は賃金支払い義務を履行しており、労働者からの労

●労働者の義務●

1	忠実義務
2	職務専念義務
3	職場環境維持義務
4	使用者の施設管理権に服する義務
5	秘密保持義務
6	信用維持義務

働力を受領する権利（労働者の義務）を有していることは忘れてはいけません。

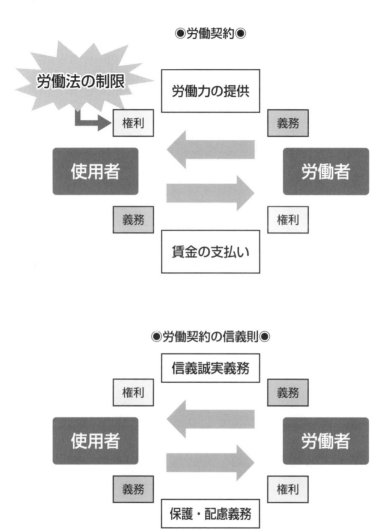

5 時間外労働には36（サブロク）協定が必須

✓担当者が最低限押さえておきたい4つのポイント

(1)労働基準法32条

労働基準法32条は、「1日8時間、週40時間を超えて働かせてはならない」、労働基準法40条は「週1回以上の休日を与えなければならない」としています。

(2)36（サブロク）協定

労働基準法36条は、「労働者の過半数で組織する労働組合、それがない場合には労働者の過半数代表者と書面で協定し、労働基準監督署に届出ることにより、32条の労働時間を超えて、40条の休日に働かせてよい」としています。届出の様式を「時間外・休日労働に関する協定届」と呼び、俗に「36（サブロク）協定」と呼びます。36協定の有効期間は最長でも1年ですので、毎年届け出る必要があります。

36協定を締結しないまま残業させた場合、1年間の有効期間が過ぎているにもかかわらず届出せずに残業させた場合、「違法な残業」となり、是正勧告の対象となります。

(3)36協定を締結した場合の時間外労働の上限

36協定を締結した場合の時間外労働の上限は、1か月45時間以内、1年間360時間以内です。この時間を超える残業をさせた場合、「違法な残業」となり、是正勧告の対象となります。

(4)特別条項付き36協定を締結した場合の時間外労働の上限

1か月45時間以上、または、1年間360時間以上の残業させる可能性がある場合には、36協定に「特別条項」を設けます。この場合の上限は、1か月100時間未満（休日労働含む）、2～6か月の平均80時間以内（休日労働を含む）、1年間720時間以内、1年間に45時間を超える月は6回以内です。

前述の時間外労働の上限を超える残業をさせた場合、「違法な残業」と

なり、是正勧告の対象となります。是正されない場合は、書類送検されることがあります。

●36協定を締結した場合の上限規制●

期間	限度時間
1か月	45時間以内
1年間	360時間以内

●36協定の特別条項を締結した場合の上限規制●

期間	限度時間・限度回数
1か月	100時間未満 （休日労働を含む）
2～6か月の平均	80時間以内 （休日労働を含む）
1年間	720時間以内
1年間	6回以内 （1か月45時間を超える月）

上限規制の適用猶予・除外の事業・業務
①自動車運転の業務、②建設事業、③医師、④鹿児島県・沖縄県の砂糖製造業、⑤新技術・新商品等の研究開発業務

●残業時間のチェックポイント●

	内容
1	1日、1か月、1年のそれぞれの時間外労働が、36協定で定めた時間を超えていないか？
2	休日労働の回数・時間が36協定で定めた回数・時間を超えていないか？
3	時間外労働が限度時間を超える回数が、36協定で定めた回数を超えていないか？
4	毎月の時間外労働と休日労働の合計が、100時間以上になっていないか？
5	月の時間外労働と休日労働の合計が、どの2～6か月の平均をとっても、1か月80時間を超えていないか？

6 労働条件通知書と労働契約書の効力

✓ 労働条件通知書とは何か

　使用者が労働者を雇い入れるときは、**賃金・労働時間その他の労働条件について書面の交付によりで明示しなければなりません**（労働基準法15条）。

　この書面のことを労働条件通知書と呼びます。労働基準法では、労働条件通知書に記載しなければならない事項を次ページのとおり定めています。

　労働契約は、文書による労働契約書を交わさなくても成立します。労働契約書が労働基準法で定めた労働条件通知書の内容を満たしているのであれば、労働契約書を労働条件通知書としても構いません。この場合は、2通作成し、1通を労働者に交付し、1通を会社に保管することになります。

　労働基準法では、定められた内容を書面で交付すれば足り、労働者が労働条件に合意した証拠書類となるための署名捺印を求めていませんが、後日のトラブル防止の観点で考えると、署名捺印を求めておくことがよいでしょう。結果的に、**必要事項を満たした労働契約書を締結することを推奨**します。

✓ パートを含めた労働者全員に労働条件通知書は必要

　労働条件通知書の交付は、パート、アルバイト、契約社員、正社員、その他呼称の如何にかかわらず、**雇い入れたすべての労働者に対して交付する**ことが労働基準法で求められています。

　さらに、次ページの下表で示したとおり、労働者に対して**パートタイム労働法が適用される場合、①昇給の有無、②退職手当の有無、③賞与の有無、④相談窓口についても労働条件通知書に記載**する必要があります。

●明示すべき労働条件●

必ず明示しなければならない事項	**書面によらなければならない事項** ① 労働契約の期間 ② 期間の定めのある労働契約を更新する場合の基準（※） ※ 書面により明示しなければならない事項に②の項目が追加されました（平成25年4月1日施行） ③ 就業の場所・従事すべき業務 ④ 始業・終業の時刻、所定労働時間を超える労働（早出・残業等）の有無、休憩時間、休日、休暇、労働者を2組以上に分けて就業させる場合における就業時転換に関する事項 ⑤ 賃金の決定、計算・支払の方法、賃金の締切り・支払の時期 ⑥ 退職に関する事項（解雇の事由を含みます） ⑦ 昇給に関する事項
定めをした場合に明示しなければならない事項	⑧ 退職手当の定めが適用される労働者の範囲、退職手当の決定、計算・支払の方法および支払い時期 ⑨ 臨時に支払われる賃金、賞与等および最低賃金額に関する事項 ⑩ 労働者に負担させる食費、作業用品などに関する事項 ⑪ 安全・衛生 ⑫ 職業訓練 ⑬ 災害補償、業務外の傷病扶助 ⑭ 表彰、制裁 ⑮ 休職

●パートタイム労働法上の明示事項●

- 昇給の有無
- 退職手当の有無
- 賞与の有無
- 相談窓口（2015年4月1日から）

7 企業秩序遵守義務、服務規律とは何か

✓ 使用者は企業秩序を維持する権利をもつ

　企業秩序とは、企業の存立と事業の円滑な運営の維持のために必要不可欠なものです。使用者は企業秩序を維持する権利を有し、労働者は労働契約の締結により企業秩序の遵守義務を負います。

> **企業秩序遵守義務に関する裁判例**
> 労働者は、労働契約を締結して企業に雇用されることによって、企業に対し、労働提供義務を負うとともに、これに付随して、企業秩序遵守その他の義務を負う（富士重工業事件　最判昭52.12.13）

✓ 企業秩序の定立と維持

　企業は、「企業秩序を維持確保するため、これに必要な諸事項を規則をもって一般的に定め、あるいは具体的に労働者に指示、命令することができ、また、企業秩序に違反する行為があった場合には、その内容、態様、程度等を明らかにして、乱された**企業秩序の回復に必要な業務上の指示、命令を発し、又は違反者に対して制裁として懲戒処分を行うため、事実関係の調査をすることができ**」（富士重工業事件　最判昭52.12.13）ます。

　規則や命令は、企業の円滑な運営上必要かつ合理的なものでなくてはいけません。私生活上の行為は実質的に企業秩序に関連性のある場合にのみ規制の対象とされます。人格・自由に対する行き過ぎた支配や拘束は許されません。

✓ 服務規律の規定

　労働契約の本質として、企業秩序を維持するために企業は服務規律と称される労働者の行為規範を就業規則に定めることになります。規範とは、「〜すべき」などと表現される行動や判断の基準です。

　服務規律は、①労働義務の履行に関する就業規則上の行為規範（狭義の服務規律）、②会社財産保全のための規律、③従業員の地位に伴う規律の3つに分類されます。次ページで3の分類例を示します。

●企業秩序の分類●

分類	内容
狭義の服務規律 (労務提供の仕方、職場のあり方)	入退場の規律
	遅刻、早退、欠勤、休暇の手続き
	離席、外出、面会の規制
	服装規定
	職務専念規定
	上司の指示・命令への服従義務
	職場秩序の保持
	職務上の金品授受の禁止
	安全・衛生の維持のための規制
	職場の整理・整頓
企業財産の管理・保全のための規律	会社財産の保全
	会社施設の利用の制限
従業員としての地位・身分による規律	信用の保持
	兼職・兼業の規制
	公職立候補・公職就任の取扱い

8 懲戒処分のあらましと運用・手続き

✅ 懲戒処分は手順の遵守がポイント

懲戒処分とは、企業秩序遵守義務違反に対する制裁罰です。従業員の義務違反行為に対し、会社が懲戒処分を行う場合は、就業規則に懲戒規定を設ける必要があります。

懲戒規定の懲戒事由に該当した場合であっても、「労働者の行為の性質及び態様その他の事情に照らして、客観的に合理的な理由を欠き、**社会通念上相当であると認められない場合は、その権利を濫用したものとして、当該懲戒は、無効**」（労働契約法15条）となります。

懲戒処分を有効にするためには、事案に合理性、相当性があることはもちろん、懲戒規定の整備、運用や手続きが重要となります。

✅ 懲戒処分の有効性を高めるポイント

懲戒処分の有効性を高めるためには、下記4点に注意する必要があります。

1	懲戒処分の基本原則の遵守
2	非違行為の証拠の収集
3	弁明の機会
4	総合的判断による懲戒処分の量刑の決定

(1) 懲戒処分の基本原則の遵守

懲戒処分の基本原則で遵守すべきは、次の6点です。

1	懲戒事由の存在	懲戒の根拠規定が存在する
2	懲戒事由の周知	懲戒規定が従業員に周知されている
3	不遡及の原則	非違行為後に就業規則に新たに懲戒事由を追加している場合、当該事由をもって過去の行為を懲戒処分できない
4	一事不再理	同一事案を重ねて処分できない
5	時期的限界	懲戒事由発覚から懲戒処分まで長期間が経過していない
6	平等処遇の原則	同程度の事案は懲戒の種類・程度が同程度である

(2) 非違行為の証拠の収集

労働契約法15条は、「客観的に合理的な理由」を懲戒処分の有効要件としています。したがって、会社は迅速に懲戒処分の対象となる非違行為の事実を調査し、証拠の収集や保全などの必要な措置を講ずる必要があります。非違行為を行った従業員やその関係者には調査への協力を義務付けます。

事実確認	証拠集め（物証）	証拠物（書類・映像・写真など）メールモニタリング
	関係者ヒアリング（人証）	ヒアリングシート

(3) 弁明の機会

弁明の機会の付与は、①事実の確認、②非違行為者の情状面を明らかにする、③適正手続の保証の3つの意味合いがあり、必ず行うべきものです。

横領事件の裁判例（東京地判平15.10.9）では、「弁明の機会を与え、その事実の有無のみならず、動機、態様、懲戒事由該当性についての本人の認識等について明らかにすることが最低限必要であると解される」と述べたうえで、懲戒解雇を「弁明の機会を与えずになされた点で重大な手続違反があるから、無効」と判示されています。

(4) 総合的判断による懲戒処分の量刑の決定

懲戒処分の量定の決定は、次の内容等を総合的に勘案して決定します。

1	非違行為と懲戒事由の該当性
2	非違行為と懲戒処分の相当性
3	非違行為を行った目的・動機
4	軽度な過失なのか重大な過失なのか（過失程度）、故意なのか
5	非違行為を行った従業員の職責
6	過去に非違行為があったか
7	過去に懲戒処分を受けたか
8	通常の勤務態度や勤務成績
9	反省や謝罪の言動はあったか
10	非違行為によって会社が被った被害や損害の程度
11	過去の類似事例との比較
12	責任能力の有無

総合的判断による量刑の決定は、非常に難易度が高いため、社会保険労務士や弁護士等の専門家に助言を受けることをお勧めします。

9 競業避止義務と企業側の対策

✓ 職業選択の自由と守るべき秘密の比較が必要

　競業避止義務とは、会社の秘密が流出しないように、**従業員に競業他社に転職したり、独立して競業を行わない義務**を負わせるものです。

　労働契約の存続中、従業員には、誠実義務（労働契約法3条4項）に基づき、使用者の利益に著しく反する競業をしないようにする義務があります。

　一方、退職後は、従業員には**職業選択の自由**（憲法22条1項）がありますので、原則として、退職後の競業行為を制約することができません。

　しかし、使用者の営業秘密等の保護のために、**合理的範囲内では退職後の競業を制約する合意**が認められています。

　競業避止義務は、企業の守るべき秘密の利益と職業選択の自由を制限する労働者の不利益を比較し、会社の守るべき秘密の利益が大きい場合でなければ、競業を制約することはできません。

　従業員が退職後に競業他社に転職した場合、独立して競業した場合に、競業避止義務違反を会社は主張しても公序良俗違反として無効とされるリスクがあります。

　競業避止義務契約や誓約書を作成する場合には、以下の6つのポイントに注意して作成してください。

●競業避止義務契約で注意すべき6つのポイント●

1	守るべき利益	そもそも企業に守るべき利益が存在する必要があります。具体的に記載します
2	地位の必要性	従業員の地位が、競業避止を課す必要性が認められる立場にあるといえることを明記します
3	地域的限定	地域的な限定があることを明記します
4	期間の限定	競業避止義務の存続期間に制限があることを明記します
5	範囲の限定	禁止される競業行為の範囲について必要な制限があることを明記します
6	代償措置	金銭的な代償措置が講じられていることを明記します

競業避止義務に関する誓約書

私は、貴社営業秘密に関して、下記の事項を遵守することを誓約いたします。

(秘密保持の確認)
第1条　私は貴社を退職するに当たり、貴社の営業秘密に関する資料一切について、原本はもちろん、そのコピーおよび関係資料等を、貴社に返還し、自ら保有しません。
(退職後の秘密保持の誓約)
第2条　前条各号の営業秘密を貴社退職後も、不正開示、不正使用しないことを約束いたします。
(競業避止義務の確認)
第3条　貴社を退職するにあたり、貴社からの許諾がない限り、以下のことを誓約いたします。
(1)　貴社で従事した○○の開発に係る職務を通じて得た経験や知見が貴社にとって重要な企業秘密ないしノウハウであることに鑑み、当該開発およびこれに類する開発に係る職務を、貴社の競合他社において行いません。
(2)　貴社で従事した○○に係る開発およびこれに類する開発に係る職務を、貴社の競合他社から契約の形態を問わず、受注ないし請け負うことはいたしません。
(競業避止義務の存続期間)
第4条　本契約は、○○年間有効とします。ただし、第1条各号の営業秘密が公知となった場合は、その時点をもって本契約は終了することとします。
(禁止される競業行為の範囲)
第5条　貴社と競合する他社に就職し、貴社に在職中従事した職種に従事すること、および競合する事業を営むこと、および在職中担当した顧客への営業活動をすることをいたしません。
(地域的限定)
第6条　就職および競合する事業を営むことをしない地域的範囲は、○○県および隣接県とします。
(代償措置)
第7条　本誓約書の遵守のため、退職金○○○万円、補償手当○○万円を受領しました。
(代償措置の返還)
第8条　本誓約書に違反した場合、退職金○○○万円、補償手当○○万円を返還します。
(損害賠償)
第9条　本誓約書に違反した場合、法的な責任を負担し、貴社が被った損害を賠償します。

○○年○月○日

　　　　　　　　　　　　　　　　　　　　　　○○　○○　　　　　印

10 公益通報と内部通報制度

✓ 内部告発は公益通報で守られる

内部告発とは、会社内部で起こった法令違反行為を①事業者内部、②監督官庁や警察・検察等の取締り当局、③その他外部（マスコミ・消費者団体等）に社員が告発することです。

公益通報とは、労働者が、不正の目的でなく、その労務提供先またはその役員・従業員等について法令違反行為が生じていること、または、まさに生じようとしていることを、その労務提供先等に対して通報することです（公益通報者保護法2条）。

> 公益通報者保護制度では、国民生活の安心や安全を脅かすことになる事業者の法令違反の発生と被害の防止を図る観点から、公益のために事業者の法令違反行為を通報した労働者に対する解雇等の不利益な取扱いを禁止しています。

✓ 内部通報制度について

内部通報制度とは、企業内部において、**法令違反や不正行為などのコンプライアンス違反の発生またはその恐れのある状況**を知った者が、そのような状況に適切に対応できる窓口に直接通報することができる仕組みのことです。

平成18年に公益通報者保護法が制定されたことから、内部通報制度を導入する企業も増えました。

内部通報制度は、**適切な制度設計と運用が行われない場合に訴訟のリスクを抱える**ことになります。

内部通報制度は、会社のコンプライアンス違反や社員の不祥事対策に対して効果がありますが、適切な制度設計と運用が行われないと訴訟のリスクを抱えているといえます。次ページの内閣府が示した『公益通報者保護法に関する民間事業者向けガイドライン』（平成17年7月19日）を参考に規定、運用することをお勧めします。

●『公益通報者保護法に関する民間事業者向けガイドライン』●

1．事業者内での通報処理の仕組みの整備
①全社的かつ一貫した仕組みとしての整備 ②通報窓口・相談窓口の整備（外部を含めた窓口機能の検討） ③内部通報制度規程の整備（規程の事例紹介あり） ④秘密保持の徹底 ⑤受付担当者・調査担当者の利益相反関係の排除
2．通報の受付
①通報者に対する通報受領の通知 ②公正・公平・誠実な通報内容の検討 ③個人情報の保護
3．調査の実施
①調査と個人情報の保護 ②調査状況・結果などの通報者への通知
4．是正措置の実施
①調査と個人情報の保護 ②調査状況・結果などの通報者への通知
5．通報者に対する解雇・不利益取り扱いの禁止
①解雇・不利益取扱いの禁止
6．フォローアップ
①是正措置・再発防止策・不利益取扱いなどに関するフォローアップ
7．その他
①仕組みの周知・研修など

●内部通報規程作成のポイント●

1	内部通報者保護のためにも形骸化しない内部通報制度を作成する
2	『公益通報者保護法に関する民間事業者向けガイドライン』を理解し規定を作成する
3	事業者内での通報処理の仕組みを整備し、規定化する
4	通報の受付窓口を規定する
5	事実関係調査の実施を規定する
6	是正措置の実施を規定する
7	内部通報者への解雇・不利益取扱い禁止を規定する
8	是正措置・再発防止策等に関するフォローアップを規定する
9	仕組みの周知・研修を規定する

11 配転命令の原則を押さえよう

✓配転命令が無効になる場合とは

「配転」とは、**従業員の配置の変更**です。「配転」のうち、同一勤務地（事業所）内の勤務箇所（所属部署）の変更が「配置転換」であり、勤務地の変更が「転勤」です。

> 使用者は、労働契約又は就業規則に基づき配転命令権を有していますので、原則として個別的同意なしに従業員に配転を命じることができます（東和ペイント事件最判昭61.7.14）。

配転命令は無制限に認められるわけではありません。

労働契約に**勤務地限定特約がある場合**には、その労働者の勤務場所を変更するには労働者の同意を要します。勤務地限定特約は、黙示の合意であっても有効です。

ブック・ローン事件（神戸地決昭54.7.12）では、新聞募集広告で勤務場所が和歌山市内となっていたことから黙示の勤務地限定特約が認められました。新日本通信事件（大阪地判昭9.3.24）では、採用面接での転勤できないとの応募者の希望を社内稟議書に記載していたことから勤務地限定特約が認められました。

配転命令が権利濫用にあたる場合には、配転命令は認められません。東亜ペイント事件は、どのような場合に配転命令が権利濫用にあたるかの判断基準を示しています。

●配転命令が権利濫用となる判断基準●

1	業務上の必要性が存在しない場合
2	業務上の必要性が存在しても、不当な動機、目的でなされた場合
3	業務上の必要性が存在していても、労働者が通常甘受すべき程度を著しく超える不利益を負わせるものである場合

同判決では、①業務上の必要性は、「余人をもって容易に替え難い」といった高度の必要性は不要とされています。多くの裁判例で争点になっているのは、③通常甘受すべき程度を著しく超える不利益の有無です。

人事権の濫用は、業務上必要な配転を決定してから配転命令までのプロセス（①配転命令の候補者を選定、②候補者と個別面談、③再度選考、④配転命令書の交付）を適正に行うことで防ぐことができます。

配転命令の際、会社は以下の3つのポイントを押さえることが重要です。

①勤務地限定特約・職種限定特約を確認する

「勤務地限定の特約」があれば、業務の必要性があったとしても配転は無効となります。主婦パートタイマーの配転は、「黙示の勤務地限定特約」が存在したとされる可能性があります。ただし、労働契約書等に「配転の可能性あり」と「明示」した場合には、「黙示の勤務地限定特約」は存在しないとされます。

職種変更も同様です。職種変更は専門性の高いシステムエンジニア、医師、看護師、歯科衛生士、アナウンサー、自動車運転手、技術者などは、「黙示の業種限定特約」が存在したと認定される場合があるので、これらの職種変更についても細心の注意が必要です。

②業務上の必要性の存在を確認する

「余人をもって容易に替え難い」といった高度の必要性は不要ですが、業務上の必要性が存在することを確認することは必要です。

③労働者の不利益を最大限考慮し人選する

労働者に対し通常甘受すべき程度を著しく超える不利益を負わせるものであれば、権利の濫用となり配転は無効となります。

配転に伴う労働者の不利益として主張される不利益の具体例を5つ挙げます。

1	勤務地変更で通勤距離が長くなり、生活に負担がかかる
2	家を新築したばかりで、転居を伴う転勤はできない
3	単身赴任は経済的・精神的にも負担がかかる
4	家族に介護対象者がいるので、転居を伴う転勤はできない
5	子の養育が困難になるので、転居を伴う転勤はできない

労働者に配慮し、「業務の必要性＞労働者の不利益」となるかどうかを検討します。育児介護休業法26条では、子の養育や家族の介護を行う労働者の転勤については、配慮しなければならない旨の規定があります。個別の労働者の状況に応じて、様々な配慮の検討が必要となります。

12 年次有給休暇と時季変更権

✓ 年次有給休暇の知識は今後ますます必要

雇入れの日から起算して6か月間継続勤務し全労働日の8割以上出勤した労働者に対しては、継続または分割した10労働日の有給休暇を与えなければなりません（労基法39条1項）。1年6か月以上継続勤務した労働者に対しては、以下の有給休暇を与えなければならないと定められています。

勤続年数	1年6月	2年6月	3年6月	4年6月	5年6月	6年6月	以降1年経過ごと
付与日数	11日	12日	14日	16日	18日	20日	20日

✓ 年5日の年次有給休暇の取得が義務づけられている

年10日以上の年次有給休暇が付与される労働者に対して、年5日については、使用者が時季を指定して取得させる必要があります。ただし、5日以上取得済みの労働者に対しては、使用者による時季指定は不要です。

労働者が自ら申し出て取得した日数、労使協定（計画的付与）で取得時季を定めて与えた日数については、5日から控除することが可能です。半日単位の年次有給休暇は5日から控除可能ですが、時間単位の年次有給休暇は5日から控除することができません。

労働者ごとに年次有給休暇を付与した日を基準日といい、基準日から1年間に取得させる必要があります。

✓ 年次有給休暇管理簿の作成・保存を！

会社は、労働者ごとに年次有給休暇管理簿を作成し、3年間保存しなければなりません。年次有給休暇管理簿には次の項目が必要です。なお、年次有給休暇管理簿・労働者名簿・賃金台帳・出勤簿を法定4帳簿と呼びます。

	必須項目
1	年次有給休暇の基準日（年次有給休暇が付与される日）
2	基準日から1年以内の期間における年次有給休暇の付与日数
3	年次有給休暇を取得した日付

✓ 時季指定の方法などを就業規則へ記載する

年次有給休暇の5日取得義務を履行するために、会社は、時季指定を行う場合があります。休暇に関する事項は、就業規則の絶対的記載事項（労基法89条）ですので、①時季指定の対象となる労働者の範囲、②時季指定の方法などについて就業規則に記載しなければなりません。

> （年次有給休暇の時季指定）
> 第○条　年次有給休暇が10日以上与えられた社員に対しては、付与日から1年以内に、当該社員が有する年次有給休暇のうち5日をあらかじめ時季を指定して取得させる。
> 　2　社員が自ら申し出て取得した日数、労使協定（計画的付与）で取得時季を定めて与えた日数については、5日から控除する。
> 　3　年次有給休暇の時季の指定は、会社が社員の意見を聴取し、その意見を尊重したうえで行う。

✓ 年次有給休暇の時季変更権について

会社は、従業員が請求（指定）した時季に年休を付与しなければなりません。ただし、従業員が請求（指定）した時季に**「事業の正常な運営を妨げる場合」**においては、その時季の年休取得を拒否して、他の時季に年休を取得させることができます（労基法39条5項）。

従業員が年休の時季を指定する権利を「時季指定権」、会社が従業員の指定した時季の年休の付与を拒否する権利を「時季変更権」といいます。

会社には時季変更権が認められています。ただし、「事業の正常な運営を妨げる場合」でなければ、時季変更権が無効であると判断されます。時季変更権の行使が違法であるとして損害賠償の対象となる場合もあります。

従業員が退職時にたまった年休を一斉に請求した場合には、時季変更権を行使しようにも、退職予定日を超えて時季変更権は行使することができません。したがって、退職時の年休は法的に認めざるを得ないことになります。

> 〈時期変更権の行使が違法とされ損害賠償が認められた裁判例〉
> 年休指定に対する時季変更権の不当な行使により年休権が失効させられたことは、労働契約上の債務不履行に当たるとして、慰謝料25万円の支払が命じられている。　　　（西日本ジェイアールバス事件　名古屋高金沢支判平10.3.16）

13 所定労働時間と所定外労働時間（残業）

✓ 使用者の指揮命令下に置かれた時間

　労働時間とは、「労働者が使用者の指揮命令下に置かれている時間」（三菱重工業長崎造船所事件　最判平12.3.9）です。同裁判例は、労働時間は、「労働契約、就業規則、労働協約等の定めのいかんにより決定されるべきものではない」と判示しています。

　「使用者の指揮命令」とは、明示の指示のみならず、黙示の指示も含まれています。明示とは、意思を明らかに示すことをいい、黙示とは、状況などにより間接的に意思表示とみなされることをいいます。

　上司が部下に「残業せよ」と明示の指示をしていなくても、部下が残業していた場合、「黙示の指示」をしたとして「使用者の指揮命令下」とみなされ、「労働時間」として残業代支払いの義務が生じます。

　いわゆるダラダラ残業も、会社がこれを知ったうえで放置（黙認）していれば、少なくとも「黙示の指示」によって会社の指揮命令下にあったと評価され、残業代の支払いが必要となる「労働時間」になります。

〈残業許可申請を提出しないダラダラ残業に残業代支払いを命じた裁判例〉
　「休日出勤・残業許可願を提出せずに残業している従業員が存在することを把握しながら、これを放置していたことがうかがわれることなどからすると、具体的な終業時刻や従事した勤務の内容が明らかではないことをもって、時間外労働の立証が全くされていないとして扱うのは相当ではない」として、労働者が主張する概算による時間を残業時間として推認した。
　　　　　　　　　　　　　　　（ゴムノイナキ事件　大阪高判平17.12.1）

　残業は本来、業務命令で行わせるものです。無許可で残業をさせるべきものではありません。漫然と残業させることは厳に戒めるべきものです。

　職場に残って業務と関係ない私的なことをしているのであれば、黙認するのではなく、帰宅を命令してください。

✓ 労働時間と滞留時間の法的意味

　「労働時間」は、「所定労働時間」＋「所定外労働時間（残業）」です。「会

社に来た時刻」から「仕事を始めた時刻」までの時間を「滞留時間」といいます。「仕事が終わった時刻」から「会社から帰った時刻」までの時間も「滞留時間」です。タイムカードは、「会社に来た時刻」と「会社から帰った時刻」を記録しています。

賃金支払い義務が生じるのは、「**労働時間**」です。「滞留時間」に賃金支払い義務はありません。「**労働時間**」と「**滞留時間**」を区別して管理する義務があります。

「労働時間」と「滞留時間」を区別する義務は会社にあります。タイムカードでは、この区別が困難です。残業申請制度やカード式・生体認証式の勤怠のデジタル管理等により2者を厳格に区別管理する必要があります。

滞留時間	労働時間	休憩時間	労働時間	滞留時間

☑厳格な労働時間管理はリスク防止対策につながる

会社は、労働時間を管理する義務を有しています。前述の滞留時間に対して賃金を支払わない場合には、その証拠を会社が示す必要があります。証拠が示せない場合には、**滞留時間も労働時間とみなされ賃金、残業代を支払うリスクが発生**します。

残業時間の証拠として、労働者側から提出された証拠には下記のようなものもあります。労働時間管理は厳格に行う必要があります。

残業時間の証拠	裁判例
パソコンのログ記録	ＰＥ＆ＨＲ事件　東京地判平18.11.10
磁気カードによるプリペイドカード式の乗車カードの通勤記録、最寄り駅の駐車場の入庫記録	大庄ほか事件　京都地判平22.5.25
「帰るコール」の着信履歴やメールの送受信記録、さらには従業員が記録したメモ等	ＮＴＴ西日本ほか事件　大阪地判平22.4.23、オオシマネットほか事件　和歌山地田辺支部判平21.7.17

3章　労務管理業務の基本を押さえよう

14 労働時間の適正な把握

✓ 労働時間の適正な把握は使用者の義務

「労働時間の適正な把握のために使用者が講ずべき措置に関するガイドライン」（平成29年1月20日策定）では、「使用者は、労働時間を適正に把握するなど労働時間を適切に管理する責務を有している」としています。そのうえで、ガイドラインでは、労働時間の適正な把握のために使用者が講ずべき措置を具体的に明らかにしています。

使用者が労働時間の適正な把握を行うためには、単に1日何時間働いたかを把握するのではなく、**労働日ごとに始業時刻や終業時刻を使用者が確認・記録し、これを基に何時間働いたかを把握・確定する**義務があります。

✓ 始業・終業時刻の確認と記録（原則）

「労働時間の適正な把握のために使用者が講ずべき措置に関する基準」（平成13年4月6日基発339号）では、使用者が始業・終業時刻を確認し、記録する方法は、次のいずれかの方法によることが原則とされています。

(ア)	使用者が、自ら現認することにより確認し、適正に記録すること
(イ)	タイムカード、ＩＣカード、パソコンの使用時間の記録等の客観的な記録を基礎として確認し、適正に記録すること

(ア) 「自ら現認する」とは、使用者自ら、あるいは労働時間管理を行う者が、直接始業時刻や終業時刻を確認することです。**確認した始業時刻や終業時刻については、該当労働者からも確認することが望ましい**とされています。

(イ) **タイムカード、ＩＣカード、パソコンの使用時間の記録等の客観的な記録**を基本情報とし、必要に応じて、たとえば使用者の残業命令書およびこれに対する報告書など、使用者が労働者の労働時間を算出するために有している記録とを突き合わせることにより確認し、記録してください。

✅ 始業・終業時刻の確認と記録（自己申告制）

自己申告制により始業・終業時刻の確認と記録を行う場合には、次の措置を講じる必要があります。

> ア　自己申告制の対象となる労働者に対して、本ガイドラインを踏まえ、労働時間の実態を正しく記録し、適正に自己申告を行うことなどについて十分な説明を行うこと。
> イ　実際に労働時間を管理する者に対して、自己申告制の適正な運用を含め、本ガイドラインに従い講ずべき措置について十分な説明を行うこと。
> ウ　自己申告により把握した労働時間が実際の労働時間と合致しているか否かについて、必要に応じて実態調査を実施し、所要の労働時間の補正をすること。
> 　　特に、入退場記録やパソコンの使用時間の記録など、事業場内にいた時間のわかるデータを有している場合に、労働者からの自己申告により把握した労働時間と当該データでわかった事業場内にいた時間との間に著しい乖離が生じているときには、実態調査を実施し、所要の労働時間の補正をすること。
> エ　自己申告した労働時間を超えて事業場内にいる時間について、その理由等を労働者に報告させる場合には、当該報告が適正に行われているかについて確認すること。
> 　　その際、休憩や自主的な研修、教育訓練、学習等であるため労働時間ではないと報告されていても、実際には、使用者の指示により業務に従事しているなど使用者の指揮命令下に置かれていたと認められる時間については、労働時間として扱わなければならないこと。
> オ　自己申告制は、労働者による適正な申告を前提として成り立つものである。このため、使用者は、労働者が自己申告できる時間外労働の時間数に上限を設け、上限を超える申告を認めない等、労働者による労働時間の適正な申告を阻害する措置を講じてはならないこと。
> 　　また、時間外労働時間の削減のための社内通達や時間外労働手当の定額払等労働時間に係る事業場の措置が、労働者の労働時間の適正な申告を阻害する要因となっていないかについて確認するとともに、当該要因となっている場合においては、改善のための措置を講ずること。
> 　　さらに、労働基準法の定める法定労働時間や時間外労働に関する労使協定（いわゆる36協定）により延長することができる時間数を遵守することは当然であるが、実際には延長することができる時間数を超えて労働しているにもかかわらず、記録上これを守っているようにすることが、実際に労働時間を管理する者や労働者等において、慣習的に行われていないかについても確認すること。

出所：「労働時間の適正な把握のために使用者が講ずべき措置に関する基準」（平成13年4月6日基発339号）

15 労働時間制度 ①原則と例外

✓労働時間制度の原則（1日8時間、週40時間）と例外

　労働時間制度の原則は、「①1日に8時間を超えて労働させてはならない。②1週間に40時間を超えて労働させてはならない」（労働基準法32条）とされています。『平成28年就労条件総合調査（厚生労働省）』によると、通常の労働時間制は、39.6％の労働者に適用されています。

　そのほか、労働基準法では例外的な取扱いとして以下の労働時間制を認めています。

変形労働時間制

　交替制勤務の場合や、季節等によって業務に繁閑の差がある場合、変形労働時間制を採用すると、一定期間を平均して、法定労働時間の範囲内であれば、1日8時間、週40時間を超えて労働させることができます。適用労働者の割合は、1か月単位の変形労働時間制が23.0％、1年単位の変形労働時間制が21.5％です。

フレックスタイム制

　協定した労働時間の範囲内で、始業・終業時刻を労働者にゆだねる場合、一定期間の総労働時間を労使協定で定めれば、始業・終業時刻を労働者の自由にできる制度です。適用労働者の割合は7.8％です。

事業場外みなし制

　事業場の外で労働する外回りの営業職等、所定労働時間または労使協定で定めた時間を労働したものとみなす制度です。適用労働者の割合は6.4％です。

専門業務型裁量労働制

　新商品や新技術の研究開発、情報処理システムの設計、コピーライター、新聞記者等労使協定で定めた時間を労働したものとみなす制度です。適用労働者の割合は1.4％です。

企画業務型裁量労働制

事業の運営に関する事項についての企画、立案、調査および分析の業務に従事する場合、労使委員会決議した時間を労働したものとみなす制度です。適用労働者の割合は0.3%です。

労働時間制度の概況

労働時間制	働き方	労働時間の捉え方	適用労働者の割合(%)
通常の労働時間制	一般的な働き方	1日8時間、週40時間（法定労働時間）	39.6
1か月単位の変形労働時間制	交替制勤務の場合や、季節等によって業務に繁閑の差がある場合	1か月を平均して、法定労働時間の範囲内であれば、1日8時間、週40時間を超えて労働させることができる	23.0
1年単位の変形労働時間制		1年を平均して、法定労働時間の範囲内であれば、1日8時間、週40時間を超えて労働させることができる	21.5
フレックスタイム制	協定した労働時間の範囲内で、始業・終業時刻を労働者にゆだねる場合	一定期間の総労働時間を労使協定で定めれば、始業・終業時刻を労働者の自由にできる	7.8
事業場外みなし制	事業場の外で労働する外回りの営業職等	所定労働時間または労使協定で定めた時間を労働したものとみなす	6.4
専門業務型裁量労働制	新商品や新技術の研究開発、情報処理システムの設計、コピーライター、新聞記者 等	労使協定で定めた時間を労働したものとみなす	1.4
企画業務型裁量労働制	事業の運営に関する事項についての企画、立案、調査および分析の業務に従事する場合	労使委員会決議した時間を労働したものとみなす	0.3

※「適用労働者割合」の出所：厚生労働省『平成28年就労条件総合調査』

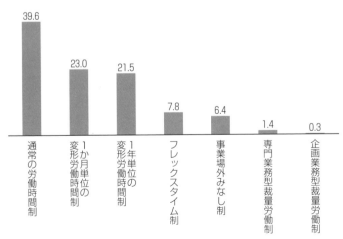

●労働時間制別の適用労働者の割合（%）●

16 労働時間制度　②変形労働時間制

✓業務の繁閑がある場合に変形労働時間制が利用される

　変形労働時間制とは、繁忙期の所定労働時間を長くする代わりに、閑散期の所定労働時間を短くするなど、業務の繁閑や特殊性に応じて労働時間の配分等を行い、全体としての**労働時間の短縮を図ろうとする制度**です。
　一般的には、次のように事業場の業務の実態等に応じて制度を選択することになります。
①業務の繁閑が少ない場合　完全週休2日制等を採用する
②業務の繁閑が多い場合　1か月単位、1年単位の変形労働時間制を選択
　上記②に関連して、**1年単位は1か月単位の変形労働時間制より法的な制約が多く存在するので、運用の難易度が高く**なります。また、30人未満の小売・旅館・料理・飲食店で、業務の繁閑が直前にならないとわからない場合は1週間単位の非定型的変形労働時間制を選択することが可能です。

●変形労働時間制の選択方法●

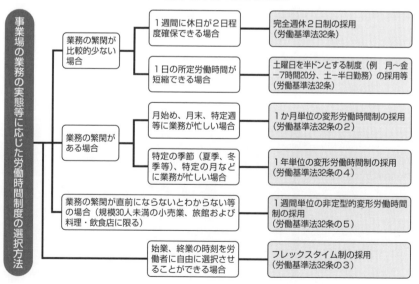

●変形労働時間制の法的制限●

	1か月単位の変形労働時間制	1年単位の変形労働時間制	1週間単位の非定型的変形労働時間制	フレックスタイム制
変形労働時間制についての労使協定の締結	○ ※1	○	○	○
労使協定の監督署への届出	○ ※1	○	○	
特定の事業・規模のみ			○ [労働者数30人未満の小売業・旅館・料理店・飲食店]	
労働時間・時刻など / 休日の付与日数	週1日または4週4日の休日	週1日 ※2	週1日または4週4日の休日	週1日または4週4日の休日
1日の労働時間の上限		10時間	10時間	
1週の労働時間の上限		52時間 ※3		
1週平均の労働時間	40時間（特例44時間）	40時間	40時間	40時間（特例44時間）
時間・時刻は会社が指示する	○	○	○	
出退勤時刻の個人選択制				○
あらかじめ就業規則等で時間・日を明記	○	○ ※4		
就業規則変更届の提出（常時10人以上の労働者）	○ [10人未満の事業場でも準ずる規定が必要]	○	○	○

※1 労使協定の締結による採用の場合、規模10人以上の事業場は就業規則の変更が必要です。
※2 対象期間における連続労働日数は6日(特定期間については12日)です。
※3 対象期間が3か月を超える場合、週48時間を超える週の回数については制限があります。
※4 1か月以上の期間ごとに区分を設け労働日,労働時間を特定する場合、休日、始・終業時刻に関する考え方、周知方法等の定めを行うこととなります。

17 妊娠・出産・育児・介護の両立支援制度

✓ 毎年の法改正のキャッチアップが必須

法改正は毎年のようにあるため、会社は法律違反にならないように最新情報をキャッチアップし、**就業規則の変更を忘れずに行いましょう**。

✓ 育児休業を取得しやすい環境整備と労働者の意向確認の義務

育児休業（※）の申し出が円滑に行われるよう、事業主は以下のいずれかの措置を講じなくてはなりません（複数措置が望ましいです）。

①育児休業（※）に関する研修の実施／②育児休業（※）に関する相談体制の整備／③自社の労働者の育児休業（※）の取得事例の収集・提供／④自社の労働者の労働者の育児休業（※）の制度と育児休業取得促進に関する方針の周知

※令和4年10月1日以降は、育児休業及び産後パパ育休になります。

また、本人もしくは配偶者の妊娠・出産等を申し出た労働者に対し、事業主は育児休業制度（※）に関して以下の事項の周知と意向の確認を個別に行わなくてはなりません。

①育児休業（※）に関する制度／②育児休業（※）の申し出／③育児休業給付に関すること／④労働者が育児休業（※）について負担すべき社会保険料の取扱い

※令和4年10月1日以降は、育児休業及び産後パパ育休になります。

なお、周知と意向確認について、①②は必須。③④は労働者の希望があれば行います。

この周知・意向確認の方法は以下のいずれかの方法で行ってください。
①面談（オンライン面談可）／②書面交付／③ＦＡＸ／④電子メール

※③④は労働が希望した場合のみ。

●仕事と家庭を両立するための主な支援制度●

- ●育児のための両立支援制度
  育児休業、短時間勤務制度、所定外労働の免除、子の看護休暇など
- ●介護のための両立支援制度
  介護休業、短時間勤務制度等の措置、介護休暇制度など
- ●どちらにも共通する支援制度
  法定時間外労働の制限、深夜業の制限、転勤の配慮、不利益取扱いの禁止

●妊娠・出産・育児期の両立支援制度●

令和4年4月1日現在

時系列: 妊娠判明 → 産前6週間 → 出産(予定)日 → 産後8週間 → 1歳 → 1歳6か月 → 2歳 → 3歳 → 就学

各制度:
- 軽易業務への転換
- 妊産婦の時間外・休日労働・深夜業の制限
- 坑内業務・危険有害業務就業制限
- 産前休業
- 産後休業
- 育児時間(1日2回 各30分以上)
- 妊産婦の時間外・休日労働・深夜業の制限
- 坑内業務・危険有害業務の就業制限
- 始業時刻の変更等またはそれに準ずる措置
- 育児休業(一定の場合、最長2歳まで取得可) ※2回まで分割取得可能
- 育児休業またはそれに準ずる措置
- パパ休暇:男性は子の出生日(または予定日)から育児休業が取得可能
- **所定労働時間の短縮措置等**
  - 【原則】短時間勤務制度(1日の所定労働時間が6時間以下)
  - 〈短時間勤務制度を講じることが困難と認められる業務の代替措置〉
  - 育児休業に関する制度に準ずる措置
  - フレックスタイムの制度
  - 始業または終業時間を繰り上げ、繰り下げる制度(時差出勤)
  - 保育施設の設置運営、その他これに準ずる便宜の供与
- 所定労働時間の短縮またはそれに準ずる措置
- **所定外労働の制限**
  - 労働者の請求で、所定労働時間を超える労働を禁止
  - 1回につき、1月以上1年以内の期間で、何回も請求できる
- 所定外労働の制限またはそれに準ずる措置
- **子の看護休暇**
  - 病気・けがをした子の看護、予防接種・健康診断を受けさせるために取得できる
  - 子ども1人の場合年に5日、2人以上の場合年に10日が付与される(半日単位で利用可)
- **時間外労働・深夜業の制限**
  - 労働者の請求で、制限時間(1か月24時間、1年150時間)を超える労働を禁止
  - 時間外労働の制限は、1回につき1月以上1年以内の期間で、何回でも請求できる
  - 労働者の請求で、午後10時から午前5時における労働を禁止
  - 深夜業の制限は、1回につき1月以上6月以内の期間で、何回でも請求できる

凡例:
- □:労基法上の制度
- ○:育介法上の制度
- ┄:育介法上の努力義務

●令和4年10月1日施行の育児休業制度に関する改正内容●

	産後パパ育休(R4.10.1〜)育休とは別に取得可能	育児休業制度(R4.10.1〜)	育児休業制度(現行)
対象期間 取得可能日数	子の出生後8週間以内に4週間まで取得可能	原則子が1歳(最長2歳)まで	原則子が1歳(最長2歳)まで
申出期限	原則休業の2週間前まで*1	原則1か月前まで	原則1か月前まで
分割取得	分割して2回取得可能(初めにまとめて申し出ることが必要)	分割して2回取得可能(取得の際にそれぞれ申出)	原則分割不可
休業中の就業	労使協定を締結している場合に限り、労働者が合意した範囲*2で休業中に就業することが可能	原則就業不可	原則就業不可
1歳以降の延長		育休開始日を柔軟化	育休開始日は1歳、1歳半の時点に限定
1歳以降の再取得		特別な事情がある場合に限り再取得可能*3	再取得不可

※1:雇用環境の整備などについて、今回の法改正で義務づけられる内容を上回る取組みの実施を労使協定で定めている場合は1か月前までとすることができます。/※2:具体的な手続きの流れは以下①〜④のとおりです。①労働者が就業してもよい場合は、事業主にその条件を申し出、②事業主は、労働者が申し出た条件の範囲内で候補日・時間を提示(候補日等がない場合はその旨)、③労働者が同意、④事業主が通知。なお、就業可能日等には上限があります(休業期間中の所定労働日・所定労働時間の半分、休業開始・終了予定日を就業日とする場合は当該日の所定労働時間数未満)。/※3:1歳以降の育児休業が、他の子についての産前・産後休業、産後パパ育休、介護休業または新たな育児休業の開始により育児休業が終了した場合で、産休等の対象だった子等が死亡等したときは再度、育児休業を取得できます。

出所:令和4年4月現在の厚生労働省の資料をもとに作成

18 労働契約の解消
①4類型・解雇

✓ 期限の定めのない労働契約解消の4つの類型の整理が重要

期限の定めのない労働契約解消は4つに類型化されます。

(1) 労働者からの申出、使用者が合意（退職）

労働者が契約解消の申出をし、使用者が合意の意思表示をします。労働者は「退職願」を提出します。離職票上は、自己都合退職とされます。法律の制限はありません。

(2) 労働者からの一方的な申出（辞職）

労働者が一方的に契約解消します。労働者は「辞職届」を一方的に提出します。使用者の合意の意思表示はありません。離職票上は、自己都合退職とされます。法律の制限はありません。

(3) 使用者からの申出、労働者の合意（退職勧奨）

使用者が契約解消の申出をし、労働者が合意の意思表示をします。使用者は「退職勧奨通知書」を提示し、労働者は「退職勧奨合意書」に署名押印します。離職票上は、会社都合退職（退職勧奨）とされます。法律の制限はありません。

(4) 使用者からの一方的な申出（解雇）

使用者が一方的に契約解消します。使用者は「解雇通知書」を一方的に提出します。労働者の合意の意思表示はありません。離職票上は、会社都合退職（解雇）とされます。労働契約法16条の制限があります。

✓ 労働契約法16条による解雇制限

「解雇は、客観的に合理的な理由を欠き、社会通念上相当であると認められない場合は、その権利を濫用したものとして、無効とする」（労働契約法16条）として、法の制限があります。解雇予告さえすれば、あるいは、解雇予告手当さえ支払えば解雇できるわけではありません。

労働契約法16条により、合理性と相当性を欠く場合には、解雇は無効となります。解雇は裁判例などを参考に、慎重に行う必要があります。

●期限の定めのない労働契約の解消の４つの類型●

	申出者	合意の有無	書類	離職票	労働契約法の制限
1	労働者	合意あり	退職願	自己都合退職	なし
2	労働者	合意なし	辞職届	自己都合退職	なし
3	使用者	合意あり	退職合意書	会社都合退職	なし
4	使用者	合意なし	解雇通知書	解雇	あり（16条）

●労働契約法16条による解雇制限●

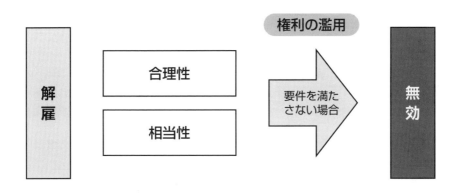

19 労働契約の解消
②退職勧奨

✓ 退職勧奨は社会的相当性の範囲内でなければならない

退職勧奨は、正当な業務行為であり使用者が原則として自由に行うことができます。

しかし、**社会的相当性を逸脱した態様での退職勧奨は不法行為になり、損害賠償義務が発生**します（下関商業高校事件　最判昭55.7.10）。エールフランス事件（東京高判　平8.3.27）では、仕事差別等の嫌がらせや暴力行為等による退職強要行為について合計300万円の慰謝料を認めています。

裁判例は、「労働者が退職勧奨のための面談には応じられないことをはっきりと明確に表明し、かつ、上司に対してその旨確実に認識させた段階で、それ以降の退職勧奨のための説明ないし説得活動について、任意の退職意思を形成させるための手段として、社会通念上相当な範囲を逸脱した違法なものと評価されることがありうる」（日本ＩＢＭ事件　東京地判平23.12.28）としていますので、**退職勧奨には十分な注意が必要**です。

裁判例によると、違法な退職勧奨にならないために、下記の事項を遵守することが必要です。

●退職勧奨の際、遵守すべき事項●

1	退職勧奨のための面談は、面談担当者2名以上で実行する
2	退職勧奨のための面談は、原則として4回までとし、1回当たりの面談は1時間以内とする
3	退職勧奨のための面談において、従業員を威圧する言動を行わない
4	退職勧奨のための面談において、普通解雇または懲戒解雇事由がない場合には、普通解雇または懲戒解雇があり得る旨の説明を行わない
5	退職勧奨の理由を具体的に記載した退職勧告書を交付する
6	会社が複数回、十分な説明・説得を行った後に、従業員がさらに説明・説得を受けても退職勧奨に応じないことを明確に表明した場合、退職勧奨を行わない
7	退職勧奨の結果、従業員から退職の承諾があった場合、退職合意書を締結する（次ページ参照）

退職合意書

　株式会社○○（以下、「甲」という。）と○○　○○（以下、「乙」という。）は、本日、以下のとおり、合意した。

（合意退職）
第1条　甲乙は、平成○年○月○日付けで乙が甲を退職することに合意した。

（意思確認）
第2条　乙は、真意から前項の意思表示を行ったことを確認する。

（守秘義務）
第3条　乙は、本件退職合意に際し、甲が提示した条件（割増退職金の額等）について第三者に口外しない。

2　乙が前項に違反した場合、甲は乙に対し割増退職金の支払を行わず、割増退職金を受領済みであったときには、乙は甲に対し受領済みの割増退職金を返還する。

（清算条項）
第4条　乙は、甲に対し、退職金以外の請求を一切行わない。

　以上の合意が成立したことを証するため、本書2通を作成し、甲乙各1通を各々保有する。

　　　　　　　　　　　　　　　　　　　　　　　　　　○○年○月○日

　　　　　　　　　甲　株式会社○○　代表取締役　○○　○○　印

　　　　　　　　　乙　　　　　　　　　　　　　　○○　○○　印

20 労働契約の解消
③有期労働契約の雇止め

✓有期労働契約の雇止めには制約がある

　雇止めとは、期間の定めのある労働契約（有期労働契約）の契約期間満了時に、使用者側の意思により有期労働契約を更新しないことです。

　有期労働契約は、契約期間が満了すれば終了するのが原則です。有期労働契約が、①反復継続更新され雇止めが解雇と同視できる場合（1号）、②更新されるものと期待することに合理的理由がある場合（2号）、雇止めには合理性と相当性が必要です。合理性と相当性を欠く雇止めは、従前の労働条件と同一の労働条件で契約更新されることになります。

　①反復継続した場合であって、期限の定めのない労働契約と同視され、雇止めに合理性と相当性がない場合、②有期労働契約の更新される期待に合理的な理由ある場合等不当な雇止めとして無効とされることがあります。

●労働契約法19条による雇止め制度●

　有期労働契約であって次の各号のいずれかに該当するものの契約期間が満了する日までの間に労働者が当該有期労働契約の更新の申込みをした場合又は当該契約期間の満了後遅滞なく有期労働契約の締結の申込みをした場合であって、使用者が当該申込みを拒絶することが、**客観的に合理的な理由を欠き、社会通念上相当であると**認められないときは、使用者は、従前の有期労働契約の内容である労働条件と同一の労働条件で当該申込みを承諾したものとみなす。

1　当該有期労働契約が過去に反復して更新されたことがあるものであって、その契約期間の満了時に当該有期労働契約を更新しないことにより当該有期労働契約を終了させることが、期間の定めのない労働契約を締結している労働者に**解雇の意思表示をすることにより当該期間の定めのない労働契約を終了させることと社会通念上同視できる**と認められること。

2　当該労働者において当該有期労働契約の契約期間の満了時に当該**有期労働契約が更新されるものと期待することについて合理的な理由がある**ものであると認められること。

●有期労働契約の雇止めの類型●

契約関係の状況		雇止めの可否	
純粋有期契約タイプ	期間満了後も雇用関係が継続するものと期待することに合理性は認められないもの	原則どおり契約期間の満了によって当然に契約関係が終了するものとして、雇止めの効力は認められる。	
実質無期契約タイプ	期間の定めのない契約と実質的に異ならない状態に至っている契約であると認められたもの	解雇に関する法理の類推等により契約関係の終了に制約	ほとんどの事案で雇止めは認められていない
期待保護（反復更新）タイプ	雇用継続への合理的な期待が認められる契約であるとされ、その理由として相当程度の反復更新の実態が挙げられているもの		経済的事情による雇止めについて、正社員の整理解雇とは判断基準が異なるとの理由で、雇止めを認めた事案がかなり見られる
期待保護（継続特約）タイプ	雇用継続への合理的期待が、当初の契約締結時等から生じていると認められる契約であるとされたもの		当該契約に特殊な事情等の存在を理由として雇止めを認めない事案が多い

21 セクハラの事前措置と事後措置

✓就業環境が害されるセクハラは未然に防ぐ取組みを

「セクシュアル・ハラスメント」(セクハラ)とは、相手方の意に反する性的言動です。

そのうち「職場におけるセクハラ」は、「職場において行われる性的な言動に対するその雇用する労働者の対応により当該労働者がその労働条件につき不利益を受け、又は当該性的な言動により当該労働者の就業環境が害されること」(均等法11条1項)と定義されています。

セクハラは、均等法の規定のとおり「対価型セクハラ」と「環境型セクハラ」に分類されます。

対価型セクハラとは、職場における性的な言動に対する労働者の対応により当該労働者が**解雇、配転や労働条件につき不利益を受け**るものであり、他方、**環境型セクハラ**とは、職場における性的な言動により労働者の**就業環境が害される**ものです。

セクハラについては、次ページのとおり、様々なリスクが存在します。①セクハラの予防と②セクハラ発生後の迅速かつ適切な対応が重要です。

セクハラの事実が疑われる場合は、**迅速かつ適切な対応を行い、訴訟に発展しないようにすることが重要**です。訴訟で**使用者責任の免責を得ることは期待できない**ので、敗訴を視野に入れ、迅速かつ適切な対応をする必要があります。

セクハラ対策では、あらかじめ就業規則のセクハラ規定の整備、会社内の体制づくり、研修の実施、マニュアル作成等が大切です。

忘年会のセクハラ行為で使用者責任を認めた裁判例

忘年会は、職場の営業活力を醸成したりあるいは職場における人間関係を円滑なものにするといったことに資するものとして位置付けられ、業務に密接に関連する行為であるから、前記行為は事業の執行につき行われたものと認め、会社に対して、使用者責任に基づく合計852万円の損害賠償責任を肯定した。

(広島セクハラ〈生命保険会社〉事件　広島地判平19.3.13)

●セクハラのリスク●

会社のリスク	従業員のセクハラが強制わいせつ罪（刑法176条）に該当し、従業員が逮捕された場合に、風評被害が発生するリスク
	従業員のセクハラが不法行為（民法709条）に該当し従業員が損害賠償責任を負う場合に、会社が同額の損害賠償責任を負うリスク（使用者責任、民法715条1項）
	従業員によるセクハラ発生について、会社が職場環境配慮義務違反による損害賠償責任を負うリスク（労働契約法5条、民法415条）
	雇用機会均等法上の行政指導、企業名の公表を受けるリスク（雇用機会均等法29条、30条）
使用者責任のリスク	使用者責任 事業のために他人を使用する者（使用者）が、被用者がその事業の執行について第三者に損害を加えた場合にそれを賠償する責任を負うリスク（民法715条1項）
会社代表者、役員、加害者の上司のリスク	代理監督者責任 使用者に代わって事業を監督する者も責任（民法715条1項の使用者責任）を負うリスク（民法715条2項）
	取締役の第三者責任 役員等がその職務を行うについて悪意または重大な過失があったときは、当該役員等は、これによって第三者に生じた損害を賠償する責任を負うリスク（会社法429条1項）

●セクハラの事前の対策のポイント●

1	「セクハラを絶対に許さない」主旨の事業主の方針を明確に示す
2	「セクハラを絶対に許さない」主旨の事業主の方針を周知する
3	セクハラを厳正に処罰することを示す
4	セクハラの放置を処罰することを示す
5	セクハラ相談対応のための窓口を予め定める
6	セクハラ相談に適切に対応する体制を整備する
7	セクハラの事実関係の迅速かつ適切な対応ができる体制を整備する
8	セクハラの事実関係確認後に適切な措置を取れる体制を整備する
9	セクハラの再発防止措置を規定する
10	セクハラに関する不利益取扱の禁止を規定する

22 パワハラのリスクと指導教育との境界線

☑ パワハラの類型とリスクを押さえよう

　パワーハラスメント（パワハラ）とは、「同じ職場で働く者に対して、職務上の地位や人間関係などの職場内の優位性を背景に、業務の適正な範囲を超えて、精神的・身体的苦痛を与える、または職場環境を悪化させる行為」（職場のいじめ・嫌がらせ問題に関する円卓会議W・G報告　平24.1）です。

　前述W・Gは、パワハラの類型を下記のとおり定めています。

●パワハラの6類型●

1	身体的な攻撃	暴行・傷害
2	精神的な攻撃	脅迫・名誉棄損・侮辱・ひどい暴言
3	人間関係からの切り離し	隔離・仲間はずし・無視
4	過大な要求	業務上明らかに不要なことや遂行不可能なことの強制、仕事の妨害
5	過小な要求	業務上の合理性なく、能力や経験とかけ離れた程度の低い仕事を命じることや仕事を与えないこと
6	個の侵害	私的なことに過度に立ち入ること

　セクハラと同様に、従業員のパワハラが不法行為に該当する場合、ほぼ間違いなく会社に使用者責任（民法715条1項）が発生しますので、セクハラと同じくパワハラにおいても**使用者責任のリスクが一番高いリスク**です。

●パワハラのリスク●

1	従業員のパワハラが暴行罪（刑法208条）、傷害罪（刑法210条）等に該当し従業員が逮捕された場合に、風評被害が発生するリスク
2	従業員のパワハラが不法行為（民法709条）に該当し従業員が損害賠償責任を負う場合に、会社が同額の損害賠償責任を負うリスク（使用者責任、民法715条1項）
3	従業員によるパワハラ発生について、会社が職場環境配慮義務違反による損害賠償責任を負うリスク（労契法5条、民法415条）

☑ パワハラ対策と指導教育を厳格に区別する

　パワハラと指導教育の境界線は、「従業員に対する注意、指導として社会通念上許容される範囲」を超えるか否かです。
　パワハラで慰謝料が派生する基準について、ザ・ウィンザー・ホテルインターナショナル事件が参考になります。

> パワハラを行った者とされた者の人間関係、当該行為の動機・目的、時間・場所、態様等を総合考慮のうえ、企業組織もしくは職務上の指揮命令関係にある上司等が、職務を遂行する過程において、部下に対して、**職務上の地位・権限を逸脱・濫用して**、社会通念に照らして**客観的な見地からみて、通常人が許容しうる範囲を著しく超えるような有形・無形の圧力を加える行為**をしたと評価される場合。
> （ザ・ウィンザー・ホテルインターナショナル事件　東京地判平24.3.9）

　パワハラ対策の取組みを始めるにあたっての留意点としては、「職場のパワーハラスメント対策が上司の適正な指導を妨げるものにならないようにするということである。上司は自らの職位・職能に応じて権限を発揮し、上司としての役割を遂行することが求められる」（W・G報告7ページ）との注意喚起がされています。
　パワハラに厳格に対処するだけでは正当な指導教育が委縮し、業務に支障が生じてしまいます。パワハラ防止の目的は、良好な職場環境をつくり業務を円滑に行うためです。過度な指導教育の委縮が原因で業務に支障が生じてしまっては本末転倒です。
　そのため、パワハラ対策では**正当な指導教育が委縮しないための配慮が必要**です。
　たとえば、パワハラの**定義規定を充実**させたり、**管理職研修**を実施したり、パワハラか否かの判断に悩んだときに上司を含めて**誰でも相談できる窓口を置く**こと等が正当な指導教育の委縮防止に効果的です。

23 安全衛生管理体制の整備

✓ 事業場の業種や規模に応じた体制の整備を

「使用者は、労働契約に伴い、**労働者がその生命、身体等の安全を確保しつつ労働することができるよう、必要な配慮をするものとする**」（労働契約法5条）として、使用者には安全配慮義務が課されています。

事業者は、事業場の種類や規模に応じて安全衛生管理体制を整備することが義務付けられています（労働安全衛生法10〜14条）。

また、事業場ごとに、事業者と労働者が**労働災害の防止策などを調査・審議する「安全委員会」**や「衛生委員会」、「安全衛生委員会」の設置の義務があります（同17〜19条）。

このほか、安全衛生の水準向上を図るため、安全管理者や衛生管理者などに安全衛生教育を行うとともに、講習や研修の機会を与える義務があります（同19条の2第1項）。

総括安全衛生管理者	常時100人以上の事業場等で事業の実施を統括管理する者
安全管理者	一定の業種で一定以上の労働者数の事業場で安全面の技術的事項を担当する者
衛生管理者	常時50名以上の事業場で衛生面での技術的事項を管理する者。第1種衛生管理者・第2種衛生管理者等の国家資格が必要
産業医	常時50名以上の事業場で健康管理を行う者。医師免許等の国家資格が必要
安全衛生推進者	一定の業種で常時10人以上50人未満の事業場で安全衛生の業務を担当する者
衛生推進者	その他の業種で常時10人以上50人未満の事業場で衛生の業務を担当する者

✓ 事業場規模別・業種別安全衛生管理組織

事業者は、業種と規模に応じて、必要な管理者、産業医等を選任することが義務付けられています（次ページ参照）。

●安全衛生管理体制のあらまし●

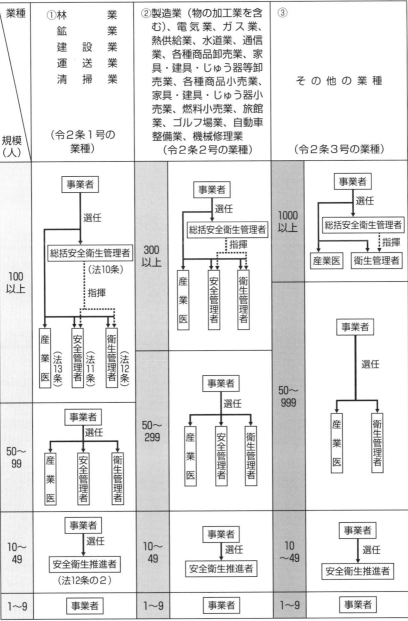

法：労働安全衛生法　令：労働安全衛生法施行令
出所：『安全衛生管理体制のあらまし』

24 メンタルヘルス対策と安全配慮義務

✓ 社員の心と体の健康にも配慮する義務がある

「使用者は、労働契約に伴い、労働者がその生命、身体等の安全を確保しつつ労働することができるよう、必要な配慮をするものとする」（労働契約法5条）と規定されていますが、これは、心と体の健康についても配慮することを求めています。うつ病をはじめとする**精神障害、メンタルヘルスについても会社は安全配慮義務を負担する**ことになります。

✓「精神障害の労災認定基準」と80時間以上の残業

2011年12月に「心理的負荷による精神障害の労災認定基準」が新たに定められました。これによると、「1か月に80時間以上の時間外労働を行った」場合、心理的負荷の強度が「中」となり、3か月平均100時間以上の場合、「強」となります。

労災の認定は、①業務遂行性、②業務起因性の2つの要件を満たすことが必要ですが、**80時間以上の残業があった場合には、極めて高い確率で労災認定される**ことがこの基準から読み取れます。

一方、労働者には「労務提供の義務」があります。**労務提供が不完全な場合、使用者は、労働者の労務提供を拒否することができます。**

労務提供を拒否し、労働契約を解除すると、労働契約法16条に照らして合理性と相当性を欠く場合には権利の濫用として無効となりますので、他の形式で労務提供拒否を考える必要があります。

具体的な**労務提供拒否の方法は、使用者が労働者に対して休職を命じる**ことです。その前提としては、不完全労務提供は休職事由となることを就業規則に規定化していなければなりません。

法的には、休職とは、労働者が使用者に対して申請するだけのものではなく、使用者が労働者に対して命令することができるものなのです。

こうした言い方をすると非情に映りがちですが、これは、会社、当該社員、他の社員にとってもよい方法です。メンタルヘルス不調を放置すると、病気が悪化する可能性があります。休職により体調を万全にして、生産性も万全な状態に回復して働いてもらうことが三方よしなのです。

●精神障害の労災認定基準のうち時間外労働に関するもの●

精神障害の労災認定

平成23年12月に
認定基準を新たに定めました

厚生労働省
都道府県労働局
労働基準監督署

出来事の類型	平均的な心理的負荷の強度			心理的負荷の総合評価の視点	心理的負荷の強度を「弱」「中」「強」と判断する具体例		
	具体的出来事	心理的負荷の強度 Ⅰ Ⅱ Ⅲ			弱	中	強
16 ③仕事の量・質	1か月に80時間以上の時間外労働を行った	★		・業務の困難性 ・長時間労働の継続期間 (注)この項目の「時間外労働」は、すべて休日労働時間を含む	【「弱」になる例】 ・1か月に80時間未満の時間外労働を行った (注)他の項目で評価されない場合のみ評価する	・1か月に80時間以上の時間外労働を行った (注)他の項目で評価されない場合のみ評価する	【「強」になる例】 ・発病直前の連続した2か月間に、1月当たりおおむね120時間以上の時間外労働を行い、その業務内容が通常その程度の労働時間を要するものであった ・発病直前の連続した3か月間に、1月当たりおおむね100時間以上の時間外労働を行い、その業務内容が通常その程度の労働時間を要するものであった

出所：厚生労働省「心理的負荷による精神障害の労災認定基準」（2011年12月）から一部抜粋

25 ストレスチェックと実施の流れ

✓ 労働者が50人以上いる事業所はストレスチェックが義務

　ストレスチェックとは、ストレスに関する質問票（選択回答）に労働者が記入し、それを集計・分析することで、自分のストレスがどのような状態にあるのかを調べる簡単な検査です。

　労働者が50人以上いる事業所では、**毎年１回**、この検査を事業場のすべての**労働者に対して実施する**ことが義務付けられています（安衛法66条の10）。ただし、契約期間が１年未満の労働者や、労働時間が通常の労働者の所定労働時間の４分の３未満の短時間労働者は義務の対象外です。

　ストレスチェックの実施方法ですが、まず質問票を労働者に配って、記入してもらいます。記入後の質問票は、医師などの実施者が回収します。**第三者や人事権を持つ職員が、記入・入力の終わった質問票の内容を閲覧してはいけません。**

　回収した質問票をもとに、医師などの実施者がストレスの程度を評価し、高ストレスで医師の面接指導が必要な者を選びます。結果（ストレスの程度の評価結果、高ストレスか否か、医師の面接指導が必要か否か）は、実施者から直接本人に通知されます。結果は企業には返ってきません。結果を入手するには、結果の通知後、本人の同意が必要です。結果は、医師などの実施者が保存します。

✓ 面接指導の実施と就業上の措置

　ストレスチェック結果で「医師による面接指導が必要」とされた労働者から申出があった場合は、医師に依頼して面接指導を実施します。面接指導を実施した医師から、就業上の措置の必要性の有無とその内容について、意見を聴き、それを踏まえて、労働時間の短縮など必要な措置を実施します。**面接指導の結果は事業所で５年間保存が義務**です。

　なお、ストレスチェック制度においては個人情報保護と不利益取扱いの禁止が定められています。

●ストレスチェックと面接指導の実施に係る流れ●

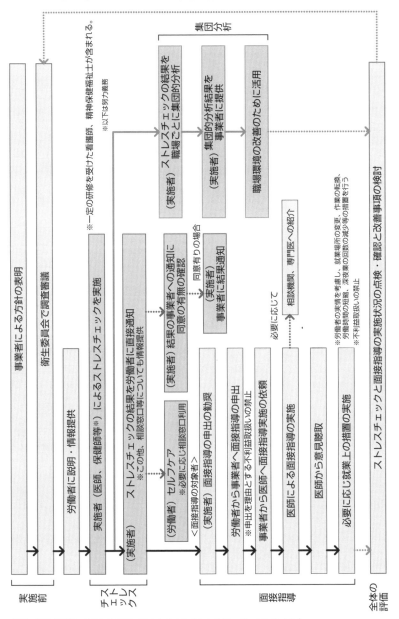

出所：厚生労働省「こころの耳　働く人のメンタルヘルス・ポータルサイト」

26 労働基準監督署への対応
①労働基準監督署の役割

✅ 労働基準監督署の仕組みを知ろう

労働基準監督署は、**厚生労働省の機関**であり、全国に321署あります。

労働基準監督署の内部組織は、労働基準法などの関係法令に関する各種届出の受付や、相談対応、監督指導を行う「方面」(監督課)、機械や設備の設置に係る届出の審査や、職場の安全や健康の確保に関する技術的な指導を行う「安全衛生課」、仕事に関する負傷などに対する労災保険給付などを行う「労災課」、会計処理などを行う「業務課」から構成されています。

✅ 労働基準監督署の部署ごとの主な役割

方面 (監督課)	申告・相談の受付	法定労働条件に関する相談や、勤務先が労働基準法などに違反している事実について行政指導を求める申告の受付をします。
	臨検監督 (監督指導)	労働基準法などの法律に基づいて、定期的にあるいは労働者からの申告などを契機として、事業場に立ち入り、機械・設備や帳簿などを調査して関係労働者の労働条件について確認を行います。 法違反が認められた場合には、事業主などに対し是正勧告を行います。 危険性の高い機械・設備は、その場で使用停止などを命ずる行政処分を行います。
	司法警察事務	事業主などが、度重なる指導にもかかわらず是正を行わない場合など、重大・悪質な事案については、労働基準法などの違反事件として取調べ等の任意捜査や捜索・差押え、逮捕などの強制捜査を行い、検察庁に送検します。
安全衛生課		労働安全衛生法などに基づき、労働者の安全と健康を確保するための措置が講じられるよう事業場への指導を行います。 クレーンなどの機械の検査や建築工事に関する計画届の審査を行うほか、事業場に立ち入り、職場での健康診断の実施状況や有害な化学物質の取扱いに関する措置の確認などを行います。
労災課		労働者災害補償保険法に基づき、労働者の、業務上または通勤による負傷などに対して、被災者や遺族の請求により、関係者からの聴き取り・実地調査・医学的意見の収集などの必要な調査を行い、保険給付を行います。

● 労働基準行政の組織 ●

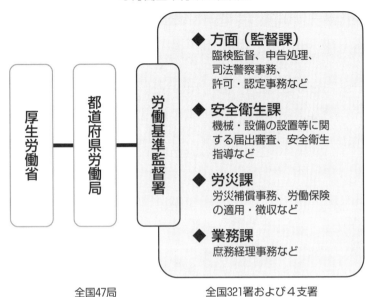

● 労働基準監督の仕組み ●

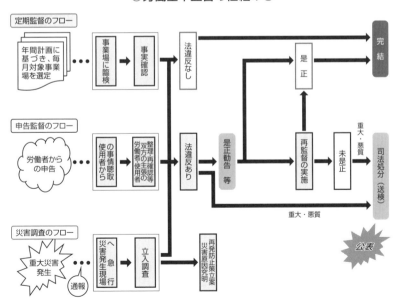

27 労働基準監督署への対応 ②是正勧告

✓是正勧告で指摘されやすい項目と事前対応

厚生労働省「臨検監督の状況」(2011年)において「法違反の内容」として公表された是正勧告における指摘項目をランキングすると以下のとおりです。この項目が**是正勧告で指摘されやすい項目**になります。

	指摘項目	条文	法規制
1	時間外労働を行わせた	労基法32条	1日8時間、週40時間を超えて労働させるためには、36協定を締結し、年1回労基署に届出する義務
2	機械や設備など安全基準を満たしていない	安衛法	機械・設備を思料する際には、労働安全衛生法の基準を満たす義務
3	割増賃金を支払っていない	労基法37条	1日8時間、週40時間を超えた労働に対しては割増賃金の支払いが義務
4	年1回の健康診断を実施していない	安衛法66条	常時使用する労働者に雇入れ時、年1回、一般健康診断を実施する義務
5	就業規則の作成・変更を届け出ていない	労基法89条	常時10人以上の労働者を使用する場合、作成・変更のつど、労基署に就業規則を届け出る義務
6	労働条件を明示していない	労基法15条	雇入れの際には、賃金や労働時間などの労働条件を書面で通知する義務
7	賃金台帳が適切に調整されていない	労基法108条	氏名、性別、賃金計算期間、労働日数、労働時間数、時間外労働時間数、深夜労働時間数、休日労働時間数、基本給や手当などの種類と額、控除の項目と額の10の項目を記載する義務

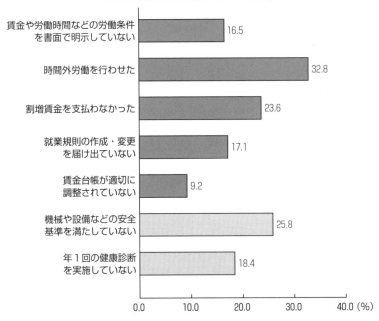

出所:厚生労働省「臨検監督の状況」(2011年)

28 合同労組（ユニオン）への対応
①団体交渉

✓労働組合から団体交渉の申し入れがきたら？

「合同労組」は、「ユニオン」などと呼ばれることもありますが、主に一定地域の中小企業の労働者や非正規社員を企業・産業のかかわりなく合同して組織化された労働組合です。**「企業別労働組合」に加入できない非正規社員やそもそも労働組合のない中小企業の労働者が加入**します。

なお、労働組合の団結権等を保障する憲法28条は、「複数組合主義」を採用しており、組合員の数や方針に関係なく、どの組合にも同等の権利を保障しています。

会社は団体交渉応諾義務、誠実交渉義務を負担しており、労働組合法7条2号は、**正当な理由なしに団体交渉を拒否することを「不当労働行為」として禁止**しています。

万一、会社が団体交渉を拒否すると、労働組合から、労働委員会に対する救済申立（労働組合法27条）や損害賠償請求を受けます。

では、合同労組（ユニオン）の要求をすべて承諾する必要があるのでしょうか。この点について、会社は、労働組合と誠実に交渉することが要求されているに過ぎません。妥協義務、譲歩義務までは要求されていません。**労働組合と誠実に交渉した結果、会社と労働組合が歩み寄ることができず、労働協約の締結に至らなくてもそれはやむを得ないことであり、会社が責任を問われることはありません。**

会社は、労働組合と誠実に交渉する一方、労働組合に対し、堂々と主張していけばよいのです。

また、合同労組（ユニオン）の要求はすべて交渉する必要があるか否かですが、法律上、労働組合が会社に団体交渉を求めた場合に会社が交渉を拒否できない事項を「義務的交渉事項」といい、それ以外を「任意的交渉事項」といいます。

「義務的交渉事項」は、一般的に、**労働者の地位や労働条件に関わる事項、労働組合に関わる事項**（たとえば、団体交渉のルールなど）で、かつ**会社が処分可能な事項**であると考えられています。

たとえば、事業所閉鎖するか否かは、会社の経営権に属する事項ですが、

それに伴い、その工場内の従業員の解雇、配転等が不可欠であり、組合員の労働条件に大きな影響を与えますから、労働者の地位や労働条件に関わる事項として、「義務的交渉事項」に該当します。

☑団体交渉にあたってどのような準備が必要か？

団体交渉にあたっては、まず**合同労組（ユニオン）宛に時間猶予の書面を送付**しましょう。会社の準備期間がどの程度かかるか把握できない場合は、「慎重に検討したいので、しばらくご猶予ください」と記載して、猶予期限等を明示しないほうが無難でしょう。

その間、会社は、事実関係や証拠資料の整理のほか、団交を申入れてきた合同労組（ユニオン）の**情報収集**を行います。

当該合同労組（ユニオン）のホームページがないか調べましょう。ホームページから、当該合同労組（ユニオン）の活動状況、組合の方針、構成員、上部団体がわかるかもしれません。どのような事件を担当してきたのか、その事件に対してどのような組合活動を行ってきたか、組合および執行委員の傾向、上部団体およびその性格等が分かれば、その組合が強硬路線か、労使協調路線かがわかり、事件の解決点を見つけるヒントになります。

団体交渉要求書に記載されている執行委員長、執行員の名前を検索キーワードとしてネット検索してみましょう。彼らの執筆した書籍が見つかれば、その書籍の内容から、彼らの性格、傾向がわかります。

〈原則として施設内の組合活動は許されないとした裁判例〉
　労働組合による企業施設の利用は本来使用者との団体交渉による合意に基づいて行われるべきであって、利用の必要性の大なるゆえに組合が利用権限を取得したり、使用者が受忍義務を負ったりすることはなく、労働組合が使用者の許諾を得ないで、企業施設で組合活動を行うことは、その利用を許されないことが使用者の施設管理権の濫用と認められる特段の事情が無い限り正当性を有さない。

（国鉄札幌運転区事件　最判昭54.10.30）

29 合同労組(ユニオン)への対応
②団体交渉の場所・出席者

✓ 団体交渉の場所・出席者、ビラ配りは合法?

団体交渉を行う場所ですが、利用時間の制限等のない、**会社や労働組合の事務所内の会議室は避けたほうがよい**でしょう。時間無制限で団体交渉に付き合わされる可能性があります。

商工会議所内の会議室など公共の会議室であれば、利用時間がありますので、労使ともに利用時間を意識して、議論の整理ができやすくなります。

次に、団体交渉の出席者についてですが、**社長は出席しないほうが無難**です。出席するとその場で最終回答を求められて、一呼吸を置くことができなくなります。

もちろん、誠実交渉義務に違反しないようにしなければなりませんが、会社代表者が欠席することが直ちに誠実交渉義務に違反するわけではありません。

会社の交渉担当者が伝書鳩しかいないという状態では誠実交渉義務違反の問題も生じますが、労働組合の要求や主張に対して、必要に応じて回答、論拠、資料等を提示すればよいのです。

なお、社会保険労務士(以下、社労士といいます)や弁護士を同席させることも可能です。できれば1回目の団体交渉は、弁護士が代理人、社労士が賛助人として出席し、ある程度論点整理したり、社長が次回以降に団体交渉に出席しても責め立てられないように環境整備することがよいでしょう。

説明補助者として人事部長などの労務担当者と記録担当者の同席もあったほうがよいです。整理すると、**会社側から5人の参加者**(会社の人事部長、労務担当者、記録担当者、弁護士、社労士)です。

相手方の人数も5名程度の同数で行うことを事前に申し入れすることが重要です。数十人の参加の場合、不規則発言が行われて議事が進行しない場合が想定されます。

✓ 就業時間中・施設内のビラ配りは許されるか?

ビラ配布などの組合活動は憲法28条の**団体行動権として保障**されていま

す。正当な組合活動は、これを理由とする懲戒処分等は公序良俗に反して無効となりますし、これを理由とする不利益取扱いは不当労働行為として禁止されています（労働組合法7条1号、3号、27条以下）。

また、威力業務妨害罪に当たる行為も正当な組合活動であれば、刑事免責（同法1条2項）および民事免責（同法8条）が認められています。

労働時間中に組合活動を行うことは、原則として許されません。組合員も労働契約上の労働義務を負担するからです。

もちろん、労働時間中の組合活動が例外的に許されることもあります。①労働協約や慣行によって組合活動が許容されている場合、②使用者が許諾している場合、③組合活動が労働義務の履行と矛盾なく両立する場合の3つです。

ビラ配布は、原則として施設内の組合活動は許されず、特段の事情があれば例外的に許されるとされています。

ビラの内容が会社や社長の名誉・信用を毀損するような場合、組合活動権の濫用であり、憲法28条の保障は及びません。

〈会社の敷地以外の場所でのビラ配りに対する懲戒処分を無効とした裁判例〉
「会社の作業秩序や職場秩序が乱されるおそれのない場所であった」から、「ビラ配布行為は・・・施設管理権を不当に侵害するものでない」として、懲戒処分を無効とした。

（住友化学工業事件　最判昭54.12.14）

〈配布したビラが会社を中傷誹謗するものとしてけん責処分を有効とした裁判例〉
「従業員の配布したビラの内容が全体として会社を中傷誹謗するもので、ビラの配布により企業秩序が乱され、またはそのおそれがあつたときは、ビラの配布は、就業時間外、職場外において職務遂行に関係なく行われたものであつても、就業規則所定の懲戒事由「特に不都合な行為をしたとき」にあたるとして、けん責処分を有効とした。

（関西電力事件　最判昭58.9.8）

30 合同労組（ユニオン）への対応
③労働協約の締結

✓労働協約締結の注意点

　労働協約とは、労使間で行われた団体交渉の成果について書面をもって締結される協定ですが、書面化しないとその効力が発生しません。

　労働組合法14条は、「労働組合と使用者又はその団体との間の労働条件その他に関する労働協約は、**書面に作成し、両当事者が署名し、または記名押印**することによってその効力を生ずる」と定めており、書面化を要求しています。

　労働協約が成立することにより、その労働協約に定められたルールが、会社と個々の組合員との労働契約のルールとなり（規範的効力、労働組合法15条）、しかも、就業規則に優先するルールとなります（労働基準法92条1項、労働契約法13条）

　労働組合と一定の合意に達した場合、合理的な理由もなく協定書の作成を拒むと、不当労働行為になり、労働組合から、労働委員会に対する救済申立（労働組合法27条）や損害賠償請求を受ける場合があります。

　労働組合が個々の組合員の意思に反して勝手に決定することはできません。これらのことを労働協約に定めるためには個々の組合員からの個別の授権が必要となります。

　後日、組合員から、「あれは組合が勝手に協定したもので、自分は承諾していないから無効だ」などと言われないように、労働協約を締結するに当たっては、会社、組合、組合員個人の3者の署名、捺印を備えるようにしましょう。

　また、類似の要求が組合員以外の労働者からなされることの予防のために**守秘義務条項**を盛り込みましょう。

　金銭による和解があった場合には、再度金銭要求がないように、**清算条項**を盛り込み、会社と組合、組合員間が後日、名目のいかんを問わず金銭の請求ができないように定めましょう。

協　定　書

　株式会社ライスケーキムーンを甲、合同労組カブキチヨウを乙、木山　久を丙とし、甲と丙の労働契約に関する紛争（以下、「本件紛争」という。）について、以下のとおり合意した（以下、「本協定書」という）。
（労働契約の終了）
第1条　甲、乙および丙は、甲乙間の労働契約が○○年○月○日（以下、「退職日」という）限りで、同日、丙が甲を退職したことを確認する。
（解決金）
第2条　甲は、乙に対し、本件紛争の解決金として金○○万円を、○○年○月○日限り、乙の指定する○○銀行○○支店の「○○」名義の普通預金口座（口座番号○○○○○○○）に振り込む方法で支払う。なお、振込手数料は甲の負担とする。
（誠実義務）
第3条　1．乙および丙は、甲の営業活動に不利益となる言動を行わない。
　　　　2．甲は、丙の再就職活動に不利益となる言動を行わない。
（守秘義務）
第4条　甲、乙および丙は、本協定書の存在およびその内容を一切開示または漏洩しないことを誓約する。
（清算条項）
第5条　甲、乙および丙は、甲（甲の役員、従業員、株主を含む、以下同じ）乙間、甲丙間において、何らの債権債務が存在しないことを相互に確認する。
　以上の合意が成立したので、これを証するため、本合意書を3通作成し、甲、乙および丙がそれぞれ署名捺印のうえ、各自が1通ずつ所持することとする。

　　　　　　　　　　　　　　　　　　　　　　　　　○○年○月○日

　　　　　　（甲）東京都杉並区中央1-1-1
　　　　　　　　　株式会社ライスケーキムーン
　　　　　　　　　代表取締役　ジョニー・D・ケン　　　印
　　　　　　（乙）東京都新宿区歌舞伎町1-1-1
　　　　　　　　　合同労働組合カブキチヨウ
　　　　　　　　　執行委員長　紐野　緒常　　　　　　印
　　　　　　（丙）東京都渋谷区初台1-1-1
　　　　　　　　　木山　久　　　　　　　　　　　　　印

法的リスクも覚悟の労務管理

あなたなら、どうする？
　あなたが下記の相談を受けたら、どのように回答しますか。
Aが部下のB子に無理やり抱きつき、キスしました。妻子持ちのAは仕事を理由にB子を夜の食事に誘っていました。AはB子をホテルにも誘っていましたが、B子はAを振り払って帰りました。B子は「Aの行為は絶対に許せず、Aに対して解雇以外は絶対に納得いかない。解雇以外の処分だったら会社を訴えます」と言っています。Aを解雇すべきでしょうか？

　法的な観点でリスクは次のとおりです。
①Aを解雇する（B子の希望を叶える）
　Aが「不当解雇である」として会社を訴えた場合、非常に高い確率で会社は負けるでしょう。損害賠償額は、一般的に高額になるでしょう。
②Aを解雇しない（B子の希望を叶えない。希望は解雇だけと仮定）
　B子が会社をAのB子に対するセクハラの安全配慮義務違反で会社を訴えた場合、会社は一応負けるでしょう。しかし、損害賠償額は、一般的に不当解雇よりは低い金額になるでしょう。
　ここで筆者はあえて①という回答をしたいのです。
　もちろん、解雇より軽い懲戒処分、その他の退職勧奨や配置転換、出向、様々な現実的な提案の回答は当然です。そうではなく、究極の選択を行わなくてはならないときに、法的なリスクが高くても、あえてそのリスクを冒さなくてはならないときがあるということをいいたいのです。

卑怯者を許す組織や人間になりたいか？
　もし、あなたが経営者だとしたら、仕事を理由に性的関係を迫る卑怯者を許す社長でいたいですか？　社員であれば、そんな職場で働きたいですか？　負けるとわかっていても戦う社長でいたいと思いませんか？　盗人に追い銭的に負けた損害賠償金も会社のみんなでまた稼げばいいんじゃないですか？
　もちろん、意思決定をするのは経営者です。法的リスクを勘案して合理的判断を行うなら、②という意思決定でしょう。
　しかし、ときには「①Aを解雇する（B子の希望を叶える）」のような意思決定も必要でしょう。労務管理は、法的なリスクを覚悟でやらなければいけないときがあると思います。

（堀下和紀）

31 助成金　①助成金の基礎知識

✓あまり活用されていない助成金制度

「助成金」とは、主に厚生労働省が管轄している**返済不要の企業への支援金**のことです。

なぜ返済不要かというと、会社が支払っている雇用保険料の一部が財源となっているためです。

雇用保険を支払っている会社ならば個人事業主や法人関係なく、従業員規模も関係なく各助成金の要件に該当すれば助成金の申請をすることができます。

銀行の融資は返済義務が当然生じ、利子も発生しますが、助成金は返済不要であるため利子もつきません。

また、「助成金」と「補助金」はよく間違われます。**助成金は要件を満たせば原則受給**できます。一方、補助金は要件を満たしていたとしても必ず受給できるというわけではなく、コンペ方式で採択された会社のみが受給できるもので努力が報われるとは限りません。

また、助成金は使い道が自由であり、報告義務はありません。補助金は、事業計画どおりに使用しなければなりませんし、報告義務も生じます。

助成金は、雇用保険を支払っている会社なら活用する資格はあるのですが、しかし多くの会社では活用されていません。それには3つの理由があります。

①助成金そのものの存在を知らない

助成金は、採用や教育訓練等に関するものなど多くの種類がありますが、国や自治体から積極的に助成金の案内はしていないため会社は存在自体を知りません。

②助成金は申請しない限り受給できない

助成金を受給するためには条件を満たしているかどうか会社自身で判断したうえで、申請機関窓口に申請をしなければなりません（申請主義）。つまり要件を満たしていたとしても申請しない限りは受給できません。

③煩雑な手続き

　助成金を申請するためには申請書類や添付書類の準備、申請した後には役所とのやり取り等が発生します。これは会社の本業とは別であるため手間と時間がかかります。そのため要件に該当したとしても断念する会社があります。

●助成金とは何か●

- 返済不要の支援金
- 雇用保険が財源（会社と従業員の雇用保険料は折半ではなく、助成金の財源分会社が多く支払っている）
- 個人法人関係なし、事業規模関係なし（雇用保険を支払っている会社であるため、個人事業主、株式会社、NPO法人、一般社団法人など法人の形態に関係なく受給できる）

	助成金	補助金	融資
返済	なし 不正受給の場合は返済あり	なし 不正受給の場合は返済あり	あり （利子も加算）
条件	条件満たすと100%受給	コンペ方式のため100%受給できるとは限らない	業務成績や信用による
使用用途	自由	事業計画どおりに使用	融資内容により使用目的が限られる
報告義務	なし	あり	あり
税金対象	対象	対象	──

助成金が利用できていない理由
① 助成金そのものの存在を知らない
② 助成金は申請しない限り受給できない
③ 煩雑な手続き

助成金を活用している会社は少ない

✅助成金の会計処理について

　助成金を受給した場合の金額はそのままの会社の利益になります。この助成金は営業外収益の「雑収入」に該当します。では、いつのタイミングで会計処理されるかというと、助成金の入金された日ではなく「**助成金の支給決定がされた日**」になります。

　たとえば100万円の助成金の支給が決定された場合は支給決定通知日に未収入金として処理します。

（借）未収入金　　100万円	（貸）雑収入　　100万円

　実際に助成金が入金された日に入金処理を行います。

（借）現金預金　　100万円	（貸）未収入金　　100万円

　助成金を決定された日と助成金の入金された日が同じ会計年度にない場合には入金されるまでは未収入金として計上しているため決算を行う場合には気を付けなければなりません。

✅助成金は不支給になっても不服申立てできない

　行政処分について不服がある場合には行政不服審査法に基づいて不服申立てができます。

> 【参考条文】行政不服審査法
> 第3条（不服申立ての種類）
> 1　この法律による不服申立ては、行政庁の処分又は不作為について行うものにあつては審査請求又は異議申立てとし、審査請求の裁決を経た後さらに行うものにあつては再審査請求とする。
> 2　以下略

　では助成金について不支給または支給の取消がなされた場合に役所に対して行政不服審査法に基づく不服申立ての制度が使えるのでしょうか？

　助成金については支給要件に合致して初めて支給するものであるため行政不服申立て、審査請求を行うことはできません。つまり助成金が不支給で納得がいかないといって不服申立てをして支給してもらうように訴えることはできないということです。

　不支給になったからといって助成金申請のために新たに導入した制度等をなかったことにすることはできないため、慎重に制度を理解して助成金の申請をしなければなりません。

32 助成金 ②助成金の目的

☑業績を伸ばしている会社は助成金をうまく活用する

　助成金は受給すると会計上「営業外収益」となり、**会社にとってはキャッシュイン**となります。仮に営業利益率10％の会社で助成金を50万円受給できた場合には500万円の売上に相当します。

　また、助成金は国の施策に沿った会社に対して支給されます。そのため助成金を受給するということは**国の施策に協力した素晴らしい会社**だと国**から太鼓判を押してもらった**ということになります。

　助成金は会社にとってキャッシュインであり、その使い道は自由です。だからこそ、助成金はその「使い道」が重要となります。

　前述のとおり、助成金は営業外収益の一部となるため課税の対象となります。したがって助成金を受給するだけでなく、その使い道も考えて受給しなければなりません。

　業績を伸ばしている会社は、**積極的な教育投資や「従業員の福利厚生」のために助成金をうまく活用**しています。

　福利厚生として社員旅行や従業員の賞与など従業員のために助成金を活用している会社は、従業員のことを大切にしているよい会社だといえます。

　また、従業員にとっても福利厚生のしっかりしている会社であり、しかも自分の勤務成績を反映した人事評価のある会社であると感じると、やる気（モチベーション）がアップして結果として売上アップにつながります。

　売上が上がると新しい採用につながります。新しい採用をすることにより、また新たな助成金を申請することもでき、その受給できた助成金をさらにまた従業員の福利厚生にあてることができます。

　このように助成金をうまく活用している会社は好循環の正のスパイラル状態に入りどんどん活性化していきます。

　つまり、助成金はお金をいただくということが目的ではなく、**会社の発展のために活用することが本来の目的**だといえます。

　しかし、助成金を取るためだけの会社も少なくないのも事実です。そのような会社は「助成金ありき」で採用や経営を考えるため、助成金頼みの会社経営になり、本業では会社が立ち行かない状況になっています。

助成金は、「**生きた使い道**」をするのが本来の目的であることを理解してください。

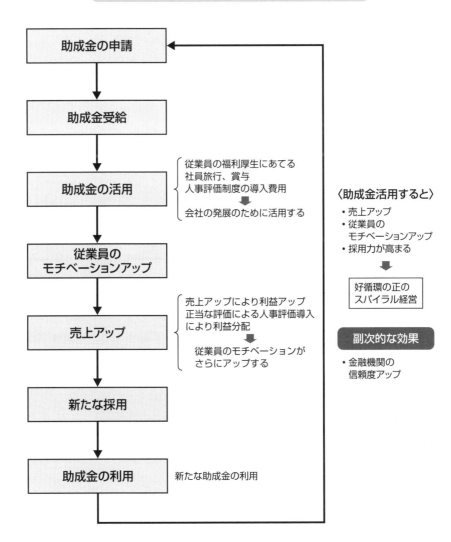

助成金　③助成金と労務管理

✅受給するためには労務管理が必須

　助成金を受給するうえでは「法令遵守」が絶対要件になります。
　助成金の審査窓口である都道府県の管轄の労働局等では、助成金の申請書類の他に①タイムカード（もしくは出勤簿）、②労働契約書（もしくは労働条件通知書）、③賃金台帳（もしくは給与明細）などの添付資料を確認します。
　この添付資料を見ることにより、従業員が労働契約書どおりの勤務形態になっているかどうか、適法に割増賃金が計算されているかどうかなどの「正しい労務管理」が行われているかを確認します。

✅申請漏れを防ぐためのスケジューリングを

　申請にあたっては「スケジュール管理」も重要になります。
　まず、助成金ごとに申請を開始する日（これを「起算日」と呼びます）と助成金の支給申請可能期間の最終日（これを「締切日」と呼びます）が異なります。**起算日を間違えてしまうと締切日も当然変わってくるため**助成金の申請期間を誤ってしまい助成金の申請に間に合わなくなるおそれがありますから注意してください。
　また、助成金には厳格なルールがあり、**1日でも助成金の支給申請が遅れると助成金を受給することができません。**したがって助成金の申請をするときには起算日がいつからなのか締切日がいつまでなのか常に把握しておく必要があります。
　前項で解説したとおり、助成金は国の施策に沿った経営をしている会社に対して支給されます。対象の助成金ができる前にその対象の制度を導入している会社は、本来ならば素晴らしい会社なのですが、それでは助成金は受給できないルールになっています。
　助成金の対象となる制度をいつ導入しているかを確認するための書類として「就業規則」があります。
　助成金の計画書の認定を経て、対象制度を定めた就業規則を労働基準監督署に届出します。**計画書の認定前に就業規則を変更するとその制度を導**

入する前にすでに制度が存在していたこととなり申請ができなくなるので注意してください。

このようにして、助成金を申請するためには、計画段階から支給申請までのスケジュールを組んで「申請忘れ」などがないようにすることが重要です。

●助成金のスケジューリング●

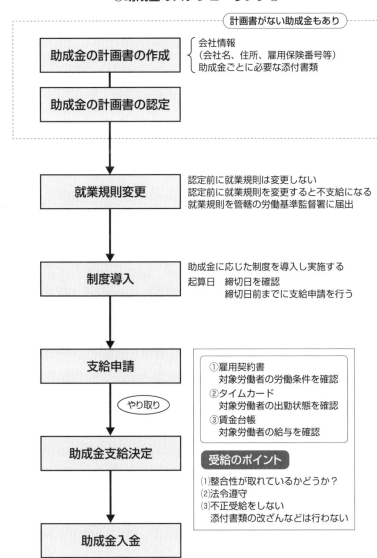

34 助成金 ④申請の仕方

✓ 助成金は法令遵守が大事

助成金は「**法令遵守**」が**絶対条件**になります。そのため未払い賃金や長時間労働を行っている、いわゆる**ブラック企業は助成金を申請できません**。「正しい労務管理」ができているかどうか助成金の添付資料（労働契約書、タイムカード、賃金台帳等）で確認します。未払い賃金が発生した場合、それが改善されるまで助成金は受給できません。

助成金の目的は、「雇用の創出と維持」になります。そのため解雇や退職勧奨をしてしまった場合には、助成金の趣旨に反することになるため解雇等をした日から6か月間はペナルティとして助成金の計画書の提出も支給申請もすることができません。

✓ 不正受給は絶対にしない

助成金はそのままキャッシュインとなり、会社にとっては魅力的なお金になります。したがって、どうしても助成金がほしいと思って不正に申請して助成金を受給しようとする会社も少なくありません。

偽りその他不正の行為により、もともと存在しなかった書類や実態と異なる書類を作成して本来受けることのできない助成金を受けようとすることは、助成金を受給できなくても申請するだけで「不正受給」になります。

不正受給が横行するため2019年4月からは不正受給対策が強化されました。不正受給が明らかになった会社には、不支給決定を行い、すでに助成金が支給された場合は返還（さらに返還までの利息と不正受給額の20％の違約金が加算されます）を求めるとともに不正受給の後5年間は雇用保険料を財源とする助成金の申請ができなくなります。

また不正受給を行った事業主の役員等（不正受給に関与した者に限ります）が他の事業主の役員等になっていた場合は、当該他の事業主に対しても5年間助成金を支給できないことにしました。

他にも過去5年以内に不正に関与した社会保険労務士または代理人より申請された場合は支給対象外、過去5年以内に不正に関与した職業訓練実施者により訓練を実施された場合は支給対象外となりました。これは不正

をした会社だけでなく、不正に加担した関係者全員に連帯責任を取らせて不正受給できないように強化したためです。

特に**悪質の場合は詐欺罪として告訴**されることになります（刑法246条）。さらに各都道府県の**労働局のサイトに事業主の名称（会社名）等の公表**があります。不正受給をした会社は、取引先、金融機関、従業員等からの信用を失うため、取引停止や最悪の場合は倒産などの社会的制裁が待っています。

受給後の聞き取り調査や従業員等のタレコミ等で不正受給は必ず露見します。安易な気持ちで不正受給することは絶対にやめてください。

【参考条文】刑法
第二百四十六条　人を欺いて財物を交付させた者は、十年以下の懲役に処する
2　前項の方法により、財産上不法の利益を得　又は他人にこれを得させた者も、同項と同様とする

●不正受給●

〈不正受給の例〉
①架空の会社や架空の従業員を利用しての申請
②添付書類の偽造
③訓練したことにして実際には訓練せずに申請

不正受給すると……

①労働局のサイトで公表
　（事業主の名称、代表者氏名、事業所の名称、所在地概要、不正受給の金額、内容）
②受給された助成金の返還、返還までの利息と不正受給額の20％の違約金が加算
③不正受給の後5年間は雇用保険を財源とする助成金の申請ができなくなる
④悪質の場合は詐欺罪（刑法246条）として告訴される

さらに社会的制裁が待っている

- 地元新聞に不正受給会社として掲載される
- 労働局からブラックリストに載ってしまう
- 取引先、金融機関、従業員等からの信用を失い取引停止や最悪の場合には倒産になる

 不正受給は絶対にやめよう

- 受給後の聞き取り調査や従業員のタレコミにより不正受給は必ず露見する

35 助成金 ⑤受給に向けた対策

✅ 日ごろからの労務管理が受給への近道になる

助成金は国の予算が決まっているので、**申請件数が多いと年度の途中で申請打ち切りになります**。

助成金は会社が普段から保管しておくべき書類を添付することが多いため、日ごろから労務管理をしっかり行っていれば、申請のチャンスを逃すことが少なくなります。

また、国の施策に賛同して制度を導入した会社は助成金が受給できます。したがって、助成金を受給したいためだけに無理に制度導入したとしても、受給自体はできてしまいます。しかし、その後の制度はずっと運用しなければならないことを忘れてはいけません。

助成金は無理に受給しようとするものではなく、会社経営していくうえで有効な助成金があれば受給して活用していこうという「副次的なもの(正しい経営していた会社にとってのご褒美的なもの)」として考えるのが健全です。

助成金ありきで経営していくと必ず失敗します。つまり、助成金の受給テクニックというものはなく、日ごろからの労務管理、そして**会社をもっとよくしていきたい**という経営者や組織の思いが大切なのです。

✅ 社会保険労務士を活用するのも一案

助成金は不正受給を防ぐため、多くの申請書類を書いたり、また添付書類の準備をしたりすることが必要です。

会社は助成金を取ることが仕事ではなく、本業の合間を見て助成金の申請をしなければなりません。そのため、どうしても助成金の申請作業は後回しになってしまいます。

せっかく助成金を受ける要件を満たしていても、助成金の申請書類の書き方がわからなかったり、申請期間に間に合わなくなったりとチャンスを逃してしまうことも少なくありません。

このような場合、**社会保険労務士を活用する**手もあります。助成金は会社自身で申請することもできますが、社会保険労務士は、厚生労働省管轄

の助成金の申請代行ができる「唯一の資格」だからです。

　会社にとっては一度の助成金の申請でも経験豊富な社会保険労務士は多くの助成金の申請を経験しているため、スケジュール管理や助成金の申請書類の書き方の細かいところまで熟知しています。

　助成金は、うまく活用すれば業績アップにもつながります。助成金を無理なく受給していくためには、経験豊富な社会保険労務士を活用するほうが確実です。

◉**助成金の受給をするために**◉

・助成金は会社内にある書類を利用

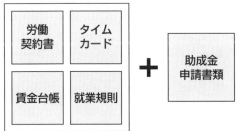

労務管理のできていない会社は助成金を受給するためのスタートラインに立ってない状態

日ごろから労務管理をしている会社には助成金のチャンスがある
助成金をうまく活用するために社会保険労務士に依頼することも可能

社会保険労務士に依頼するメリット

①煩雑な助成金の申請書類を作成してくれる
②助成金のスケジュール管理をしてくれる
③助成金の申請や役所との折衝をしてくれる

助成金専門の社労士に依頼するのが一番
①毎年４月に改正があるため助成金に詳しくないとできない
②助成金の申請には経験が必要、不慣れな社会保険労務士が
　申請すると他にも受給できる助成金を受給しそこなうおそれがある

「助成金受給」が主目的ではいけない

間違いやすい雇用関係助成金の本質

　弊社では、今まで助成金の申請を数多く行ってきましたが、時に「助成金の本質を理解していない経営者が少なくない」と感じることもあります。

　助成金は出て当たり前と考えているのか、「いつ出るのか」という催促する人、会社都合で従業員を解雇しているのにもかかわらず、「それが原因で助成金が不支給になるなんて」と怒りをこちらにぶつけてくる人……。

　助成金は、労務管理が普段からしっかりしていさえすれば、賃金台帳やタイムカードなど必要な書類を用意するだけで申請できるものがほとんどです。助成金を催促したり、不支給となったことに怒りをあらわにする会社に限って、労務管理がしっかりしていないことが少なくないのかもしれません。

　昨今は従業員から、「この会社で働けてよかった」と言ってもらえる「良い会社」でないと、採用も雇用の維持も難しくなっています。

　「良い会社」は離職率が低く、生産性も高いやる気のある従業員が集まります。結果として会社の売上も上がります。こうした「良い会社」が助成金を受給することは決して難しくなく、その助成金を従業員のために活用し、さらに「良い会社」なっていく好循環が生まれます。

助成金受給ではなく、「良い会社」になることが本質

　以前の私は助成金の申請手続きをお手伝いすることがよくありましたが、今は積極的に提案をしていません。その代わり、「助成金の受給が目的ですか？ それとも『良い会社』になることが目的ですか？」と尋ねるようになりました。助成金受給に固執するあまり、それが足かせになる会社もあるからです。

　たとえば、助成金を受給したいがために、あえて正社員以外で採用して一定期間後に正社員転換をしているケースが散見されますが、仮に助成金がなかった場合、このスタイルが会社にとって本当にベストな方法なのでしょうか？

　採用難の今だからこそ経営者が本気になり、良い人材を当初から正社員として採用したほうが、目先の助成金よりも優先すべきことではないでしょうか。

　「良い会社」にしていくために、試行錯誤しながら制度づくりなどをするなかで、たまたま関係する助成金を受給することができた──。それが本来の助成金の在り方です。そして、助成金を従業員に還元することが、より「良い会社」づくりの一助となるでしょう。

（岩本浩一）

4章

採用業務の基本を押さえよう

なぜ採用が大切なのか

✓ 採用戦略で企業の将来が決まる

　成長し続けている企業は、従業員の採用に積極的です。なぜなら、優秀な従業員が増えることで、企業は利益を上げ続けることができるからです。
　一方、従業員を雇用していれば、当然に人件費が発生します。
　人件費は計画的な「投資」です。企業が従業員を採用せずに、人件費と同額を銀行預金に預け入れしても、大した利息を得ることはできません。
　賃貸不動産を購入しても、利回りは数パーセントから10％程度です。しかし、優秀な従業員に投資すれば、投資した人件費を何倍にもして企業に利益として還元してくれます。
　たとえば、必ずノルマを達成する営業マンを採用すれば、売上が上がり続けます。生産性をアップさせるための機械化やＩＴの開発・導入なども、優秀な従業員を採用することができて初めて実現できます。
　だからこそ会社は、**計画的に、自社に利益をもたらしてくれる人材を採用することが大切**なのです。

✓ 採用のミスマッチは企業の利益を大きく削る

　企業にとって質の悪い従業員を採用することを、「採用のミスマッチ」や「雇用のミスマッチ」といいます。このような状況は、妥協による採用により、不本意ながら企業のニーズを満たさない従業員を雇用した場合に発生します。
　当然のことながら、この従業員は、企業に利益をもたらしてはくれません。能力が低い従業員であれば、教育コストが発生します。仕事をサボる従業員には、管理コストが発生してきます。このように、この従業員の籍が企業にある限り、人件費が「コスト」となってのしかかってきます。
　さらに、従業員を一度採用してしまうと、客観的・合理的で社会通念上相当な理由がなければ給与の減額や解雇をすることができません。
　すなわち、**ミスマッチを起こさないように採用計画を立てる**ところから採用活動がスタートするのです。

【ワーク】採用に係る費用を計算してみましょう

- 求人担当者人件費　　　　　　　[　　　　　]円
  ※給料×投入時間×人数＋社会保険料

- 求人広告作成費用　　　　　　　[　　　　　]円
  ※打合せ時間、求人ＨＰ作成費用、求人誌掲載費用など

- 採用した従業員の給料　　　　　[　　　　　]円
  ※月給×雇用月数＋賞与

- 採用した従業員の社会保険料　　[　　　　　]円
  ※労災保険料＋雇用保険料＋社会保険料

- 教育費用　　　　　　　　　　　[　　　　　]円
  ※研修費用、教育担当者の人件費

- 採用した従業員の福利厚生費　　[　　　　　]円
  ※社宅、食事、歓送迎会など

ミスマッチ人材を定年まで雇用したらいくらの損失になる？

【前提】　22歳入社　65歳定年　平均月給　30万円
　　　　社会保険料および福利厚生費を月給の20％

30万円×12か月×43年×1.2＝１億8576万円

2 求める人材像を明確化する方法

☑貴社にとって「優秀な人材」とは？

　貴社で「優秀な人材」と呼ばれている人はどのような人でしょうか。

　たとえば、高学歴な人でしょうか。1を聞いて10わかる人でしょうか。素直な人でしょうか。勉強好きな人でしょうか。「優秀な人材」の定義は、企業や採用担当者によっても十人十色です。

　「優秀な人材」とは、企業理念を実現するために活躍できる人材のことです。もし「優秀な人材」の定義を明確にしておかなければ、採用担当者によって、選考段階からバラツキが出てしまいます。バラツキが出るということは、一定数の、貴社で活躍しない、または活躍できない人を採用してしまう結果に繋がります。

　特に有効求人倍率が高くなればなるほど、「優秀な人材」を採用することよりも、採用数を確保するために「入社してくれる人材」に内定を出す傾向が強くなります。このような傾向は、**採用のミスマッチ**を引き起こし、結果として企業の損失を増加させてしまいます。

　「優秀な人材」を明確化する方法は、企業理念から導きます。まだ企業理念が明確になっていないのであれば、企業理念を明確化することから始めてください。

　まずは、**企業理念に基づき、自社の従業員に必要な資質を箇条書き**してみます。具体的には、価値観、性格、思考、判断基準、行動パターン、知的レベルなどが考えられます。必要な資質のルール決めに関しては、企業が任意に決めることができます。一切の不正解はありません。何でもよいので、思いつくままに書き出してください。

　ところが、それらの資質をすべて満たす人が応募してくる可能性は、非常に低いでしょう。よって、すべての資質のなかから、**絶対に譲れない上位3つの項目**のみ選び出します。

　次いで、**妥協できる項目**も整理しておくと選考の際に迷いがなくなります。

　最後に、これがあったら絶対に採用をしないという**不採用確定のための資質**まで選択することが、「優秀な人材」を明確化するコツです。

【ワーク】求める人材を明確にしてみましょう

1. 企業理念の明確化

   ┌───┐
   │   │
   │   │
   │   │
   └───┘

2. 従業員に求める資質（価値観・性格・思考・判断基準・行動など）

   ┌───┐
   │   │
   │   │
   │   │
   └───┘

3. 上記の資質から選択

   ①絶対に譲れない３つの資質

   ┌───┐
   │ ⅰ   │
   │ ⅱ   │
   │ ⅲ   │
   └───┘

   ②妥協できるポイント

   ┌───┐
   │   │
   │   │
   └───┘

   ③不採用決定ポイント

   ┌───┐
   │   │
   │   │
   └───┘

4. 外形的な条件

   ①学歴　…………　_____

   ②年齢　…………　_____

   ③資格・免許　…　_____

   ④実務経験　……　_____

3 事業運営に必要な労働力の調達形態

✓ 社内の労働力と社外の労働力

　事業運営に必要な労働力の調達形態は、大きく2つに分かれます。社内労働力を活用する形態と社外の労働力を活用する形態です。

　一般的に、労働力を確保しようとする場合には、社内の各部署における従業員の能力バランス等を検討し、**人事異動**や**配置転換**を行います。

　しかし、現在抱えている従業員だけではマンパワーが足りない状況であれば、採用によりマンパワーを増加させる必要が出てきます。

　採用とは、社内に労働力を抱えるということです。労働基準法をはじめ労働関係法令を遵守したうえで、**直接雇用**し、自社の従業員とすることです。

　直接雇用は、高校や大学の卒業直後に雇用する新卒採用とそれ以外の中途採用に分かれます。

　また、雇用形態では、正社員、外国人技能実習生を含む契約社員、パートタイマー、アルバイト、嘱託などに分類されます。ちなみに、これらの分類の呼称は法律によって明確にされていないために、企業によって様々な呼称が使われています。

　今後は、ダイバーシティ（多様な働き方）の推進により、より多くの契約形態が生み出され、呼称も多様化していくと予想されます。

　一方、従業員として直接雇用せずに、業務遂行上必要な労働量や業務の専門性に応じて様々な契約を締結することにより外部に依存することも可能です。主に次の4つの契約が活用されています。

　1つ目は、労働量調整のための、**人材派遣**の受入れです。

　2つ目は、自社ではコストに合わない業務や作業に関して、下請け企業と仕事の完成を目的とする**請負契約**を締結することです。

　3つ目は、自社よりも能力の高い社外の専門家と一定の行為の遂行を目的とした**委託契約**を締結することです。

　4つ目は、**出向者の受入れ**による労働力の補填です。関連企業からの出向や教育出向者の受入れなどが該当します。

●労働力の調達形態●

区分	内外の別	類型		備考
社内労働力	社内調達	人事異動		部署間異動
		配置転換		職務・職種変更
	社外調達	新規採用	新卒採用	入社時期が固定
			中途採用	随時入社可能
		外国人技能実習生	企業単独型受入れ	技能実習法の制約を受ける
			管理団体型受入れ	
社外労働力	社外調達	労働者派遣契約		労働者派遣法の制約を受ける
		請負契約		下請法の制約を受ける
		委託契約		
		出向契約	関連会社	出向命令による
			関連会社以外	出向命令による

●外国人の就労について●

　少子高齢化に伴う労働力人口の減少により、労働力を外国人に求める動きが強くなってきています。

　日本に入国する外国人には、在留資格が与えられています。在留資格により、①就労制限がない、②一部就労制限(職種・労働時間)がある、③就労不可の3つのタイプに分類されます。

　ここ数年技能実習生の受入数は増加基調となっていますが、到底人手不足を解消するには至りません。そこで新たな在留資格として、14業種で「特定技能」が導入されました。「特定技能」は、単純労働に従事することができることに加えて、転職、家族滞在、在留期限などの条件も緩やかになっています。

　外国人雇用には不法就労を防ぐための知識が必要です。不法就労が発覚したときは、外国人だけではなく、企業も「不法就労助長罪」で罰せられることになります。

4 ゼネラリストとスペシャリスト

✓ 日本型雇用に見る「ゼネラリスト」とは

　戦後の日本では、終身雇用制を土台として企業が成長してきました。

　終身雇用制の下では、企業は、高校、大学などを卒業して採用された新規学卒者に、営業、人事、製造などの**様々な職種を経験する機会を**ジョブローテーションによって**与えます**。

　また、人事異動の辞令1枚で、従業員を地方や海外に転勤させます。

　企業は、従業員の働き方を柔軟にすることで、適時適所に従業員を配置することができるメリットを享受できます。

　一方、従業員は、順調に出世していけば、管理職や経営幹部になれる道が広がっています。このような働き方に制限のない従業員が、ゼネラリストとして企業の将来を担います。

　ゼネラリストとして採用されていれば、従業員が、人事異動により初めて経験するためにスキルが蓄積されていない職務に変更された場合であっても、給与額が変更されることはありません。

　これは従業員にとって大きなメリットです。ただし、職務遂行能力が劣るときは、人事評価によって給与額が下がることは免れません。

✓ ジョブ型採用が求める「スペシャリスト」とは

　スペシャリストと呼ばれる職種には、専門職、研究職、資格者など、いわゆる**プロフェッショナルな技能や免許を保持した**従業員が当てはまります。職務内容が限定されるために、他の職種への配置転換にはなじみません。したがって、職務限定労働契約を締結する必要があります。

　ただし、職務限定労働契約を締結している場合であっても、従業員の同意があれば、管理職への登用や他の職種への配置転換も可能です。

　なお、募集時には、次のような制限がかかってきます。

　たとえば、病院では、医師免許や看護師免許を持った従業員がいなければ、事業が成り立ちません。これらの人材を募集する場合には、「この求人に応募するには医師免許を保持していることが必須です」など、条件をつけることが必要となります。

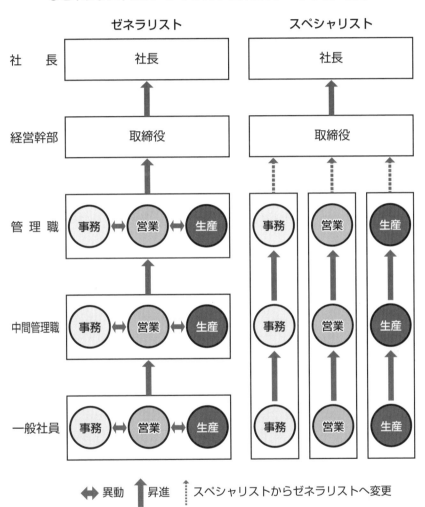

5 新卒採用と中途採用の使い分け

☑ ゼネラリストは新卒で育成し、スペシャリストは中途で補完

　ゼネラリストは、ジョブローテーションや転勤などによって、豊富な経験、知識を蓄えることができます。新卒採用ならば、採用直後からゼネラリストとして必要な経験を積ませ、必要な知識を得られるように能力開発をさせ、最短で無駄なく望む人材に育てることができます。

　入社した従業員には、得意な仕事と不得意な仕事が存在します。得意な仕事であれば、自らが興味を持って勉強し、経験を積みますから、年齢を経るごとに能力が上がり、結果を出せる従業員に育ちます。

　仮に、不得意な仕事に従事したとしても、時間をかけて仕事をマスターさせることもできます。人事異動により適材適所の可能性を探ることもできます。すなわち、**新卒採用の最大のメリットは長期間にわたり教育できることに尽きます**。

　また、職種、職務、資格、免許などの制約を受けないため、今何ができるかという視点ではなく、将来何ができそうなのかといった視点で採用選考できることも大きな魅力です。知識や技術は入社後でも教育によって身に付けることはできます。しかし、考え方や価値観は簡単に変えられるものではありません。判断軸がぶれないように注意しましょう。

　一方、スペシャリストは、その道のプロと呼ばれる従業員です。正確にいえば、**プロを目指す従業員とプロそのもの**が当てはまります。

　たとえばプロを採用するのならば、経験期間や経験量が必須条件となります。プロを目指している人を採用する場合には、教育コストが発生しますが、適材適所の考え方で臨めば、必ずプロに育ってくれるはずです。

　採用選考時におけるデメリットは、資格や免許、一定の経歴が必要であるなど、何かしらの制約が出てきます。そのうえで、考え方や価値観が企業と合う応募者を探し出すことになりますので、選択肢がかなり狭まってきます。

　なお、自社で有資格者を雇用していないと営業ができない業種の場合、採用選考基準を満たさない応募者を雇わざるを得ないときには、最初から正社員として採用せず、有期労働契約を活用して様子を見てください。

☑ 勤務年数と企業の利益

ゼネラリストの場合、新卒社員と中途入社の従業員が同じ能力ならば、企業が手に入れることのできる利益（三角形の面積）には、大きな違いが出てきます。

前提条件：能力アップ率は同一。10年で5単位利益が上がる。

新卒採用　　　40年×20÷2＝400
中途採用　　　20年×10÷2＝100　　　差は4倍

●ゼネラリスト採用と会社の利益●

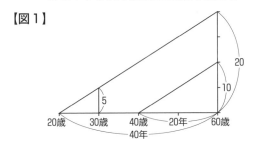

【図1】

スペシャリストの場合、中途入社の従業員の能力が高ければ、新卒採用と同様に企業に大きな利益（三角形の面積）をもたらしてくれます。

前提条件：一般中途採用者とスペシャリスト中途採用者の能力レベルの差が2倍。

一般中途採用者　　　　　　20年×10÷2＝100
スペシャリスト中途採用者　20年×20÷2＝200　　　差は2倍

●スペシャリスト採用●

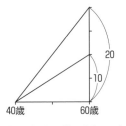

【図2】

※企業が手に入れることのできる利益は三角形の面積の大きさで表わしています。

6 新卒採用のスケジュール

✅ 中小企業の新卒採用のポイント

「学生は大企業の採用面接を受けた後に中小企業に応募してくるから、大企業と同じ時期に募集しても仕方がない。中小企業の新卒採用は、大企業の後にしなければ無駄ですよ」という意見があります。

しかし、企業が採用したい新卒の人材像は、「大企業の選考にあぶれた学生」ではなく、「当社が必要としている学生」ではないでしょうか。

学生の就職活動は、就活サイトのオープンと同時に始まります。この時点から企業情報を収集し、比較検討します。就職活動を開始するまで、どのような職業に就きたいとは考えてはいても、どの企業に就職したいかが明確な学生はそう多くありません。

したがって、**中小企業の採用は、自社の「認知度」を高めることから始めればよい**のです。

今の世の中には、新聞・雑誌広告やテレビコマーシャル以外にも、ホームページ、SNSなど、自社の認知度を高める様々な媒体があります。また、人事担当者の力だけではなく、全従業員一丸となって自社情報を発信し続けていれば、必ずや成果が返ってきます。

✅ 大企業との差別化を図る

グローバル化やIT化の進展により、大企業の新卒一括採用ルールが変化し始めています。日本経済団体連合会が「採用選考に関する指針」を策定しない決定を下し、2020年度以降の広報・選考活動開始日、採用内定日などが事実上自由化されました。しかしながら、日本では3月卒業のルールは堅持されており、次ページの新卒採用スケジュールになります。募集媒体、選考方法なども似たり寄ったりとなっています。

それならば、中小企業ならではの選考方法は、どのようなものが考えられるでしょうか。たとえば、次のようなことを試してみませんか。

①エントリーシートを簡略化する。もしくは廃止する
②長期間にわたる有給インターンシップを受け入れる
③既卒者を新卒者枠で受け入れる

●新卒採用スケジュール●

計画
- 人員計画…誰（正社員・パートなど）をどこに配置するか検討する
- 採用計画…人員不足を補うための人事異動や採用人数を検討する
- 人材像の明確化…どのような人材を採用するのか明確にする
- 環境分析…新卒者市場、業界動向、広報手段などの分析を行う

戦略
- 採用戦略…採用システムとしての全体の流れを構築する
- 母集団形成戦略…どのような人材をどの程度集めるのか決定する
- ＰＲ戦略…予算内でどのようにして自社をＰＲするのか決定する
- 外部支援戦略…コンサルティング会社などの協力の必要性を検討する

準備
- 募集概要…募集原稿、応募書式、労働条件などを決定する
- 選考フロー…応募から採用選考の流れを決定する
- 選考方法…エントリーシート、面談シート、適性検査などを決定する
- 研修…面接担当者トレーニングの実施

募集
- 学校訪問…担当部署、担当者の確認と訪問スケジュールを決定する
- メディア対応…自社の募集に最適なメディアを選定、出稿する
- 会社説明会…説明会の選定、セミナー準備、動員手法などを決定する
- インターンシップ受入れ…職場体験を通じて自社をアピールする

選考
- 情報管理…応募者の個人情報管理を徹底する
- 選考…会場準備、スケジュール確認、模擬練習などを行う
- 採用試験…面接、筆記試験、適性検査などにより内定者を決定する
- 合否決定…合否文書を作成、送付し、提出書類の案内をする

内定
- 内定者フォロー…懇親会、社内見学、社内報を送付して当事者意識を植え付ける
- 内定者意識高揚…内定式を実施することで実感をわかせる
- 内定者教育…資格取得支援、インターンシップ、アルバイト受入など
- 保護者対策…説明会、家庭訪問などにより入社への不安払拭に努める

入社
- 労働契約…労働条件の文書明示、身元保証書などの回収をする
- 部門間調整…内定者の配属先を決定する
- 入社…入社式、採用時教育、配属を実施する
- 総括…今年度の採用活動を振り返り、次年度計画へ反映させる

4章 採用業務の基本を押さえよう

7 中途採用のスケジュール

☑「退職者補充のための採用」と「戦略的採用」はまったく違う

　中途採用の必要性が発生する場面は、次の2つです。

　1つ目は、予期せず退職者が発生し、欠員の補充のため行う中途採用、2つ目は、**企業の成長戦略上、早期に増員**し、さらに売上利益を向上させるための中途採用です。

　中小企業経営者から、「うちはギリギリの人数で仕事を回している。余分な従業員を雇うことはできませんよ」といった発言を耳にすることがまあります。

　このような企業の従業員が退職すると、退職者の補充のための求人募集が始まります。運よく採用ができた場合であっても、退職者と比較してスキルが低く、また、業界や企業のことを知りません。すなわち、教育の時間コストなどが必要になるため、生産性が低い従業員に替わってしまったのです。しかも、必ず企業に定着するとは限りません。

　一方、戦略的採用の場合には、次のような目的が存在しています。

　たとえば、「企業体力があるうちに、営業マンを大量に育成しておくため」、「現在企業の弱みとなっている技術力アップのために技術者を育成しておくため」、「病気、出産、退職などで急きょ現場の人数が減っても、対応できる体制にしておくため」などです。いずれの場合にも、何のために、いつ、どのような中途採用を行うのか、将来を予測して、不測の事態に陥らないための事前準備が戦略的採用となっています。

　なお、すべての企業が戦略的採用をできる経済基盤や教育環境を持っているとは限りません。だからといって、場当たり的に中途採用を行うことは、採用の失敗を計画するようなものです。

　もしも、企業体力に余裕がないのなら、突然従業員が退職することを事前に想定し、いつでも、すぐに求人募集がかけられる状態にしておくべきです。

　あらかじめ、募集要綱、選定基準、募集媒体、選考フローなどを明確化しておくことで、採用までの時間ロスやリスクを軽減することができます。ホームページの整備も忘れないようにしてください。

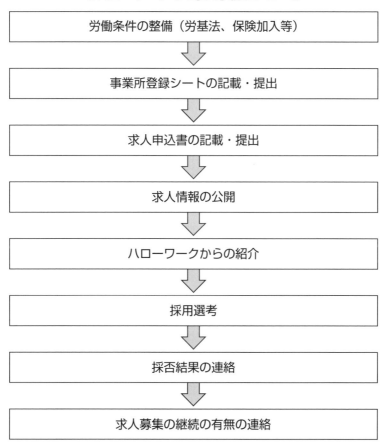

《ハローワーク求人のメリット》
ハローワーク求人の最大のメリットは、無料で新卒求人、既卒求人を公開していることです。公開されている求人内容は、インターネットでも検索し、閲覧することができます。
また、ハローワークを通じて、就職困難者などの一定条件を満たす求職者を採用したときには、厚生労働省管轄の助成金を受給できることがあります。

《ハローワークの情報活用》
厚生労働省ホームページでは、雇用に関するテーマの分析を通じて経済分析にアプローチするための「労働市場分析レポート」を公表しています。このレポートでは、ハローワーク求人などに関する情報が、様々な切り口で分析され公表されています。よって、貴社が採用計画を立案する際には、参考資料として大いに活用できます。

正規雇用と非正規雇用の選択

✓ 多様な働き方への対応が必要

正規雇用とは、雇用期間を限定せずに定年まで働き続けることのできる**正社員**の身分で採用することです。正社員であれば、収入の予測がつくため、人生設計が立てやすくなり、安定した人生を送ることができます。

正社員ならば、簡単に解雇されない、世間体がよいなど、安定志向の求職者から選択される求人となります。

非正規雇用とは、**正規雇用以外のすべての雇用形態**を意味します。

非正規雇用の状態とは、労働契約期間、労働時間、勤務地、職種、職務などに関して、何らかの制限がかかっている状態です。たとえば、「勤務地限定社員」「短時間正社員」「契約社員」「パートタイマー」「アルバイト」などの類型があります。企業内に幅広く様々な雇用形態が存在することを、ダイバーシティと呼び、労働力人口の減少に対する解決策の1つと考えられています。

たとえば、「子どもが幼いため昼間の決まった時間しか勤務できずにパートタイマーを選択する」「親の介護のため転勤できずに正社員から勤務地限定正社員に身分変更する」など、従業員の希望を満たすことができることが非正規雇用のメリットであるといえます。

✓ 労働時間で異なる社会保険

正規雇用と非正規雇用では、雇用保険や社会保険の取扱いが異なります。従業員を加入させるべき保険が異なれば、人件費にも影響が及んできます。また、従業員に加入させるべき保険の知識がなく、**社会保険加入手続きをしていなかった場合、最長で過去2年間遡って社会保険に加入する**手続きをしなければなりません。

この場合には、従業員負担分の社会保険料を従業員から徴収しなければなりません。給与額が高い、遡り期間が長い場合などには、従業員から数十万円の保険料を徴収しなければならないこともあります。それ以外にも、社会保険算定基礎や年末調整のやり直しの手間が発生します。

● 正規雇用と非正規雇用のイメージ類型 ●

		雇用期間	
		定めなし（定年まで）	定めあり
労働時間	8時間	正社員	契約社員 臨時社員
労働時間	8時間	（限定正社員） （無期雇用社員）	契約社員 臨時社員
労働時間	8時間未満	パートタイマー	パートタイマー アルバイト
		正規雇用	非正規雇用

※所定労働時間が8時間以下の企業、定年年齢がない企業も存在します。
　イメージしやすいように、所定労働時間を8時間、定年ありとしています。

● 従業員が加入すべき保険 ●

1週間の労働時間	労災保険	雇用保険	健康保険	厚生年金保険	介護保険 ※40歳以上
20時間未満	●				
20時間以上 30時間未満	●	●	△ ※501人以上	△ ※501人以上	△ ※501人以上
30時間以上 40時間未満	●	●	●	●	△

●：強制加入　　△：要件を満たせば加入　　空欄：加入不可

9 非正規雇用の法的留意点

✅非正規雇用者は法律で手厚く保護されている

　非正規雇用の従業員の労働条件である労働契約内容や福利厚生は、一般的に正規雇用の正社員と比較して制限されています。

　たとえば、労働契約期間が1年間の契約社員の場合、翌年も労働契約を締結できるとは限りません。正社員には通勤手当が支給されるが、パートタイマーには通勤手当を支給しない企業もあります。

　これらの不安定、不均衡な状態をそのままにしておくと、ますます正規雇用と非正規雇用の労働条件が乖離してしまうことになります。

　このような状況を改善するために、次の法律で様々な規制を企業に課しています。

　労契法20条では、労働契約期間の定めがある従業員と労働契約期間のない従業員との間に、**不合理な労働条件があってはいけない**と決められています。

　パートタイム労働法8条では、正規雇用者と職務内容が同一で、人材活用の仕組みや運用が全雇用期間を通じて同一で、労働契約期間が実質的に無期雇用の状態であれば、**待遇を差別してはいけない**と決められています。

　政府は、**同一労働同一賃金**を推進しており、正規雇用と非正規雇用の待遇格差は縮小していく傾向になっています。

　労基法15条では、企業が労働者を雇用するときには、**労働条件の文書明示をしなければならない**と規定されています。

　さらに、パートタイム労働法では、企業が**昇給・退職手当・賞与の有無**の文書明示をしなかった場合には、10万円以下の過料という罰則を設けています。その他企業には、パートタイマーから待遇についての説明を求められたときに、待遇を決定するにあたって考慮した事項を説明する義務を課しています。

　労契法18条では、同一使用者との間で**5年を超えて有期労働契約が反復更新された場合**に、有期契約労働者の申し込みにより、期間の定めのない労働契約（**無期労働契約**）に転換できるルールが定められています。

●非正規雇用関連法令で押さえておくべき項目●

《パートタイム・有期雇用労働法》　　　　　　　●義務　○努力義務

- ●パートタイマーの雇入れ時、労働契約更新時には、「昇給の有無」、「退職手当の有無」、「賞与の有無」、「相談窓口」の４つの事項を文書の交付など（パートタイマーの希望によるときは、電子メールやＦＡＸでも可能です。）により明示すること
- ●「職務内容」、「人材活用の仕組み」、「その他の事情」を考慮して、パートタイマーと通常の労働者の待遇が不合理にならないようにすること
- ●「職務内容」、「人材活用の仕組みおよび運用」が通常の労働者と同一の場合には、パートタイマーであることを理由として差別的な待遇をしないようにすること
- ●通常の労働者に職務遂行に必要な知識や技術を身につけるための教育訓練を実施している場合は、同じ職務内容のパートタイマーにも実施すること
- ●給食施設、休憩室、更衣室をパートタイマーにも利用機会を与えるように配慮すること
- ●通常の労働者への転換を推進するため、通常の労働者を募集する場合には、その募集内容を既に雇用しているパートタイマーに周知すること
- ●パートタイマーを雇入れたときに、速やかに、実施する雇用管理改善措置の内容を説明すること。またパートタイマーから求められたときは、その待遇を決定するにあたって考慮した事項を説明すること
- ●パートタイマーの雇用管理改善等に関する事項に関し、パートタイマーからの相談に応じ、適切に対応するために必要な体制を整備すること

- ○パートタイマーに適用される就業規則を作成や変更したときは、パートタイマーの過半数代表者の意見を聴くこと
- ○通常の労働者との均衡を考慮して、パートタイマーの職務の内容、成果、意欲、能力、経験などを勘案して賃金を決定すること
- ○職種転換のためのキャリアアップ訓練などをパートタイマーに実施すること
- ○常時10人以上のパートタイマーを雇用する事業所ごとに、短時間雇用管理者を選任すること
- ○パートタイマーから苦情の申出があったときは、苦情処理機関に苦情処理を委ねるなど、自主的な解決を図ること

- ★有期労働契約が反復更新されて通算5年を超えたときに、労働者からの申し込みにより、期間の定めの無い労働契約（無期労働契約）に転換できるルールが定められています。
- ★有期労働契約の更新拒否について、一定の場合には認められないことがあります。
- ★同一の使用者と労働契約を締結している有期契約労働者と無期契約労働者との間で、期間の定めがあることにより不合理な労働条件にしてはいけません。

《高年齢雇用安定法》

- ★65歳未満の定年を定めている場合、希望者全員を65歳まで雇用確保する措置義務があります。ただし、一定の場合には、経過措置の適用を受けることができます。

10 労働者派遣契約と請負契約

✓ 無許可で労働者派遣業を行うと懲役刑の可能性が

　労働者派遣とは、自社で雇用する従業員を、その雇用関係の下に、他人の指揮命令を受けて、その他人のために労働に従事させることです。

　請負契約とは、請負企業が作業の完成についてすべての義務を負います。請負企業が請け負った作業については、発注者が請負企業の従業員に対して指揮命令することはできません。

　つまり、**労働者派遣契約と請負契約の最も重要な違いは、派遣先企業や発注先企業で勤務している労働者に対して、指揮命令権が存在しているのか否かの違い**です。労働者派遣契約の場合には、指揮命令権が存在しています。反対に、請負契約の場合には、指揮命令権が存在していません。

　企業が、派遣労働者を受け入れる場合には、労働者派遣事業の許可を受けている派遣元企業と派遣契約を締結する必要があります。労働者派遣事業には、派遣できない業務の存在や、関連企業への派遣は8割までしか派遣できないなど、多くの禁止事項や制約があります。

　これらの**禁止事項に違反すると、最高で10年以下の懲役または100万円以下の罰金に処せられる**ことがあります。軽い違反についても、企業名が公表されることがあり、企業のイメージダウンに繋がってしまいます。

✓ 偽装請負に潜むリスク

　偽装請負とは、一見、請負契約や委託契約の形をとっていますが、契約相手先企業から指揮命令を受けており、実態としては**無許可で労働者派遣を行っている状態**のことです。この状態では、雇用や安全衛生に関する責任の所在が曖昧になり、トラブル発生の原因になります。

　偽装請負の類型には次のようなものが挙げられます。

①発注者が、業務の細かい指示を出し、労働時間管理を行うもの
②発注者の指示を労働者に伝えるだけの責任者を配置しているもの
③斡旋を受けた労働者と、労働契約ではなく、個人事業主として請負契約を締結し、業務の指示命令を行うもの

●労働契約、派遣契約、請負契約の違い●

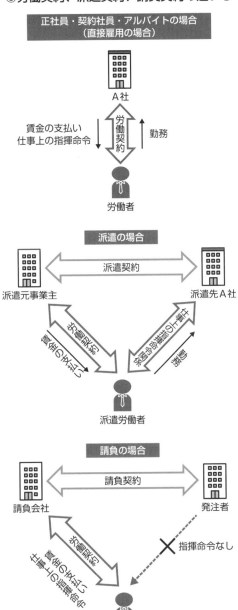

出所:「派遣元事業主の皆様へ労働者派遣を行う際のポイント」(LL271029派需07)厚生労働省パンフレットより抜粋

11 募集条件の決定方法

✓ 中小企業の募集は「給与」で釣ってはいけない

　二要因理論を発表したアメリカの臨床心理学者フレデリック・ハーズバーグは、仕事上におけるモチベーションに関する研究の結果、人が仕事に満足感を感じる要因と不満足感を感じる要因は、まったく別のものであると結論づけました。その要因は、動機づけ要因と衛生要因の２つの要因に分けられます。

　動機づけ要因とは、仕事を通じて精神的に成長したいと思う高レベルな欲求を充足させ、満足感が増加するものです。難易度の高い仕事に挑戦し、やり遂げた達成感や周りからの承認などによりモチベーションが上がりますし、やりがいを感じている状態なので長続きします。

　衛生要因とは、人間としての苦痛や欠乏から逃れたいという、動物的な低レベルの欲求を充足させるものです。企業の方針、労働条件、給与、職場の人間関係などのことを指します。これらの要因が満たされていないと、不満足感を覚えます。

　その状態で、不満足な要因を取り除いたとしても、不満足感が減少するだけなのです。たとえば高額な賞与を支給されて満足感を得たとしても、金額に慣れてしまうと、不満足な感情がまた芽生えてきます。したがって、モチベーションが高い状態は長く続かないのです。

　求職者は、求人条件のなかから、まず労働条件や給与額などの衛生要因を確認します。当然、労働条件や給与などの衛生要因を満たさない求人条件であれば、応募してきません。

　すなわち、**他社と比較してよりよい衛生要因を提示していること**が、**募集の前提条件**となるのです。

　そのうえで**応募者の胸が踊るような動機づけ要因をアピール**してください。

　たとえば、仕事のやりがいを説くこと、仕事を通じて成長できる環境をイメージさせること、ある仕事を成し遂げた従業員の達成感を記載すること、「この社長やこの会社の人たちと一緒に働きたい」と思わせるメッセージなど、期待感溢れる求人情報を応募者に提供することが大切です。

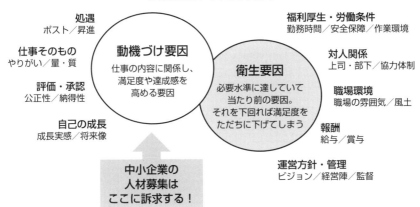

✅ 募集⇒採用⇒育成⇒評価⇒従業員満足の流れをつくろう

　最近、求人広告会社の社長から次のような話を聞きました。
　「初めて求人広告を利用したクライアントからは、前年よりも多くの応募が来るのでとても喜ばれています。それらの企業のなかに、入社1年以内に半数以上の従業員が退職してしまう企業が存在しています。企業に退職理由を聞くと、入社した従業員の能力が低い、自社に合わない性格だったなど、従業員の質が悪いためだと結論付けます。そして、来年は質の良い従業員を採用するために、応募基準を高くしてほしいと要望されます。
　しかし、労働条件が低い、教育制度がない、従業員が成長実感を自覚できない環境であるなど、企業側にも問題があるように感じます。顧問社労士に相談するように勧めても、社労士業務の範囲外であると断られることもあり、非常に困っています。」
　すなわち、採用予定従業員を確保した後、育成の時間を十分確保し、評価のフィードバックを行い、従業員満足を定点観測することで、従業員を定着させなければ、採用の成功とはなりません。
　真の採用の成功とは、採用された従業員が成長し、長期にわたり活躍してくれることです。
　募集から従業員満足までの一連の流れを意識して、衛生要因と動機づけ要因の具体的な内容を検討してみましょう。

12 衛生要因を満たす最低限の賃金設計

✓ 給与水準を不満要因としないためのチェックポイント

　募集条件における初任給を高くしても、実は「応募してほしい人材層」からの応募増加はそれほど期待できないといわれています。

　初任給が高いことの裏側には、仕事がきつい、ノルマが厳しい、残業が多いなど、衛生要因の不満に繋がるネガティブな状況が想像できるからです。給与が高くても、危険な職場やリスクのある職場には応募しません。

　一方、初任給が人並みの人生設計ができないほどの低い水準だと、不満足な私生活を送ることに繋がり、採用したい応募者が来ることもありません。

　したがって、**人並みの人生設計ができるレベルの初任給に設定すべき**です。中小企業であっても、賃金制度と評価制度を構築し、募集条件のなかにモデル給与を明示しておけば、安心して応募する求職者が増えてきます。

✓ 地方都市における給与水準

　各都道府県の労働局やハローワークでは、ホームページにそのエリアの求人における給与情報などを公開しています。また、ハローワークで公開されている求人情報は、ホームページから入手できるため、募集地域の情報を手に入れ、参考にされることをお勧めします。

　ハローワーク以外にも、求人雑誌、フリーペーパー、採用ホームページなど、情報収集と分析を怠らないようにしましょう。

　ところで、地方では、新卒採用と中途採用の場合で給与額の相場が異なります。なぜならば、年1回募集の新卒市場では、全国区の上場企業や地場の金融機関、優良企業などの、中小企業と比較して賃金水準が高い企業との戦いになるからです。

　他方、通年採用の中途採用市場における競争相手は、中小企業が中心です。通年採用のため、その時々の需給関係により給与額が変動する特徴があります。常に情報収集し、地域上位の給与水準を保つようにしておきましょう。

　なお、人並みの人生設計ができる給与には、家族手当や通勤手当なども考慮する余地があります。各種指標を判断材料にしてください。

●給与水準確認のための情報●

【東京】 職業別求人・求職賃金状況（平成29年度〜） 出所：東京ハローワークHP https://jsite.mhlw.go.jp/tokyo-hellowork/kakushu_jouhou/chingin_toukei/tesuto/_121516.html	
ハローワークインターネット求人サービス https://www.hellowork.go.jp	
参考にすべきデータ **【平均初婚年齢】** 男性：31.1歳　女性：29.4歳 **【母親の平均出産年齢】** 第一子：30.7歳　第二子：32.6歳 出所：内閣府　令和元年版　少子化社会対策白書　全体版	
【勤労者世帯の実収入（2人以上世帯）】 1世帯当たり：626,488円 **【世帯主収入】** 504,256円 **【配偶者の収入】** 88,879円 出所：総務省　家計調査報告〔2人以上の世帯〕2019年7月分	
【都道府県別賃金】 都道府県別賃金（男女計） 出所：厚生労働省　平成30年　賃金構造基本統計調査	

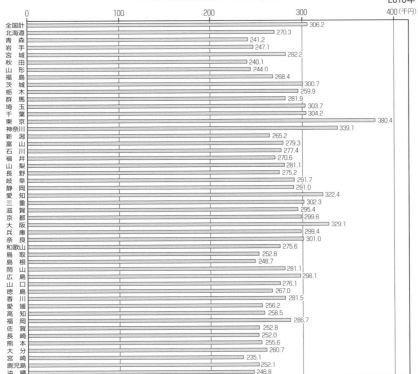

●都道府県別賃金（男女計）● 2018年（千円）

都道府県	賃金
全国計	306.2
北海道	270.3
青森	241.2
岩手	247.1
宮城	282.2
秋田	240.1
山形	244.0
福島	268.4
茨城	300.7
栃木	259.9
群馬	281.9
埼玉	303.7
千葉	304.2
東京	380.4
神奈川	339.1
新潟	265.2
富山	279.3
石川	277.4
福井	270.6
山梨	281.1
長野	275.2
岐阜	291.7
静岡	291.0
愛知	322.4
三重	302.3
滋賀	295.4
京都	299.6
大阪	329.1
兵庫	299.4
奈良	301.0
和歌山	275.6
鳥取	252.8
島根	248.7
岡山	281.1
広島	298.1
山口	276.1
徳島	267.0
香川	281.5
愛媛	256.2
高知	258.5
福岡	286.7
佐賀	252.8
長崎	252.0
熊本	255.6
大分	260.7
宮崎	235.1
鹿児島	252.1
沖縄	246.8

出所：厚生労働省「平成30年賃金構造基本統計調査の概況」をもとに作図

13 応募者の母集団を増やす方法

☑「募集対象」と「募集エリア」を拡大する

　中小企業の募集は、**募集対象と募集エリアの2つの観点から検討**を始めます。

　たとえば、中途採用で即戦力採用をしたいのに、応募者が思うように集まらないときには、**未経験者**にまで募集対象者を広げてみます。

　未経験者ならば、**新卒採用**も検討してみます。

　新卒採用が可能ならば、新卒採用後に早期離職した**第二新卒**までターゲットを広げることも考えられます。

　これまで通勤圏内のみにしか募集広告を出していなかったのであれば、**通勤圏外のエリア**に目を向けてみます。

　たとえば、東京や大阪など**大都市**にある**賃金の高い企業**に就職したいと考える地方の応募者は相当数いるはずです。

　逆に、都会が合わずに、出身地である地方都市へUターンやIターンを希望する応募者もいます。テレワークも検討したいところです。

　このように視点を変えていくと、応募者の母集団が増えていきます。

☑募集媒体の選び方

　求人募集は、自社の求める人材像に合う応募者がいる媒体を選択し、募集をかけます。

　たとえば、仕事の難易度が低く誰にでもできる仕事を探している応募者は、どのような募集媒体を選ぶでしょうか。

　他方、証券アナリストや為替ディーラーなどは、どのような募集媒体を使って就職先を探すでしょうか。

　これらのように、自社の求める人材像に合う応募者の行動を先取りして、募集媒体を決定します。

　ところで、募集媒体は、費用の面から**無料媒体**と**有料媒体**に大別されます。

　無料媒体の代表的なものは、ハローワーク求人です。ハローワーク求人は、インターネットで検索が可能ですから、募集対象地域を全国にしてお

けば、募集エリアの拡大が簡単にできます。

　有料媒体の代表的なものは、求人誌や就職ナビなどの求人広告です。また、ハローワークの求人情報オンライン提供を契機として、有料職業紹介事業者の利用も活発になっています。そのほか、求人検索エンジンIndeedへの掲載や広告を活用し、求人検索の上位に表示させる手法も脚光を浴びています。

●主な募集媒体●

料金	募集媒体	利用方法・特徴
無料	従業員や知人への紹介依頼	最もお手軽な口コミ求人です。従業員や知人から、あらかじめ応募者の情報を得やすい反面、応募者を断りにくい面もあります。お礼に金銭を渡すことも増えてきました。リファラルリクルーティングと呼ばれる手法は、近年脚光を浴びています。
無料	学校求人	学校に「求人票」を提出します。学校によっては、あらかじめハローワークに「新卒者向け求人申込書」を提出していないと受理されないこともあります。
無料	ハローワーク求人	事業所管轄のハローワークに「事業所登録シート」と「求人申込書」を提出します。募集エリアは、近隣から全国まで選択できます。
無料	無料職業紹介	行政の外郭団体や看護協会、薬剤師協会などが代表的です。利用には、会員であることなど、一定の条件が付くこともあります。
無料	合同会社説明会	労働局や都道府県などが開催する無料の合同会社説明会です。申込み企業数等に制限があることが一般的です。集客数にはムラがあります。
無料・有料	自社求人ホームページ	自社求人ホームページで求人募集を行います。採用専用ホームページをつくる企業が増えてきています。
有料	求人広告	新聞、折り込み広告、求人誌、就職ナビなどに求人広告を掲載します。文字数、大きさ、掲載期間、募集エリアなどにより、金額が大きく異なります。
有料	有料職業紹介	専門職種、一般職種を問わず利用できます。採用された場合に合格祝い金を出す企業もあります。ヘッドハンティング業者なども含まれます。
有料	人材派遣会社	紹介予定派遣を通じて、採用することができます。
有料	合同会社説明会	人材メディア企業などが広告主にブースを貸し出す形で開催します。参加条件として、求人広告の契約等が必要となります。

4章　採用業務の基本を押さえよう

14 自社アピール戦略

✓ 新卒採用は学校との関係づくりからスタート

　まず自社の採用活動を始める前に、自社の近くにある大学、短大、高校の就職課、キャリアセンターなどにアポイントを取り、訪問します。この際に、**訪問する学校のOBやOG従業員がいれば一緒に同行訪問すると話がスムーズに進みます。**

　訪問時には、次に掲げる資料を持参します。

①会社案内　②募集要項　③卒業生の採用実績資料　④OB/OG名簿

　これら以外に企業と学校の関係を親密化できる資料があれば持参し、学校との距離を縮めます。学内の合同会社説明会の有無を確認し、開催予定があるときには、参加希望の旨を伝えます。学校によっては、空き教室を使って企業PRの機会をつくってくれることもあります。

　また、単位が取れるインターンシップを取り入れている学校もありますので、積極的にインターンシップを受け入れて、自社を学生に認知してもらえれば、他社とかなりの差別化が図れます。

　さらに、地元以外の大学にもターゲットを広げます。なぜなら、大学入学者の47.5％がその大学の所在地以外の都道府県から来ているからです（文部科学省　平成27年　学校基本調査より）。

✓ 効果的な求人票の書き方で他社との差別化を図る

　応募者が求人票で最初に見るところは、仕事の内容欄、いわゆる職種です。自分にできそうな仕事なのかを確認します。次に、就業時間、休日、残業時間等を確認し、どのような職場なのかを想像します。

　昨今の20代、30代の労働者は、給料が現状より下がったとしても他業界に転職する傾向があります。また、固定残業制度や裁量労働制度により**高めに給与を明示していると、「かなり残業が多い企業なのではないか」と勘ぐられてしまい、応募に結びつかないこともあります。**

　魅力的な求人票とするためには、「当社は安定している企業で、従業員のために○○制度などを充実させています」といったアピールをすることが最も大切なのです。

●効果的な求人票作成マニュアル●

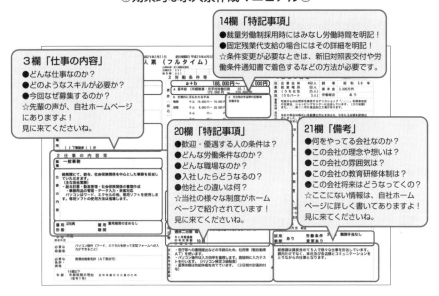

●求人申込書の該当記入箇所●

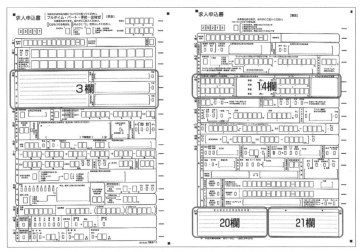

出所:ハローワークインターネットサービス「求人申込書の書き方」より抜粋

15 社長の声が届く採用ホームページとは

✅ 1つでも外すと採用できない「7つの採用コンテンツ」とは？

　就職ナビや人材紹介会社を利用すると、採用情報が記載された採用ホームページを作成してくれます。自社をPRする文書を書くことができなくても、営業担当者や専属ライターがヒアリングをしてキャッチコピーなどを考えてくれますから、それほど時間がかからずに作成できます。

　ところが、このホームページにはフォーマットに沿った内容しか掲載されません。自社の好きなようにカスタマイズする場合には、別途料金が発生します。また、一般的に募集期間中だけしか表示されないため、常に企業情報を発信することは困難です。

　しかし、**自社採用ホームページであれば、24時間自由に何でも発信でき**ます。文字数や写真数を気にすることもありませんし、情報発信のアイデアも無限大に広がります。さらに、求人広告サイトからリンクを貼れば、他社と比較して発信する情報量に差が出てきます。

　求職者が知りたい情報は次の3つです。

①採用されたときの給与額
②どのような職場なのか
③どのような仕事内容なのか

　これらを上手に伝えるために、次の7つの採用コンテンツを採用ホームページに必ず入れてください。

①企業理念…企業理念を実現するために採用活動をします。
②社風…社風が合わないと退職します。
③求める人材像…応募者とのベクトル合わせを行います。
④社長のメッセージ…説明会や面接に来る気にさせます。
⑤社員からのメッセージ…応募時に安心感を与えます。
⑥お客様の声…会社の信用度、信頼度、安定度を上げます。
⑦組織図…入社後の自分がイメージできます。

　これらのコンテンツを完成させるためには、社長、従業員、お客様の全員が採用活動に参加することになり、情報発信力が増加します。

●7つのコンテンツを明確にしておこう●

①企業理念

②社風

③求める人材像

④社長のメッセージ

⑤社員からのメッセージ

⑥お客様の声

⑦組織図

16 採用にSNSを活用する際の極意

☑ スマートフォン対応サイトは必須

スマートフォンは広く普及しており、20代では99.4％の保有率となっています（総務省『平成28年通信利用動向調査報告書』より）。

スマートフォンのメリットは、いつでも、どこでも情報が手に入り、発信可能なことです。したがって、求職者は、求人募集を探すのも、応募するのもスマートフォンを使えば手軽にできます。

また、**スマートフォン対応サイト**には、ボタン1つで電話をかけることができ、求人にエントリーもできるため、応募者の母数を増やしやすくなります。

さらに、1枚の長いWEBページのLP（ランディングページ）による情報発信は、スワイプしながら全体を読み進めることができるため、スマートフォンとの相性がよいです。採用広告をLPにして、企業説明会に誘導することも可能です。**YouTube**を利用した採用情報発信も増えています。

☑ SNS利用で潜在的転職希望者にアプローチする

SNS（ソーシャル・ネットワーキング・サービス/Social Networking Service）とは、FacebookやLINEなどのコミュニティツールです。会社がSNSを採用に利用することを、**ソーシャル・リクルーティング**と呼んでいます。

ソーシャル・リクルーティングのメリットは次の2点が挙げられます。

1つ目は、**在職中の潜在的転職希望者にアプローチできる**ことです。Facebookでは、年齢、職業、地域などを絞ってホーム画面に求人広告を表示させることが簡単にできます。数千円から使える広告の積極的な活用をお勧めします。企業向けサービスのLINE@のPRページのプレーンメッセージを使って求人情報を発信することもできます。リアルタイムに情報発信できるため、急募求人などに効果が期待できます。

2つ目は、応募者のSNS投稿を見ることで、**人となり**、**普段の行動**、**交友関係などを把握できる**点が挙げられます。応募者の入社後の姿を垣間見ることができるツールといえるでしょう。

●各SNSの特徴●

1．Facebook
　Facebookページは公開プロフィールです。ここでは、企業、組織、非営利法人などがその存在を示し、Facebookコミュニティと繋がっています。Facebookを使って、企業に関連することをシェアしたり表現したりすることができます。2017年9月30日で、20億7000万人のユーザーが登録されています。また、中高年齢の利用者が中心となりつつあります。

2．Twitter
　Twitterは、企業が思いついたアイデアや見つけた情報を、140字以内で一瞬にしてすべての人に提供することができます。10代から20代の若年層の利用者が中心となっています。

3．LINE
　LINEを介して、テキスト、画像、動画、スタンプで、自分の近況を仲のよい友だちだけに共有することができますし、友だちの近況も確認できます。企業の公式アカウントを友だちに追加してもらうことができれば、LINEでしか公開されない最新ニュース等の発信もできます。

●Facebookを活用している「堀下社会保険労務士事務所」のページ●

●Office SUGIYAMAグループの採用ホームページ【facebookとの比較用】●

17 面接官を育成しよう

✓ 面接官に必要なノウハウ・スキル

　面接官に課せられた使命は、応募者が採用すべき人物であるのかを判断し、採用すべき人物であれば必ず入社させることです。

　使命を果たすためには、**聞き上手で、人当たりのよい面接官**であることが必要です。

　応募者が面接官に好印象を持てば、「この企業で働きたい」という気持ちが強くなります。反対に、悪い印象であれば、SNSなどに企業の悪評を書き込まれてしまい、将来に向けて採用活動の足かせにもなりかねません。**面接官には最も優秀な従業員を選ぶべきです**。優秀な従業員ならば、優れたコミュニケーション能力や洞察力を持っているものです。

　もしも、面接の事前準備をせずに、たまたま時間が空いている従業員を面接官にしたら、どのような結果になるでしょうか。場当たり的な面接では、応募者に不安感、不満感を与えるだけです。

　なお、応募者に対して、**先入観を持たない、差別的な発言をしない、見下さない**ことも必要です。応募者に興味を持って接するように心がけてください。

✓ 応募者の本音を引き出す質問力

　応募者の本音を引き出す質問力がなければ、採用ミスマッチによって内定辞退や早期離職などを誘発することになります。

　質問には、「はい」「いいえ」で回答できるクローズ質問と、「はい」「いいえ」で回答できないオープン質問の2種類があります。

　クローズ質問は、緊張している応募者の**緊張をほぐすのに有効**です。緊張がほぐれた後に、オープン質問を利用して、応募者の仕事に対する考え方や論理的思考能力などを確認します。

　オープン質問では5W1Hを使い、「いつからそのように考えるようになりましたか」等の質問を展開します。「詳しく教えてください」といった深掘りも可能です。「正解はありませんので、あなたの考えをお話しください」など、答えやすい雰囲気を促す質問には、**本音が出てくる**ものです。

●一般的な採用面接のフロー●

準備 …… 人事担当者

①面接シートの準備をします。
②面接官の選任と決定をします。
③履歴書などから気になる事項を確認しておきます。
④面接官とロールプレイング（予行演習）をします。
⑤面接会場の選定と備品チェックをします。
⑥面接日時を社内告示し全従業員で応募者を迎える体制を整えます。

一次面接 ……現場の若手・中堅クラス2名

　Point:現場のスタッフが「一緒に働いてみたいと思う人」を選んでもらうようにすると、入社後に現場に馴染みやすく、早期離職を防ぐことができます。
　※面接が2回の場合は、管理職クラスを加えてください。

二次面接 ……現場の管理職クラス2名

　Point:社内で最も優秀な従業員を同席させることで、自社の魅力を伝え、入社意思を高めることができます。
　※面接が2回の場合は、社長・役員が行います。

最終面接 ……社長・役員

　Point:応募者が迷っているようであれば、社長自らが口説き落とす覚悟が必要です。

面接官のための教育ツール

　いざ、面接官教育をしようとしても、どうしてよいかわからない人事担当者は、ハローワークを活用してください。
　全国の主要なハローワークには、企業向け啓発・指導の一環として、無料でDVDを貸し出しできるビデオライブラリーが設けられています。
　企業グループ単位の研修や社内研修の際に、視聴覚教材として活用できます。人事担当者と面接官でDVDを視聴し、ロールプレイングを行うことで、面接スキルが向上します。面接官決定時に、Off-JTの一環としてDVD視聴を組み込んでおくこともよいアイデアでしょう。

18 採用選考時に配慮すべき事項

✓ 絶対にしてはならない就職差別

応募者には、「**職業選択の自由**」が認められています。一方、企業には、「**採用の自由**」が認められています。しかし、「**採用の自由**」は、**基本的人権を侵害することまでは認めていません。**

次のような行動は、就職差別につながるおそれのある具体例として、厚生労働省のリーフレットにも明示されています。

①適性・能力に関係のない事項や、本来自由であるべき事項をエントリーシート、応募用紙、作文などに記載させること
②身元調査・合理的必要性のない採用選考時の健康診断を実施すること

なお、平成27年度にハローワークが把握した就職差別につながるおそれのある事象は1,306件にのぼり、約半数が家族に関する情報収集となっています。もし企業が、応募者から就職差別をされたとSNSで拡散されてしまうと、**その後の採用活動に大きな影響を及ぼしかねません。**

人事担当者や面接官は、採用選考時に配慮すべき事項をあらかじめ確認しておくことが大切なのです。具体的には、募集要綱の提出書類欄のチェック、質問シートの事前作成などを行っておきましょう。

✓ 障害者雇用の際は格別の配慮が必要

雇用の分野では、障害者であることを理由とする差別が禁止されています。よって、募集、採用の際には、下記の2点に注意が必要です。

①単に障害者だからという理由で、求人への応募を認めないこと
②業務上必要でない条件をつけて、障害者を排除すること

その他、企業に過重な負担とならない範囲で、視覚障害者には点字や音声、聴覚・言語障害者には筆談などによる採用試験を求められます。

2018年4月1日から、**障害者の法定雇用率**が2.2％に引き上げられ、従業員数45.5人以上の企業に障害者を雇用する義務が発生します。さらに、従業員数100人超の企業が法定雇用率を満たしていなければ、障害者雇用納付金を納付しなければなりません。

●採用選考時に配慮すべき14の事項●

●本人に責任のない事項の把握
① 「本籍・出生地」に関すること
② 「家族」に関すること（職業、続柄、健康、地位、学歴、収入、資産など）
③ 「住宅状況」に関すること（間取り、部屋数、住宅の種類、近隣の施設など）
④ 「生活環境・家族環境など」に関すること

●本来自由であるべき事項（思想・信条など）の把握
⑤ 「宗教」に関すること
⑥ 「支持政党」に関すること
⑦ 「人生観・生活信条など」に関すること
⑧ 「尊敬する人物」に関すること
⑨ 「思想」に関すること
⑩ 「労働組合（加入状況・活動歴など）」、「学生運動などの社会運動」に関すること
⑪ 「購読新聞・雑誌・愛読書など」に関すること

●採用選考の方法
⑫ 「身元調査など」の実施
⑬ 「全国高等学校統一応募用紙・JIS規格の履歴書に基づかない事項を含んだ応募書類（社用紙）」の使用
⑭ 「合理的・客観的に必要性が認められない採用選考時の健康診断」の実施

●募集時に提出させてはいけない書類●

① 戸籍謄本、戸籍抄本
② 本籍地が記載された住民票
③ 現住所の略図
④ 合理的・客観的に必要性が認められない健康診断結果票

出所：厚生労働省「採用選考自主点検資料（平成29年度版）」

19 応募者の個人情報の正しい取扱い

✓ 不適切な取扱いをすると懲役や罰金刑となることも

法律では、「その業務に関し、求職者、その募集に応じて労働者になろうとする者または供給される労働者の個人情報を収集し、保管し、または使用するに当たっては、その業務の目的の達成に必要な範囲内でこれを保管し、及び使用しなければならない。」（職安法5条の4）と定められています。

たとえば、**採用選考時に配慮すべき14の事項**」（217ページ図参照）に**抵触する情報を収集した場合には、厚生労働大臣の指導、助言対象**となります。

さらに、業務の適正な運営を確保するために必要があると認めた場合には、改善命令の対象となります。

なお、改善命令に違反することがあれば、6か月以下の懲役または30万円以下の罰金が科される可能性もあります。

✓ 履歴書などの個人情報の取り扱い

選考に外れた応募者や内定辞退者から「履歴書を返してほしい」と依頼されることがあります。このような依頼が増えるにつれ、履歴書等の応募書類を返却する企業が増えてきました。最近では、「提出された履歴書は会社の責任においてシュレッダー処分します」と明記された求人票も多数見かけます。

法律で、「求職者等の個人情報を適正に管理するために必要な措置を講じなければならない。」（職安法5条の4）と定められています。仮に、企業の個人情報に関する管理が甘く、応募者等の情報が紛失し、第三者に漏洩して不正使用されることがあれば、企業の評判を大きく落としかねません。応募者等から企業が訴えられてしまうかもしれません。

ところで、採用選考を経て、内定後に収集するものとしてマイナンバーがあります。マイナンバーは、労働社会保険手続や源泉徴収票作成時に使用します。企業は不必要なマイナンバーの提供を受けることができません。したがって、**内定後に入社が確実になってからマイナンバー提供の依頼を**するようにしてください。

○○年○月○日

赤井　秀男様

マイナンバー提示依頼書

　このたびは、内定おめでとうございます。
　さて、入社時には、赤井　秀男様にかかわる労働社会保険手続および源泉徴収事務を当社の人事部門が行います。
　これらの手続には、赤井　秀男様のマイナンバーが必要となります。
　お手数ですが、入社日の前日までに、人事部担当者まで赤井　秀男様のマイナンバーを提示いただきますようお願いいたします。

1．マイナンバー収集目的
　①労働社会保険手続に使用するため
　②源泉徴収事務に使用するため

2．マイナンバー提示方法
　次のいずれかの方法でお願いいたします。
　①マイナンバーカードの提示
　②マイナンバー通知カードおよび免許証などの公的証明書

以　上

ヘルスミー　株式会社
人事部　担当　青柳　太郎
TEL 03-1234-5678

20 採用選考時の健康診断の留意点

☑ 健康診断が可能な場合とは?

　応募者の健康状態はプライバシー保護の観点から確認し難い環境になっています。しかし、不健康な状態で採用され、その後に重大事故の発生が予想されるのであれば、採用選考時の健康診断結果に基づき未然に事故の発生を防ぎたいものです。

　採用選考時の健康診断は、合理的、客観的に必要性が認められれば実施できます。ただし、募集業種や職種によって適性と能力を判断するうえで必要な場合に限ります。また、応募者に対し、**検査内容と必要性に関してあらかじめ十分な説明を行い、同意を得ておくことが必要です。**

　採用選考時に、調査の必要のないB型肝炎ウイルスの感染検査を、本人に事前説明をせず、かつ、同意を得ずに2回実施し、裁判になった例があります。判決では2回の検査が不法行為と認められ、企業は合計150万円の損害賠償を支払うことになりました。

☑ 健康診断の必要性が認められない場合の健康チェック方法

　入社後すぐに糖尿病で入院、もしくはうつ病を発症して欠勤するなど、従業員の既往症にまつわるトラブルは少なくありません。採用時の健康診断で既往歴や自覚症状に関する項目がありますが、入社後では企業の打つ手が限られてきます。

　こうした事態を防ぐには、**採用選考時に健康状態を確認することが有効**です。既往症についての質問を面接シートに記載しておけば、直接聞くこともできます。

　ただし、応募者にとって既往症を話すことがストレッサーとなり、体調不良を引き起こすことも考えられます。応募者に安心して回答してもらうには、「回答したくない場合には回答しなくてもよいですよ」と一言伝えるだけで、面接官の印象がよくなります。

　直接聞かずに健康告知書に告知してもらう方法もあります。健康告知書についての説明を行った後に、本人同意のうえで記入してもらいます。本人が記入することで、会社のリスク回避となります。

ヘルスミー　株式会社
代表取締役　持杉　建吾　殿

健康告知書

　私は、貴社への入社を希望するにあたり、過去の傷病歴ならびに現在の健康状態を下記のとおり告知します。
　健康告知書の内容により、会社が医師の診断書の提出を求めたときは、速やかに提出いたします。また、この健康告知書に事実と異なる虚偽の記載が判明した場合は、採用を取り消され、または雇用契約上相応の処分を受けても、異議申し立てを行いません。

○○年○月○日

　　　　　　　　　　　住所　東京都台東区千束4丁目1-1
　　　　　　　　　　　氏名　栗庫　萌　　　　　　　　㊞

1．過去1年以内に、医師の診察・検査・治療・投薬を受けたことはありますか？
　　　　　　　　　　　　　　　　　　　　　　　　　　ある　・　ない
　「ある」の場合は、その傷病名、現在の症状を教えて下さい
　傷病名
　現在の症状

2．過去3年以内に、病気やけがで入院したことがありますか？
　　　　　　　　　　　　　　　　　　　　　　　　　　ある　・　ない
　「ある」の場合は、その傷病名と期間を教えて下さい
　傷病名
　期間

3．視力、聴力、言語機能に障害はありますか？
　　　　　　　　　　　　　　　　　　　　　　　　　　ある　・　ない
　「ある」の場合は、その状態について教えて下さい
　症状
　障害の状態

〜〜〜〜〜〜〜〜〜〜〜〜〜〜〜〜〜〜〜〜〜〜〜〜〜〜〜〜〜〜〜〜〜〜

7．当社での勤務に際して、あなたが不安・心配だと考えていることはありませんか？
　　　　　　　　　　　　　　　　　　　　　　　　　　ある　・　ない
　「ある」の場合は、あなたの能力発揮の阻害要因となる可能性があります。具体的に教えていただくことで、早めにあなたの不安・心配を解消に導き、能力を最大限発揮していただきたいと考えています。

　　不安・心配だと思うこと

　この健康状態告知書は、当社の採用選考の資料とするものです。他に流用することは一切ありません。

21 面接時の評価エラーを防ぐ

✓ なぜ面接官によって評価が変わるのか？

どの面接官であっても、同一の応募者を面接すれば、必ず同じ評価結果になるとは限りません。なぜなら、面接官が応募者を評価する場合には、様々な心理的効果が働くからです。

たとえば、自分に自信がない面接官が、自信たっぷりな応募者の話しぶりから、この応募者は素晴らしい逸材であると評価することがあります。しかし、弁が立つだけで、実際には業務遂行能力が欠如しているような応募者だったなどという評価エラーが起こり得ます。

このような評価エラーを防止するには、次の2つの方法が有効です。1つ目は、**面接官の評価者訓練を行う**ことです。心理的効果を意識して面接に臨むことができれば、応募者の評価を誤判定することがなくなります。

2つ目は、**採用基準を数値化する**ことです。たとえば、応募者からの質問回数が7回以上ある場合は、企業に興味を持っていると客観的に評価することです。会社の考え方によって、数値化する内容は異なりますが、採用基準の平準化を図るための1つの方法となります。

✓ 適性検査の活用

検査費用はかかりますが、**適性検査を活用する**と、面接ではわからなかった応募者の特徴、性格、ストレス耐性、職務適性などが見えてきます。適性検査によっては、面接時に確認すべき質問事項や、採用後に必要な研修を教えてくれるものもあります。

適性検査の代表的なものには、リクルートキャリア社の「SPI総合検査」や日本SHL社の「玉手箱」などがあります。しかし、これらの適性検査対策がWEB上で公開されていることを嫌って、CUBICなど他の適性検査を選択する企業もあります。

適性検査を続け、データが蓄積してきたら、**社内評価の高い従業員と低い従業員のデータを比較する**ことをお勧めします。今後の採用基準の1つとして活用することができるからです。ただし、適性検査は採用選考の補完的な資料としてだけ活用することは忘れないようにしてください。

●評価時の心理的効果●

1．ハロー効果（後光効果）
　顕著に優れた特徴があると、その人のすべてを優れていると過大評価してしまう。反対に、顕著に劣った特徴があると、その人のすべてを劣っていると過小評価してしまう。
　対処法：物事の一面のみ見て判断しないこと。

2．中心化傾向
　両極端な評価を避けてしまい、全体的にバラツキの少ない評価結果になってしまうこと。
　対処法：評価者訓練を受け、自分の評価に自信を持つこと。

3．極端化傾向
　評価結果が、最高または最低に偏ること。
　対処法：あらかじめ定量的な絶対評価基準を設けて評価を行うこと。

4．寛大化傾向
　評価結果が甘くなり、適切な評価を実現できないこと。
　対処法：あらかじめ定量的な絶対評価基準を設けて評価を行うこと。

5．厳格化傾向
　評価結果が必要以上に厳しくなり、適切な評価を実現できないこと。
　対処法：あらかじめ定量的な絶対評価基準を設けて評価を行うこと。

6．論理誤差
　独立した評価項目であるにもかかわらず、関連性があると考えて同一評価もしくは類似評価してしまうこと。
　対処法：あらかじめ定量的な絶対評価基準を設けて評価を行うこと。

7．対比誤差
　自分もしくは他の誰かを基準として相対評価してしまうこと。
　対処法：あらかじめ定量的な絶対評価基準を設けて評価を行うこと。

22 インターンシップの活用

✓インターンシップ受入れのメリット・デメリット

　インターンシップとは、**学生が在学中に自らの専攻、将来のキャリアに関連した就業体験を行うこと**です。学生にとっては、「志望企業の内定がほしい」「企業の現実を知りたい」「適職がわからない」など、就職への不安を取り除く実践的な社会勉強として有意義な制度となっています。

　インターンシップに積極的に取り組む学校も年々増加しており、単位認定により学生の負担を減らしている学校もあります。筆者はこれまで10人以上のインターンシップを受け入れてきましたが、実感として単位認定ではない学生のほうが情報や知識を積極的に得ようとする姿勢が見られました。

　企業にとっては、インターンシップを通じて、「**自社をアピールできる**」「**採用選考の一環として実施する**」「**内定者教育**として活用する」など、様々なメリットを享受することができます。また、従業員は、プログラムの作成、実行などに時間を取られるデメリットはありますが、最終的には得るもののほうが多いはずです。

　インターンシップには、有給、無給、短期間、長期間、セミナー型、課題プログラム型、業務実践型、地方開催、海外開催など、様々なタイプがあり、受入企業各社は工夫を凝らしています。

　インターンシップを募集するには、次の方法が一般的です。

①学校のキャリアセンターなどに登録する
②地方自治体、各種団体のインターンシップ募集企業として登録する
③インターンシップ情報サイトに登録する
④自社採用ホームページでインターンシップを募集する
⑤周りの人々にインターンシップを募集していることを広める

　もしも、近所の学校が単位認定型インターンシップをしているのならば、積極的に就職課を訪問し、自社をアピールする機会がもらえないか交渉してみることも有効です。**インターンシップが浸透していない地方では、口コミによる情報拡散で募集することも効果的**です。

●インターンシップのメリット・デメリット●

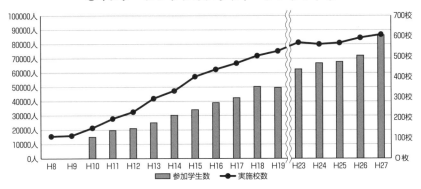

出所：文部科学省「平成27年度大学等におけるインターンシップ実施状況について」

●短期インターンシップと長期インターンシップの特徴●

項目	短期インターンシップ	長期インターンシップ
実施企業	上場企業、大手企業	中小企業、ベンチャー企業
実施目的	広報、リクルート	選考、内定後教育
実施時期	春休み、夏休み	通年
受入数	多い	少ない
報酬	報酬なしが多い	報酬ありが多い
プログラム	体験型	実践型
企業の負担	小	大
学生が得られるもの	業界を知る	職種を知る
学生のかかわり方	授業の一環（単位付与）	アルバイト的

●筆者事務所の短期インターンシップカリキュラム例●

インターンシップ受入計画書（企業名：特定社会保険労務士杉山晃浩事務所）
作成日：2018年7月30日

	1日目	2日目	3日目
研修指導者名	（　指導　好代　）	（　指導　好代　）	（　指導　好代　）
研修実施場所	（　本社　）	（　本社　）	（　本社　）
主な研修内容			
AM	●社内清掃、朝礼 ●オリエンテーション （自己紹介、事務所案内、業界説明、組織と業務内容説明） ●適性検査	●社内清掃、朝礼 ●適性検査結果考察 ●書類のスキャン、コピー、ファイリング	●社内清掃、朝礼 ●営業資料作成 ●書類のスキャン、コピー、ファイリング
PM	●ビジネスマナー研修 ●書類のスキャン、コピー、ファイリング ●書庫内書類の電子化	●入社時に必要な書類説明 ●社会保険関係書類の模擬作成 （入社、扶養加入） ●雇用保険関係書類の模擬作成 （入社） → どの書類が必要になるのか？	●退社時に必要な書類説明 ●社会保険関係書類の模擬作成 （退社、扶養削除） ●雇用保険関係書類の模擬作成 （退社、離職票の作成を含む） → どの書類が必要になるのか？

23 会社合同説明会の実施

✓ 会社合同説明会は社長が応募者を魅了する場

　会社合同説明会とは、**地方自治体・各種団体**や求人広告会社が行う、**大規模な企業と求職者のマッチングの場**です。求職者がたくさんいるところで企業の求人募集をするのが最も効率的ですし、一次面接が可能な会場も存在します。

　企業が、求人広告会社や就職ナビが主催する説明会に参加するためには、広告料やブース料が必要です。一方、主催会社は、様々な手段を用いて多くの学生をはじめとした求職者を集めます。

　また、地方自治体や各種団体などが主催する公的な説明会は、無料で参加できます。反面、求職者集めにコストがかけられないために、参加会社数よりも求職者数が少ないのではないかと感じてしまう説明会もあります。

　なお、学校主催の説明会は無料で参加でき、狙い定めた大学の学生とコンタクトできる最高の場所となっています。

　ただし、会社合同説明会に参加すれば必ず多くの求職者に出会うことができるかと問われれば、中小企業ではハードルが高いかもしれません。大手企業、有名企業、地方自治体などと求職者を取り合いますので、自社のブースに求職者を集める努力は必要です。

　自社のブースに求職者が集まれば、自社の説明会が開催できます。

　創業社長、二代目社長、サラリーマン社長など様々な社長がいますが、求職者は、社長の口から次のストーリーを聞きたいのです。

①どのような企業なのか
②どのような仕事をしているのか
③これからどのようになっていくのか
④この企業に入社するとどのような未来が待っているのか

　このときに、求職者の頭のなかに、職場でイキイキ活躍しているイメージを鮮明に描くことができれば、必ず応募者に変わります。

　「何を言うかではなく、誰が言うか」を実感できる場所となります。

●会社合同説明会のイメージとツール●

◆会社合同説明会　筆者事務所ブース風景

新卒スタッフが、事業所の概要や雰囲気を大学生に説明することで、働きやすい環境、女性が活躍できる環境であることをアピールし、本社見学と所長講演会の参加へ誘導しています。

宣伝を兼ねて、事務所名入りボールペンをプレゼントしています。
本社見学予約シートは、切り離して参加希望者に渡すことができるようにつくっています。

◆筆者事務所　小冊子

◆筆者事務所　紹介冊子

行政機関の企画により、会社情報を学生やUIターン希望者向けに無料で作成、配布してくれることもあります。

24 採用時の提出書類から応募者を読み解く

✓ 履歴書のチェックポイントとは？

　近頃では、パソコンで作成した履歴書を提出されることが増えてきましたが、やはり、**手書きの履歴書を提出してもらうようにしましょう**。

　手書きの履歴書では、丁寧に書いているか、誤字脱字はないか、記入漏れの箇所はないかをチェックします。なぐり書きや誤字脱字だらけの履歴書を提出する人が入社後に活躍する期待度は、非常に低いと考えます。

　中途採用者の職歴欄では、転職回数、在職年数、退職理由から、過去の勤務をイメージします。

　入社後に発覚するトラブルで、**学歴や職歴を詐称**していたものがあります。トラブルを起こした前職の履歴ごとなかったことにしてしまうのです。退職理由が、懲戒解雇であるにもかかわらず、一身上都合による退職と書くこともあります。職歴詐称が気になるようであれば労基法22条の「**退職証明書」の提出を求めます**。退職証明書の提出がなければ、前職の退職時にトラブルがあった、または職歴詐称が存在すると考えます。

　志望動機欄などが、今回の応募用に考えて書かれていれば、入社志望の本気度は高いと考えます。一般的、マニュアル的であれば、面接時に確認が必要です。

✓ 職務経歴書などのチェックポイントは？

　新卒学生求人では、応募時にエントリーシートを提出することが一般的になっています。また、卒業見込み証明書や成績証明書によって、卒業できる学生であるか、在学中に勉強しているのかを確認します。

　中途採用では職務経歴書、ジョブカードの提出を求めることがあります。職務経歴書に抽象的表現があれば面接で具体的な成果を確認します。職務経歴書には自分に都合が悪いことを記載しないので、面接時に推測する必要があります。ジョブカードは以前の勤務先で発行されたものです。内容がよくても自社で必ず活躍する証明にはならない点に注意します。

　介護職などの資格や免許が必要な職種の場合には、面接時に資格証などの現物を確認することで、資格詐称を防ぐことができます。

●履歴書のチェックポイント●

※手書きで丁寧に記入してあり、誤字脱字がないこと

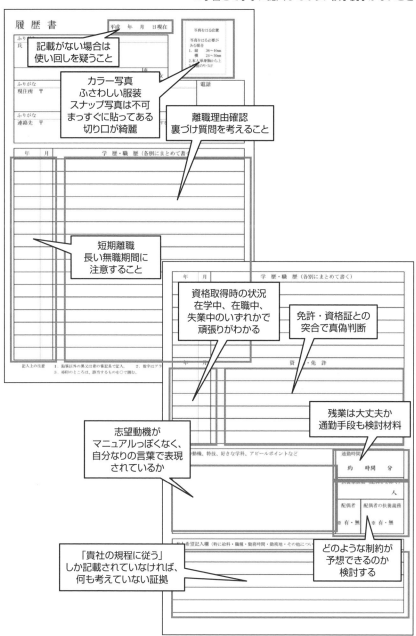

25 内定辞退を防止するテクニック

✓ 内定取消しに潜むリスク

　優秀な内定者に、入社までの間、何もアプローチをしなければ、もっとよい条件の企業を探して内定辞退されるおそれがあります。内定者からの辞退を防ぎつつ、自社への入社意思を固めてもらわなくてはなりません。

　内定辞退が発生する原因には、「内定者が将来に不安を感じている」「入社することに心から納得していない」などの理由が考えられます。

　採否決定後、最初にすることは**内定者にフォロー担当者を付ける**ことです。フォローは**個別に対策を採るのがポイント**です。たとえば、フォロー担当者は学校OBや面接官など、内定者と接点が多い従業員を選びます。

　従業員に内定者を個別フォローさせ、お互いの共通項を探して信頼関係を構築することで、企業への親密度が上がります。同時に、**フォロー担当者は、内定者の価値観を探っておきます**。価値観を把握しておけば、最初の配属先で相性のよい部署、上司を選ぶことができ、入社後のモチベーションを保つことができます。

　新卒採用では、内定から入社までの間に長い時間が存在します。この間に、世界的な経済的変化や取引先の倒産に伴う経営の悪化など、企業の規模に限らず、**内定取消し**を考えなければならない場面があります。

　内定者に自社の事情を話して、納得してもらえなければ、内定取消しが裁判に発展することもあります。

　新規学卒者の採用内定の法律的性格は**始期付解約権留保付労働契約**と呼ばれています。一般的な採用内定通知書には、留年、健康状態の悪化、虚偽申告、刑法犯として逮捕などが内定取消し事由として明示してあります。

　しかし、内定取消しとなる解約権の行使については制限されており、「客観的に合理的な社会通念上相当として是認できる事由」であることが必要となっています。

　なお、裁判により、内定取消しが権利の濫用にあたるとして、内定取消しが無効となることがあります。くれぐれも、「まだ入社前だから……」などと、気軽に内定取消しをすることだけはしないでください。

●内定者フォローの具体例●

1. 全社を挙げたサプライズ内定者発表会を開催し歓迎ムードを高める
2. フォロー担当者から、内定を直接伝える
3. 社長やフォロー担当者が、内定者と握手して意思を固めさせる
4. 内定記念の撮影をする
5. 社長と内定者が1対1のお祝い会食の席を設ける
6. 内定者に、内定したことを家族や恩師などに報告することを勧める
7. 内定者の両親に内定決定の挨拶に伺う
8. 内定式の際に、従業員が1人ひとり「内定おめでとうございます。」と声をかけ、よい雰囲気を醸し出す
9. 内定式に、内定者の両親を招待する
10. フォロー担当者を内定者のメンターとして、公私にわたり相談にのれる体制を作る
11. 内定者懇親会を定期的に開催する
12. 企業参観日には、希望部署が訪問でき、従業員とコミュニケーションがとれる機会をつくる
13. 内定者合宿を開催し、内定者同士のコミュニケーションを図る
14. チームビルディング研修などを開催し、本人の強み弱み、自分と他人との違いの理解、組織の一員としての自覚を促していく
15. SNSなどのコミュニケーションツールを使って内定者に情報発信する
16. 運動会、忘年会、創立記念日などの企業イベントに招待する

●内定者を入社前までにパワーアップし入社後すぐに活躍させる方法●

1. 内定者インターンシップを行う
2. ビジネスマナー講習会を受講させる
3. e-ラーニングなどにより、業務知識を習得させる
4. 業務知識に関する社内検定を受験させる
5. 資格取得勉強会を開催する
6. 在学中の資格取得費用を企業が負担する

自社採用専用ホームページを一工夫

参考にしたい採用ホームページとは

　御社の採用ホームページには、どのような工夫がなされていますか？
　たとえば、本書の共著者の1人、堀下和紀先生の採用専用ホームページには以下のように様々な工夫がされています。

- スタッフインタビュー…「この事務所で一緒に働きたい」と思えるようなワクワク感を醸し出したインタビュー記事になっている。
- 教育制度の紹介…「ここまで手厚く育ててくれるシステムなら安心」と応募へのハードルをグッと下げる仕掛けになっている。
- 年間行事の紹介…楽しさとゴージャス感が伝わってくる。
- シスター制度・アテナ制度…社会保険労務士事務所という難しそうな職種だが、「初心者でも大丈夫」ということが伝わってくる。

　極めつけは「働く女性応援宣言」。働きやすい職場を想像させています。参考にしていただきたい採用専用ホームページです（http://horishita-saiyo.com/）。

ブログ発信を「開店休業」状態にしない工夫

　筆者の事務所では、スタッフブログを求職者に向けて発信しています。
　最初はスタッフが輪番制で定期発信していましたが、途中でサボり癖が付いてくると途端に更新がストップしてしまいます。現在は、スタッフブログの所長賞や年間MVP制度をつくり、豪華賞品を渡すようにしています。
　インターンシップでは、在学中に社会保険労務士試験取得を目指す大学生には、社会保険労務士通信教育費用全額負担制度で、卒業と同時に国家資格者としてデビューできる仕組みをつくっています。
　また、社会保険労務士の有資格者向けには、全国の有名な社会保険労務士の先生方とのパイプを利用させていただき、専門家からの推薦動画をアップしています。
　動画中で、先生方の著書を紹介し、杉山晃浩事務所に入所すれば、全国の素晴らしい先生方とお近づきになれる期待感を盛り上げています。これらの動画は、先生方の了解を得てYouTubeでも視聴ができるようにしており、求人の宣伝につながっています（https://www.youtube.com/watch?v=Vxx4-wsoiD8）。
　ぜひ、人事担当者で様々なアイデアを出し合い、採用専用ホームページに工夫を凝らしてみてください。採用力アップに繋がります。　　　　　（杉山晃浩）

5章

人事企画業務の基本を押さえよう

1 人事企画で行う全体像を押さえよう

☑ 人事企画の4つの業務

人事企画の主な業務は以下の4つになります。

人事制度運用

人事企画担当者がやるべき業務の1つ目に、人事制度の運用があります。

かつては人事部門に「人事権」があった時代もありました。しかし、近時は「職制規程」「組織規程」「決裁権限規程」に定める範囲に応じて、**取締役会・執行役員会議・担当役員・部署長に人事権が分掌されている**のがスタンダードです。

人事部門は、各人事権者が「ルールに沿った正しい運用」をするように事務局・調整機能として支援、時には牽制をしていく役割があります。

人事制度の運用については、会社の人事制度の内容、会社が定める評価のルール、汎用的な原理原則を人事権者に研修を通して伝え、ルールに沿った正しい運用をしていけるようにサポートしていってください。

人事制度づくり

人事企画担当者がやるべき業務の2つ目に、人事制度づくりがあります。

人事制度の評価項目と尺度は、会社の「理想の従業員像」が体現されたものにつくり替えていかなくてはなりません。

かつては、経営陣と人事部門だけで人事制度をつくるのが主流でした。しかし、近時は人事権者が代表を務める**プロジェクトチームで共働してつくっていくことが多くなりました。人事部門は、このWGの事務局として機能することが求められています。

スタッフィング

人事企画担当者がやるべき業務の3つ目に、スタッフィングがあります。

スタッフィングとは、会社組織が効率的に機能する人材配置ができるよう、**各人事権者のサポートを行う**ことです。

人事異動の調整や通達の発信など人事企画担当者の業務だけではなく、

採用担当者の「採用計画」や労務管理担当者の労働条件・賃金管理などとも相互に関係し合っています。

人材育成、教育・研修

人事企画担当者がやるべき業務の4つ目に、人材育成、教育・研修があります。

人事制度で会社の「理想の従業員像」が示されているので、会社は従業員がそこに近づけるよう人材育成策を実施します。当然、人事制度と人材育成策は相互にリンクしあったものでなくては意味がありません。

人事部門は、各人事権者のリアルな意見を吸い上げ「理想の従業員像」に近づくのに効果的な研修等を企画・運営しなくてはなりません。

◉人事企画を中心とした諸業務との関係性の概念◉

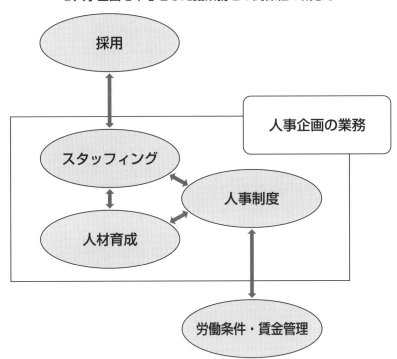

2 そもそも「人事制度」とは何か

✓ 人事制度の全体像と基本原則

次ページ上図にあるように、人事制度は、①**評価制度**、②**賃金制度**、③**等級制度**の3つの制度から成り立っており、それぞれの制度が相互に作用し合っています。

また、企業の経営理念や経営計画を実現するために、採用から人事評価、賃金や賞与の査定、昇格・昇進などの人事決定を場当たり的に決定・実施するのではなく、「見える化」した基準を構築・運用し、その結果をOJTなどの能力開発に生かし、日々の業務遂行の効率化を図る仕組みを**トータル人事システム**といいます。

また、図にあるように、評価制度は人事制度体系のなかの1つの制度であり、評価結果に基づく能力開発を通じて日々の業務遂行の効率化を図り、それにより経営理念や経営計画を達成することが本来の目的です。

したがって、会社がどのような方向性を目指すのか、そのためにはどのような人材が必要なのかによって人事制度は変わってきます。

✓ 人事評価の四原則

人事評価には、次ページ下表に示した「2つの目的（機能）」があります。これを達成する正しい人事評価を実現するためには、以下の4つの基本原則を守っていただきたいと思います。

(1) 部下の「仕事」を評価すること

「人の評価」ではなく、その人が行った「仕事」を評価します。

性格・人格・人生観といった気質に係わるものや、性別・学歴・勤続年数など属人的要素といったものは評価の対象にはなりません。

(2) 職務遂行の場での行動とその結果のみで評価すること

(3) 勤務時間内の行動とその結果のみで評価すること

プライベートの時間やレクリエーション、休憩時間などでの行動は、評

価の対象になりません。

(4) 定められた評価対象期間だけを評価の対象とすること

評価期間外の行動・業績は、たとえそれが顕著な業績であっても、評価の材料とすることはできません。

●トータル人事システムの体系図●

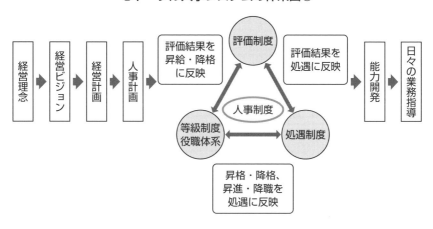

●人事制度の２種類の目的（機能）●

1) 処遇格差付けの根拠の明確化（査定機能）

被評価者１人ひとりの業績や能力などを「職務行動事実」に基づいて把握し、処遇の格差付けを行うことで、評価結果のフィードバックに明確な説明が付けられるようにすることです。

2) 育成・指導ポイントの明確化（育成機能）

被評価者１人ひとりの育成ポイントを明確にし、評価結果を、①育成、②業務上の指導、③配置、④やる気のある職場づくりなどの「マネジメントに活用」することです。

3 人事評価の流れ

✓ 1年間の評価期間中に何をやるべきか？

ここでは人事評価プロセスの全体像を解説します。次ページ図に全体像をまとめたので、このフロー図を見ながら読み進めてください。

1 期首の目標設定と役割責任の確認

人事評価は、まず期首の目標設定と役割責任の確認からスタートします。従業員個人ごとの目標は、全社目標や自部門の部門目標を達成するためのものですから、当然これらと連動しているものでなくてはなりません。実務的には、部門別の目標を達成するための**個人ごとの目標設定の草案を一次評価者が作成**し、ところどころに本人の意見も勘案し作成していくことになるでしょう。

また、この段階で一次評価者が被評価者に、「役割責任基準書」等で定められている役割責任を説明して認識を共通化します。

2 期中の業務遂行

直接の所属長である一次評価者とは特に緊密にコミュニケーションを取りながら、目標と役割責任の達成に向けて職務を遂行していきます。日々の業務遂行でのコミュニケーションや指導の基礎資料として、**昨期の評価結果を上手に活用すること**を忘れないでください。

3 自己評価

人事評価のタイミングには、まずは被評価者本人が自己評価をします。この自己評価の実施が、その後の**所属長による評価結果フィードバックを受ける土壌として機能**します。

4 一次評価

直接の所属長が一次評価をします。一次評価者は、被評価者を日々直接マネジメントしている立場なので、評価結果を導き出す評価の対象となる**「職務行動事実」を上司のなかでは一番把握している**はずです。

●人事評価プロセスの全体像●

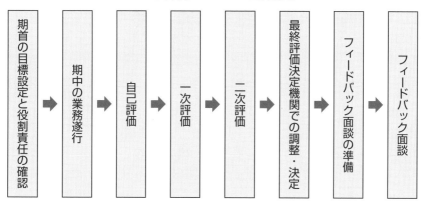

5　二次評価

　一次評価者の所属長が二次評価をします。二次評価者は自身がマネジメントする複数名の一次評価結果を見ながら、より高所からの見地で調整・修正を加えて評価結果を導き出します（これを**甘辛調整**といいます）。

6　最終評価決定機関での調整・決定

　社長や役員会などの最終評価決定機関で評価結果の最終決定を行います。**部門横断による業績のバランスによる全社的な調整**が行われます。

7　フィードバック面談の準備

　最終評価決定を受けて、一次評価者と二次評価者で、**被評価者**にどのようにして**評価結果を伝えるか打ち合わせ**します。特に注意するべきは、一次評価と二次評価や最終評価とが異なるケースです。こうしたケースでは、「どのような理由や育成方針を被評価者に伝えるか」がとても重要になってくるので、この点を重点的に協議し、評価を決定しておきます。

8　フィードバック面談

　一次評価者がフィードバック面談を担当します。フィードバック面談では、評価結果を単に伝えるだけではなく、**被評価者本人の受け止め方を確認し、可能な限り「理解」を得る努力をしてください**。そして、最後は、来期の被評価者本人のチャレンジの方向性を明確にして、来期の目標設定や役割責任について時間をかけて話し合っていきます。

4 役割責任達成度評価でやるべきこと

☑「決められたルール」に基づいて自己流運用を排除する

　役割責任基準書とは、会社の「理想の従業員像」を可視化した能力と行動の基準です。役割責任達成度評価では、この理想の従業員像により近い従業員が高い評価となります。各等級・各職務ごとの役割責任達成度基準に最大限近づいた従業員が昇格または高率昇給となり、反面そこからかい離している従業員が降格または降給となるのです。

　役割責任基準書は、以下の2点から構成されるのが一般的です。

①**共通部分**　部署を問わず、この会社の各役割責任等級で求められる基本的能力・行動基準
②**担当業務別部分**　部署ごと担当業務ごとに、この会社の各役割責任等級で求められる専門的能力・行動基準

　役割責任達成度評価では、あらかじ定められたこの役割責任基準書およびその他人事関連の諸規程・ルールブックに則った評価の運営をするべきで、特に**各評価者の恣意的な"自己流運用"は決して行ってはなりません**。

◉「人事評価規程」と「役割責任達成度評価の実施マニュアル」の作成例◉

```
                    人事評価規程
(目的)
第1条　この規程は、株式会社〇〇(以下、「会社」という)の従業員の人事評価の方法
および実施手続きについて定めたものである。

(中略)

(人事評価要素およびその評価方法)
第5条　人事評価要素およびその評価方法は、次の各号のとおりとする。
　(1) 役割責任達成度
　　　別途定める「職務能力基準書」に基づいて、期首に各従業員ごとの「役割責任達
　　　成度評価表」を作成し、これに基づき従業員の役割責任等級ごとおよび担当職
```

```
                役割責任達成度評価の実施マニュアル
    1. スケジュール
    人事評価対象期間は、4月1日から翌年3月31日とする。

    2. 役割責任達成度評価の手順
    【役割責任達成度評価表の作成】
    ①　一次評価者は、期首に、被評価者の部署・職位に対応した「役割責任基準書」をコ
    　　ピーして、各従業員の「役割責任達成度評価表」を作成する
```

まず、人事評価全般の運用ルールとして**人事評価制度規程**を定めましょう。この規程には、会社が採る人事評価方法、評価対象期間、中間レビューの実施ルール、評価確定期日、評価者、フィードバック面談の実施方法、評価者研修、評価者の心得などの人事評価全体のグランドルールについて定めておきます。

　次に、役割責任達成度評価では**役割責任達成度評価実施マニュアル**を定めるのが重要です。この運用ルールでは、期首に実施する「役割責任達成度評価表」の作成方法から始まり、期末の自己評価・一次評価・二次評価の記入方法、役割責任達成度評価の総合評価結果の算出方法など役割責任達成度評価の細かい運用ルールを定めておきます。

●「役割責任基準書」（共通部分）の作成例●

	D級	M級	A
能力・行動基準	担当業務に関して、相当の知識・経験を有し、会社の目標を達成するために、部門方針・目標を徹底させ担当部門全体の目標を達成させることができる	担当業務に関して、相当の知識・経験を有し、部門方針・目標を達成するために、会議や日常の指示を通して部下を指導し、自身や部下1人ひとりの目標を達成させることができる	担当業務に〜し、包括的〜るとともに、遂行するこ〜
求められる考慮範囲	会社全体の工程（自分の担当部門だけでなく会社全体のこと）を考慮できる	部全体の工程（自分の課・チームだけでなく部全体のこと）を考慮できる	課全体の工〜後だけでは〜
目標達成	部全体の目標を達成させることができる	課全体の目標を達成させることができる	自分自身の〜いる下位者〜
業務改善・工夫	①担当する部を効率よく運営するために、常に部全体の流れを意識して部下を指揮して改善することができる ②部下の改善案を活かす等して、部内のモラールを高め、仕事の改善に結びつけることができる	①ムダ・ムラ・ムリをなくす問題意識を持って、担当する課・チーム全体に関する改善・工夫を部下を指揮して行うことができる ②業務の効率化や環境の変化を見極めながら、担当する課・チームの業務マニュアルの見直し等を行うことができる	①ムダ・ム〜を持って、〜る改善・工〜指導を任〜務に関する〜②業務の効〜ら、自分自〜
情報収集能力	会社に役立つ情報を収集・整理・分析し、適宜必要な形に加工しながら活用することができる	自身の部および専門分野に役立つ情報を収集・整理・分析し、適宜必要な形に加工しながら自身の課・チームの業務に活用できる	自身の課・〜理・分析し、〜
企画・立案能力	経営方針に基づいて、担当する部の実施計画を策定し、実現可能性を判断して決定できる。また、環境の変化を見極めながら、新しい仕事の企画・立案ができる	部の方針に基づいて、担当する課・チームの具体的実施計画を所属長に提案することができる	課・チームの〜務および指〜育成に関す〜きる
問題解決能力	担当する部で生じた問題については、会社の方針を踏まえて部下を指揮して適切に対応することができる	担当する課・チームで生じた問題については、会社および部の方針に基づき、部下を指揮して適切に対応することができる	自身の担当〜課・チームの〜踏まえなが〜
折衝力	①常に相手の立場に配慮し折衝に臨み、知識と経験を活かして重要事項を取りまとめることができる ②部門間にまたがる調整・苦情・トラブル等が発生したような場合でも担当する部だけにこだわることなく会社全体の立場に立って折衝することができる	①関係各所に対して情報・資料入手等の折衝ができ、また上司から指示された報告、申請、折衝等を適切に行うことができる ②担当業務遂行にあたり他の課・チームとの調整が必要な場合は、関連する課・チームと適切な折衝を行い、業務遂行に効果を上げることができる	担当業務の〜が必要な場〜効果を上げ〜

5 目標達成度評価でやるべきこと

✅ よくある目標管理の問題点と対策

　2013年に実施された調査によれば、多くの会社で、目標設定から評価の実施の段階での評価者の怠慢に起因する制度の形骸化が発生し、被評価者は自分の目標設定やそれに基づく評価者の日々の業務遂行における支援に納得していない状態にあるようです。人事部門は、現場に丸投げするのではなく、制度を正しく理解したうえで自社の制度運用上の課題を抽出し、その課題に対して正しい対策を打っていかなくてはなりません。

●「目標管理制度実態調査」●

〈目標設定の段階の問題点〉
- 管理者が全社方針や組織目標を踏まえた目標内容・レベルの指導や動機付けができていない
- 目標設定面談の実施が義務付けられているが、面談が形式化している　など

〈目標に基づく日々の業務遂行の段階の問題点〉
- 管理者が自分の目標達成や日々の業務に追われ、部下への指導・支援が十分にできていない
- 目標設定後は管理者のフォローや関与がない　など

出所：労務行政研究所「目標管理制度実態調査」(2013年)

✅「目標管理シート」の書き方

　目標管理シートで達成度を評価する場合、特に重要なのが「正しい課題設定」です。人事担当者は、以下の5つの課題設定の基本原則を理解し、評価者・被評価者ともに定期的に**目標管理制度研修**を受講させることできちんと腹落ちさせて、"自己流"の制度運用をさせないようにしましょう。

●「目標管理シート」の書き方のポイント●

1　上位の目標と連動しているか
　被評価者の目標は、別個独立のものではなく、全社目標や自部門の部門目標、評価者（所属長）の目標と連動したものでなくてはなりません。

2　課題が自身の職務等級にふさわしいものになっているか

3　達成水準が自身の職務等級にふさわしいものになっているか

設定する課題と達成水準は、自身の職務等級に基づく役割責任に見合うものでなくてはなりません。たとえば、新入社員が"年内に会社を上場させる"というのは分不相応な目標です。一方、管理職クラスの目標が、"自身の事務ミスを90％減らす"などという役割責任と比較してあまりに低すぎるのもいけません。

4　達成水準は計測できる表現になっているか

　目標の達成度を客観的に判定するために、達成水準は、「計測できる表現」でなくてはなりません。

【よくない例】
「報告・連絡・相談を徹底する。」

【上記を改善した例】
「○月○日までにサイボウズオフィスで報連相シートを作成し、運用を開始する。」
「年度内の報連相シートの提出率を95％以上にする。」
「報連相シートの提出状況を翌週火曜日までに毎週確認して100％期日どおりに総務部に報告する。」

5　課題は5項目程度になっているか

　大小合わせて5つの課題に対して、5％以上40％以下の範囲内ウェイトを設定します。理由としては、課題数が少なく1つ1つのウェイトが大きいと、仮に達成失敗した場合に挽回することが不可能になってしまうからです。

●「目標管理シート」の作成例●

目標管理シート

	氏名	所属／役職	役割責任／等級
被評価者			
一次評価者			
二次評価者			
最終評価決定機関			

	総合評価結果			
	自己	一次評価者	二次評価者	最終評価
点数合計				
評価点				

期間（○○年○月○日～○○年○月○日）

	課題（何を）	プロセス（どのような方法・手段で）	達成水準（どのレベルまで）	期日（いつまでに）	難易度	ウエイト	個別項目評価		
							自己	(※)一次評価者	(※)二次評価者
1	業務内容の見直し	業務リスト作成・改善	残業時間を20％減	○月末	C	10	評価点／点数	評価点／点数	評価点／点数
2	○○のミスの再発防止	対応策の提案	6件以下に減	3か月以内	B	20	評価点／点数	評価点／点数	評価点／点数
3	クラウド環境の整備	機能・価格等の比較検討	社内へ導入	半年以内	A	40	評価点／点数	評価点／点数	評価点／点数

6 評価者研修の方法

✅ 評価者研修の種類と目的

評価者研修の方法には以下のような内容があります。

1　評価そのものの知識・スキルに関する研修
　評価者が被評価者の業績・能力などといった「**職務行動事実**」を正しく評価する**ために必要な知識やスキルを習得するための研修**。この研修の内容は、おおむね以下のとおりの内容になります。
　(1)人事評価の約束事などの普遍的な基礎知識・スキルの習得
　(2)自社の経営理念や評価ルールの定義と意味づけの正しい理解
2　目標管理制度に関する研修
　①「何を」(課題)、②「どのように」(達成水準)、③「いつまでに」(期限) という目標管理の3要素の理解を中心とした**正しい目標設定のやり方、日々の業務遂行での被評価者への支援のやり方などに焦点をあてた研修**。この研修では、事例の添削をしていくようなケーススタディなどのワークを実施する形式がよく取られます。
3　フィードバック面談に関する研修
　評価者が行う**フィードバック面談の正しいやり方を習得する研修**。フィードバック面談の進め方や被評価者へのコミュニケーションの取り方、評価結果を来期に繋げる被評価者との関わり方などが内容。この研修では、ロールプレイングやディベートなどのワークを実施する形式がよく取られます。

●評価者が陥りやすい人事評価のエラー傾向●

評価エラー	内容・特徴
①ハロー効果	顕著な特徴に引きずられて、他の特徴について評価が歪められる
②中心(中央)化傾向	評価に自信がなかったり、目立つことを避けるため、当たり障りのない評価になる
③対比誤差	定められた「評価基準」でなく、評価者が「自分」を基準(自分と比較して)に考える
④論理的誤差	想像や推測を交え、評価者の理屈で「ここがよいから、他もよい」と判断する
⑤親近感誤差	学校や出身地、趣味や価値観など、被評価者との共通項から甘い評価をしてしまう
⑥寛大化・厳格化傾向	全体的に高い、あるいは低い評価結果になる

> 評価エラーの傾向を理解することは、適正な評価への第一歩!

評価者研修での演習のやり方としては以下のような内容があります。

1　架空の会社の事例を使った演習
　架空の会社での人事評価に関するやり取りを文章化したものを題材に使用。やり取りのなかに、人事評価の約束事や正しい目標管理制度の運用方法、正しいフィードバック面談の実施方法などに関して、正しくないやり取りを散りばめておき、受講者がディスカッションなどでそれを発見し、正しいやり方を発表していくやり方などが有名。

2　自分の部下の模擬評価をやってみる演習
　実在する自分の部下を題材にして模擬評価を実際にやってみる演習形式。架空の会社のバーチャルな事例ではなく、実際のシチュエーションなのでその会社での実践に即したリアルな演習が可能。その反面、演習のゴールが予想できないことと、評価者の持ち寄る事例によっては共通の人事評価ルールに関する内容が網羅しきれておらず必ずしも教育効果が一定ではないという点で、人事部門の担当者にとってはやり難い面も少なくない方法。

●「人事評価研修」のカリキュラム／「模擬事例演習」の一例●

（半日で人事評価研修と部下とのコミュニケーション研修を行う場合）

〔管理監督者のための人事評価と部下とのコミュニケーション研修〕
○○年○月○日実施

時間（手法）	内　容
9:00～9:15（ワーク）	1：部下が、上司や先輩社員にどんなことを期待していると思いますか？ 2：上司や先輩として、部下・後輩社員にどのように成長してもらいたいですか？
9:15～9:40（講義）	限られた時間のなかで最大限の生産性を上げる人と組織を醸成するために 〈第1部〉部下とのコミュニケーションの5大ポイント
9:40～10:10（ワーク）	3：部下との実際のコミュニケーション事例演習 （頭越しなコミュニケーション傾向があり、インターネット上の情報を鵜呑みにして荒唐無稽かつ自分勝手な主張を繰り返す、他罰的な社員のケース）
（10分間の休憩）	
10:20～11:30（講義）	〈第2部〉人事評価とは何か（目的と体系） 〈第3部〉人事評価の基本ルールとエラー傾向 〈第4部〉目標管理の基本 〈第5部〉上司が習得すべき部下のフィードバックのやりかた
11:30～12:00（ワーク）	4：実際の部下の人事評価演習
12:00～12:10（講義）	まとめ

【設問】A株式会社の営業本部B課長が行った、部下5名に対する人事評価の過程を一読し、①この人事評価のよくない点、②自身のこれまでの人事評価の反省点を記入してください。

【具体的状況】
◎B課長は一次評価者であり、二次評価は所属長である営業本部長が行い、最終評価は営業本部を担当する役員が行います。
◎人事評価は、部下1人ひとりについて全体的にとらえた評価結果を頭に描き、それをもとに各項目ごとに細かい評価を行い、その後、全体評価と各項目評価の辻褄が合うように、微調整するというものでした。
◎各期の各人の実績は、5段階方式で上からS（非常に優秀）A（優秀）B（普通）C（普通以下）D（普通を大きく下回る）で評価を行い、その結果は以下のとおりです。……（略）

7 フィードバック面談の進め方

✓ 人材育成に繋げるフィードバック面談の進め方

フィードバック面談には以下のような目的があります。

> 1　会社としての評価結果を被評価者に理解させる
> 　あくまで評価結果の「理解」であって、"納得"までは必ずしも必要ありません。
> 2　評価結果の原因と課題を明確にする
> 　各人事評価結果について、それぞれの評価シートを使って原因と課題を明確にしていきます。
> 3　来期の育成ポイントの方向性を共有する
> 　正しいフィードバック面談をすれば、評価結果の原因と課題が明確になります。そして、このシェアの内容をもとに、被評価者の来期の「育成ポイント」が明確になってきます。この育成ポイントを、評価者・被評価者双方でシェアし、来期に向けて前向きなフィードバックをしましょう。
> 4　処遇について納得しやすい土壌をつくるため
> 　正しいフィードバック面談をしていただければ、処遇の根拠を評価者・被評価者双方でシェアできますので、これらについて納得しやすい土壌をつくることができます。

　フィードバック面談の担当者は、一次評価者です。一次評価者は被評価者の直属の所属長として、被評価者の日々の業務遂行を一番身近で見続け、これまで前述の月次面談などを通じて被評価者の業務遂行を支援してきた存在です。当日は評価シートを用意して、それを見ながら下記の手順で面談を進めていきましょう。

1　アイスブレイク

　時には厳しいフィードバックもしなくてはならないフィードバック面談。なので、評価者・被評価者双方の緊張を解きほぐすためにも、共通の趣味の話など、初めは**人事評価とは関係ない軽めのトーク**から入りましょう。

2　評価結果の伝達と主要な理由の説明

　今回の①評価結果と②その主要な理由を簡潔に説明します。この段階ではあくまで簡潔に、あまり長々と説明しないことがポイントです。

3　被評価者の受け止め方の確認と認識を傾聴

被評価者の評価結果の受け止め方を確認し、言い分をとにかく傾聴してください。ここではあくまで傾聴です。本人を抑えつけたり、逆に迎合したりはやめてください。また、表情やしぐさなど被評価者の「非言語表現」にも目を配って、受け止め方を確認してください。

4　評価項目ごとの意見交換と会社の認識の説明

たとえば、情意評価であれば、積極性・責任感といった評価項目ごとにそのつど、評価者・被評価者で意見交換をしながら進めていきましょう。

また、各項目の意見交換のつど、被評価者の認識を傾聴するとともに、今度は会社としての認識を説明していきましょう。

なお、会社の認識については、被評価者に"納得"させるのではなく、あくまで意見交換ですから、被評価者に理解してもらえれば目的達成です。

5　来期のチャレンジ方向性を明確にし、本人への期待を表明

意見交換が一とおり済んだら、最後には被評価者の来期のチャレンジ方向性を共有し、本人への期待を表明し前向きに面談を終了してください。

●被評価者の属性別フィードバック面談のポイント●

	←高評価　　会社による評価結果　　低評価→	
高評価↑　自己評価　↓低評価	①ねぎらいと賞賛 ②おごらず、さらにハイレベルな仕事にもチャレンジしていくように動機づけ	①ねぎらい ②褒められるところは褒める ③認識の不一致点を探り、本人の認識を傾聴 ④会社の期待ポイントを説明 ⑤来期の目標達成に向けて、前向きな認識のすり合わせ
	①満足の伝達と賞賛 ②管理者が感じる満足点を具体的に説明 ③本人が不満点と感じる点を傾聴	①ねぎらい ②褒められるところは褒める ③うまくいかなかった点を分析し、フィードバック ④来期に向けて励ます

8 人事制度づくりの基本原則

☑ 人事制度は「見える化」してつくる

　人事制度のなかの評価と処遇反映のシステムは、従業員の会社における「成長イメージ」そのものです。したがって、人事制度には以下の3点が必要不可欠になります。

1　評価制度に基づく評価が「公正」であること
2　その評価結果がリーズナブルに「処遇に反映」されていること
3　こうした評価・処遇の仕組みが「見える化」されていること

　しかし、中小企業を中心に人事制度の「見える化」がなされておらず、それが"社長の胸下三寸"に存することも少なくありません。また、評価自体は見える化されていたとしても、処遇への反映がブラックボックスになってしまっているケースもあります。

　経営者の"胸下三寸"にある人事制度ではなく、納得感がある見える化された人事制度づくりは、企業の発展に必須の戦略といえます。

　人事制度づくりは、"密室"ではなく、プロジェクトチームを活用したオープンな場での、労使の双方向のコミュニケーションのなかで行うことをお勧めします。このオープンな場こそが、次ページの人事制度づくりの基本です。

　プロジェクトチームを活用した人事制度づくりでは、経営者や経営幹部、人事労務担当者だけではなく、各部署を代表する従業員1名以上に必ず入れます。

　人事制度づくりを成功させる重要ポイントの1つにプロジェクトチームの参加者選びがあります。この全社統括責任者と各部署の代表者ですが、筆者としては、まずは社内で立候補者を募ってみることをお勧めします。

　そうはいっても、「ふさわしくない人」、端的にいえば本業でのパフォーマンスが低くまずは本業に専念するべき人や、参加者をまとめる能力に乏しい人、反対意見は威勢よく言うけど具体策や財源などを提案することがなくただ会議を交ぜっ返すだけの人などが立候補してくるのは、労使が双方向のコミュニケーションを促進し「納得感」を得ながら進めていくプロジェクトチーム活動の本旨とは違ってしまいます。

特に全社統括責任者には「伝わる」徳が求められています。これはコミュニケーション能力などというビジネスライクなものではなく、「徳」と表現するものです。

まずは、参加者の話を最後まで聴き、相手の思いや考えを正しく受け止め、理解することです。誤解のないようにしていただきたいのですが、ここでいう理解はあくまで理解（いうなれば、相手の感じるがままに"共感"すること）であって、決して相手に迎合（いうなれば、"同感"）することではないので注意してください。まずは、相手の思いや考えを最後まで聴くところからスタートです。

そして、今度は、自分の思いや考えを、相手の理解しやすい方法で伝え、理解・共感してもらうこと。この状態が、「伝わる」という状態です。

人事制度づくりの全社統括責任者には、この「伝わる」能力に長けている人材を選ぶことが大切です。

●課長と一般社員に見られる意識の差●

1. 業務上のコミュニケーションがとれているか
「とれている」──課長職 83.0%　一般社員 72.2%

2. 職場では有益な情報が共有されているか
「共有されている」──課長職 65.7%　一般社員 47.9%

3. 部下・後輩の話をどのように聴いているか（一般社員は「上司が聴いていると思うか」）
「じっくり聴くほうだ」──課長職 87.3%　一般社員 72.1%

4. 部下・後輩の言いたいことを理解しているか（一般社員は「上司が理解していると思うか」）
「理解している」──課長職 89.8%　一般社員 70.3%

出所：公益財団法人日本生産性本部「日本の課長と一般社員 職場のコミュニケーションに関する意識調査（2014）」

●人事制度づくりの基本構成●

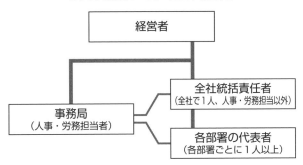

9 人事制度づくりのファシリテーション

✓ 議事進行のルール

プロジェクトチームを活用した人事制度づくりでは、以下のルールを誰であろうと絶対に破ることのできない「鉄の掟」として徹底します。

⎯⎯

(1) 同じメンバーでの期間延長は絶対にしないこと
(2) ミーティングの回数増加は絶対にしないこと
(3) ミーティングの所要時間延長は絶対しないこと
(4) ミーティングの日程変更(リスケ)はしないこと

⎯⎯

制度づくりは、おおむね6か月から1年程度の期間を設定します。その間に8回〜12回程度のミーティングを実施し、次ページの8つの段階に沿って制度設計を進めていきます。

また、枝葉末節の議論にとらわれての会議の冗長化を防ぐために、「宿題」を有効活用します。事務局(人事労務担当者)は、各ミーティングの少なくとも2週間前までには「宿題」を参加者全員に送付します。この宿題は、人事制度づくりのフェーズ(段階)によって次ページに挙げたようなものが考えられます。

また、議事の円滑な遂行のため、以下の発言ルールを徹底します。

⎯⎯

(1) 意見や要望を提案する場合には、それを実行するためのその会社で「実現可能」な具体的な方法や改善策を一緒にセットで提案すること
(2) 反対意見をする場合には、現行のやり方を廃止・変更した場合の、その会社で「実現可能」な代替案と具体的な手法を一緒にセットで提案すること
(3) 上記(1)(2)の場合には、その意見を実施するためのその会社で「実現可能」な具体的な原資とその捻出方法を一緒にセットで提案すること

●人事制度づくり8つのポイントと各段階ごとの宿題の一例●

1 人事制度のコンセプト明確化
- ▶「企業理念とビジョンを達成するための、あなたの考える理想の人事制度とは？　自由に書いてください」
- ▶「上記理想の人事制度にしていくためには、現行の人事制度のどこをどのように変えていったらよいと思いますか？　自由に書いてください」など

2 人事制度の全体像の設計
- ▶前回の議事録の精読　※以下、フェーズ8まで同様
- ▶役割責任達成度評価と目標達成度評価の基礎について解説資料の収集・理解
- ▶役割責任達成度評価を昇格・降格と昇給・降給、目標達成度評価を賞与の査定に反映するという全体像の提案資料の作成　など

3 等級制度の設計・再編
- ▶新等級制度案とそれに対応する現行役職の階級案に関する提案資料の作成　など

4 等級と報酬の連結の設計
- ▶前回決定した新等級制度に対応した新しい報酬バンド（案）の作成　など

5 評価制度の設計
- ▶他社事例を参考に、自身がプロジェクトチーム代表を務める部署の役割責任基準書の該当項目を埋める　など

6 評価と処遇の連結の設計
- ▶評価結果ごとの処遇への反映マトリクス図の作成　など

7 新制度移行シミュレーション
- ▶直近数年を基礎データにした新制度移行シミュレーション資料の作成　など

8 運用ルールの策定
- ▶役割責任評価と目標管理評価の運用制度規程の作成など

10 評価制度のつくり方

✓ 評価制度全体で決めるべきこと

　全体の運用ルールとして**人事評価制度規程**を定めます。この規程について審議するのは、前述251ページ図の8つの段階（フェーズ）では、「第2段階：人事制度の全体像の設計」の段階と「第8段階：運用ルールの策定」の段階が適切です。

　規程の内容としては、「目的」や「適用範囲」、「人事評価制度の意義」という定式の条文以外では、以下の内容が想定され、プロジェクトチームでのミーティングのなかでそれぞれの内容を審議し決定していきます。

①人事評価要素およびその評価方法（例：目標達成度評価と役割責任達成度評価による。など）
②評価対象期間（1年ないし半年ごと）
③中間レビューの実施時期（評価期間1年間の場合）
④各評価者ごとの評価結果確定期日（そのつど定めるとし、期限遵守を規定）
⑤最終評価決定期日（そのつど定めるとし、期限遵守を規定）
⑥評価結果のフィードバック面談（詳細はそのつど定める）
⑦被評価者ごとの評価者および最終評価決定機関（役職ごとに評価者を規定）
⑧評価者の心得
⑨評価者訓練の実施
⑩評価対象期間中の異動の取扱い　など

　目標達成度評価に関しては、以下の2点に絞って審議します。これに関して審議するのは、8つの段階（フェーズ）でいうと、「第5段階：評価制度の設計」の段階と「第8段階：運用ルールの策定」の段階が適切です。

(1)「目標管理シート」の書式
(2)「目標達成度評価実施マニュアル」の内容

　次に、「目標達成度評価実施マニュアル」については、形式は自由ですが、最低限以下の内容は必要になってきます。

①評価対象期間
②評価の手順（期首の目標設定、中間レビュー、評価結果の確定、評価フィードバック面談といった各イベントごとの具体的な進め方）

③「目標管理シート」の記入方法（242ページ参照）

✓役割責任達成度評価の「決め所」

役割責任達成度評価にする審議事項は、以下の３点で、審議の分量としては一番多くなります。これに関しては、下記(1)に関しては８つの段階（フェーズ）でいうと、「第３段階：等級制度の設計・再編」の段階、それ以外については「第５段階：評価制度の設計」の段階と「第８段階：運用ルールの策定」の段階が適切です。

(1)「役割責任等級制度運用規程」の内容
(2)「役割責任基準書」の内容
(3)「役割責任達成度評価実施マニュアル」の内容

このなかで特に重要になってくるのは、やはり上記(2)の「役割責任基準書」の内容精査です。この役割責任基準書は以下の２点から構成されるのが一般的です。

①共通部分（部署問わず、この会社の各役割責任等級で求められる基本的能力・行動基準）
②担当業務別部分（部署ごと担当業務ごとに、この会社の各役割責任等級で求められる専門的能力・行動基準）

この「役割責任基準書」の内容精査の具体的な内容精査は、以下の手順で進めるといいでしょう。

まず、人事・労務担当者や外部オブザーバー（社労士やコンサル）から提供される前出のような雛形を、「第５段階：評価制度の設計」の段階に臨む「宿題」として、1) プロジェクトチームの全メンバーが精読し、2) 全メンバーが「共通部分」について自社の実情を反映する形で修正・加筆を加え、3) 各部署を代表するメンバーが「担当業務部分」について自部署の実情を反映する形で修正・加筆をしてもらいます。この段階（フェーズ）は大変重要な部分ですので、ここだけで３時間のミーティングを４回から５回は実施します。

こうして毎回各自が持ち寄る「宿題」についてプロジェクトチームのメンバーで審議を重ね、「共通部分」に関し全社のコンセンサスを得、「担当業務部分」について部署間におけるバランスや業務の重複・抜け・漏れなどを是正して、その会社の「役割責任基準書」の完成に近づけていくのです。

11 処遇のつくり方

✓ 給与改定、昇格・降格への反映の「決め所」

どの評価結果をどの処遇に反映させるかという全体像については、251ページの8つの段階（フェーズ）でいうと、「第2段階：人事制度の全体像の設計」の段階が適切です。一般的には、以下のとおりの形で処遇に反映させることになるでしょう。

(1)役割責任達成度評価…給与改定、昇格／降格
(2)目標達成度評価………給与改定、賞与

「第4段階：等級と報酬の連結の設計」の段階で、下図のような**賃金バンド**を設計し、等級制度と基本給の紐付けを行います。

●等級制度と基本給を紐付ける賃金バンド　一例●

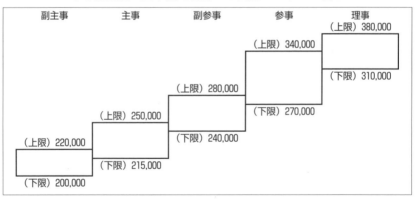

役割責任達成度評価に基づく基本給の昇給は評価結果によって各等級の上限額を限度で行われ、当該上限額を超えての昇給は上位の等級への「昇格」があって初めて実施されます。

基本給の降給は評価結果によって各等級の下限額を限度で行われ、下限額を下回る降給は下位の等級への降格があって初めて実施されます。昇格については役割責任達成度評価において下位の等級で最高の評価（S評価など）を得た場合、降格については上位の等級で最低の評価（D評価など）

を得た場合とすることが多いでしょう。

また、現行の賃金制度を改定することで、各等級で新たに設計した賃金バンドから外れてしまう場合があります。これについては、「第7段階：新制度移行シミュレーション」の段階で扱いを決定します。

上限額より基本給が高額な者については当該者が昇格するまで昇給は据え置き、または2年から3年程度の経過措置期間を設けて新等級の上限額まで低減させる、下限額より基本給が低額な者については直近の賃金改定日をもって当該下限額まで昇給させることが一般的でしょう。

また、「第6段階：評価と処遇の連結の設計」の段階で、下表のような「賃金改定マトリックス図」のモデルケースを設計しておきます。

● 賃金改定マトリックス図　一例 ●

設例：標準的な昇給率を2.5%とした場合

会社業績の判断	役割責任達成度評価結果				
	S評価	A評価	B評価	C評価	D評価
例年を相当上回る	7.00%	5.25%	3.50%	1.75%	−0.75%
例年をやや上回る	6.00%	4.50%	3.00%	1.50%	−1.00%
例年と同程度	5.00%	3.75%	2.50%	0.00%	−1.50%
例年をやや下回る	4.00%	3.00%	2.00%	−1.00%	−2.50%
例年を相当下回る	3.00%	2.25%	1.50%	−0.75%	−3.50%

✓ 賞与への反映の「決め所」

目標達成度評価結果の賞与への反映については、「第6段階：評価と処遇の連結の設計」の段階で、下表のような「賞与査定マトリックス図」のモデルケースを設計しておきます。

● 賞与査定マトリックス図　一例 ●

設例：標準的な賞与支給率を基本給×2か月分とした場合

会社業績の判断	目標管理評価結果				
	S評価	A評価	B評価	C評価	D評価
例年を相当上回る	4.70	3.36	2.80	2.24	1.34
例年をやや上回る	4.03	2.88	2.40	1.92	1.15
例年と同程度	2.80	2.40	2.00	1.60	1.20
例年をやや下回る	2.69	1.92	1.60	1.28	0.77
例年を相当下回る	2.02	1.44	1.20	0.96	0.58

12 スタッフィングの基本

✓ 人材フローマネジメントとは？

　人事部門は、会社の「職制規程」「組織規程」「決裁権限規程」に基づく部署の人事権者に対して、スタッフィングに関する必要な情報提供と助言を行い、辞令・通達の発行や異動に伴う手配などを事務局として取りまとめます。

　人事部門が決裁権限者に提供する情報の1つに**要員計画**があります。要員計画とは、経営計画と事業計画に基づいて策定された人員の配置の計画です。

　要員計画の策定では、事前に人事部門主導で年に1回程度の**要員調査**を実施します。要員調査は、各部署ごとの要員ニーズを人事部門が集約することと、労働分配率と損益分岐点から導き出された適性人件費に基づく人事部門が把握する適正人員数・構成を割り出すことです。

　要員計画の策定は、全社的・長期的・戦略的視点の経営計画と照らし合わせて、部門的・短期的・戦術（実行）的視点の事業計画を遂行するために、退職等の社外流出を見越してどのような人材を何人確保するべきかを検討しながら行います。

　また、**人材フローマネジメント**とは、**人材の出入りの管理**のことです。スタッフィングの業務で把握しておくべき人材の流れとしては、インフロー（入社）、社内フロー（配属、配転、休職、復職、懲戒など）、アウトフロー（退職、解雇、懲戒解雇）があります。

　理想の人員数・人員構成・適性人件費になるよう、会社の理念やビジョンを体現した評価制度・等級制度・賃金制度や、教育・研修など人材育成のための制度などを構築・運用します。全産業的な採用難の時代にあっては、コントロールしにくい採用率管理よりも、有効な制度を導入することで会社の自助努力で改善できる「定着率管理」「退職率管理」に力を入れ、理想の組織像を目指していくのが現実的です。

　また、この業務は、第3章の労務管理の業務とも一体不可分です。なお、人事企画の業務での人事通達の発信が必要になる人事イベントについては次ページにまとめました。

●人事通達が必要になる人事イベント概略●

(1) 入社
　会社と労働契約を締結し入社すること。また、これまで派遣社員として従業していた者が正社員登用等によって会社と直接労働契約を締結し入社すること。新卒新入社員の場合は、入社当初は「人事部付」などに配属され、新入社員研修を経て配属先に異動することもあります。

(2) 退職
　退職、普通解雇または懲戒解雇によって会社との労働契約を解除すること。労務管理においてはこの両者は区別されますが、人事通達の表記はこの両者を区別しないのが通常。また、「転籍」は通達の表記上は人事異動ではなく退職とし扱われますが、備考欄等に転籍先企業名・部署・役職等を併記することもあります。

(3) 人事異動
　人事通達で発令する人事異動には以下の類型があります。なお、人事通達を発令しない人事異動には、一時異動、応援、職種変更および雇用形態変更があります。

①昇格・降格
　等級制度（役割責任等級など）が上昇することを昇格、降下することを降格といいます。

②昇進・降職（降任）
　課長が次長にという様に会社の職制でより上位の役職に任命されたり、これまで役職のなかった者が職制上の役職に新たに任命されることを昇進といいます。その逆に、職制でより下位の役職に任命されたり、これまで役職に就いていた者がその役職を免ぜられることを降職（降任）といいます。昇格または降格とともに行われるケースと、そうでないケースがあります。

③配置転換
　同一事業場内での担当業務や所属部署等の変更。

④転勤
　勤務地の変更を伴う所属部署等の変更。

⑤出向
　会社の従業員としての資格を失うことなく関連会社等他社で勤務すること。出向中は会社においては「人事部付」などに配属され、通達では備考欄等に出向先企業名・部署・役職等を併記することが通常です。

※休職と復職もスタッフィングにおいて管理が必要なイベントですが、通常はこのケースでは人事通達を発しないので割愛しました。

13 人事異動管理 ①異動の検討〜内示

✅ 人事異動の検討

人事異動を行うためには、異動元の人事権者が次ページ掲載の**人事異動申請書**を起案するなどして、異動の詳細情報を異動先の人事権者と人事部門に打診・申請します。

加えて、異動先の人事権者への打診の際の補足資料として、以下の資料を準備させるのがわかりやすくてよいでしょう。

①異動候補者の入社日、年齢、勤続年数、等級、役職、給与の情報がわかる「**従業員マスター情報**」
②異動候補者の直近2年分程度の「**人事評価シート**」
③異動候補者がこれまで提出した「**人事異動申告書**」 など

異動元・異動先の人事権者は、これらの情報と人事部門が出している要員計画とを照らし合わせて、異動の可否を検討していくことになります。

✅ 人事異動の確定

異動元・異動先の人事権者間での検討を経て異動申請をすることが決定したら、**人事担当役員（上級管理職の異動については、取締役会や執行役員会議）に申請書が提出**されてきます。ここでの決裁や決議を経て、**人事異動が確定**します。

なお、異動の確定の前に「打診」を行う会社もあります。しかし、第3章でも解説したとおり、従業員は原則として会社の人事異動命令に服する義務があります。打診がルーティンになってしまうと、異動辞退が多発し人事異動制度が立ち行かない事態にもなりかねません。**打診はあくまで状況に応じて非公式なものであり、乱発しないのが肝要**です。

✅ 人事異動の内示

異動申請が確定した後、**内示**が行われます。内示は、現所属部署（異動元）の所属長が行います。この内示は一般的に**口頭**で行われますが、「人事異動申請書」の写しを資料にしてもかまいません。内示は、**発令日の2週間から1か月程度前**に行うのが通常です。

●「人事異動申請書」記載例●

〇〇年2月14日

株式会社将軍
取締役・執行役員常務 人事本部長 堀田 和紀 様

人事異動申請書

1. 異動者に関する情報

| 社員番号 | 893 | 部署・役職 | 営業本部 静岡支店
営業3課 主任 | 等級 | SS級 | 氏名 | 岩田 浩一 |

2. 異動元（所属長／人事権者）に関する情報

所属長 部署・役職	営業本部 静岡支店 営業3課長	氏名	杉下 晃
人事権者 部署・役職	営業本部 静岡支店長	氏名	望田 建三郎　印

3. 異動先（所属長／人事権者）に関する情報　※転籍の場合は未記入

所属長 部署・役職	人事本部 人事企画部 人材採用課長	氏名	水谷 浩志
人事権者 部署・役職	取締役・執行役員常務 人事本部長 兼 人事企画部長	氏名	堀田 和紀　印

4. 人事異動に関する基本情報

人事異動の種別 （該当する物に全て○）	㊀転勤㊁　・　配置転換　・　㊀昇格㊁　・　降格　・　㊀昇進㊁　・　降職 一時異動　・　応援　・　出向　・　転籍
発令日	〇〇年4月1日
赴任日	〇〇年4月16日まで
勤務する拠点	本社
異動後の等級	AM級
異動先の所属部署	人事本部 人事企画部 人材採用課
異動後の役職	課長代理
異動理由	役員候補者育成の一環として、人事本部に異動し採用業務の経験を積ませたいため。
職務内容（具体的に）	人材採用課の新卒採用チーム（正社員3名・契約社員1名）のリーダーとして、メンバーを指揮して要員計画で求められている人数の新卒採用を達成する。また、そのための採用サイト選定や、自社採用サイトや会社説明会、イベント等における採用広報、インターンシップの企画・運営、候補者・内定者とのコミュニケーションなどを行う。

5. 人事異動に付随する情報

転居の必要	なし　・　㊀あり㊁　（社宅入居申請：　なし　・　㊀あり㊁　）
（扶養親族のある者のみ） 単身赴任の有無	なし　・　㊀あり㊁　（家族移動の予定：なし　・　㊀あり㊁　・　㊀未定㊁）
「あり」の場合、その理由	配偶者が転勤できない　・　子供が転校できない　・　親族の介護のため　・ その他（　　　　　　　　　）

6. 文書管理・決裁欄

稟議No.	人事-0721
人事部門担当役員	㊀承認㊁　印　　・　　非承認
（D級の人事異動のみ） 執行役員会議決議	執行役員会議開催日：　　　　／　可決印　・　否決印

259

14 人事異動管理 ②発令～手配

✓ 人事異動発令

　異動の内示が行われたら、人事部門は、異動者本人に「辞令」を発行し、社内の掲示板やイントラネットで**通達**を発して人事異動命令を公式なものとして発令します。辞令は内示後、速やかに、通達発信は発令日当日（異動日当日が休日の場合は、翌営業日）に行います。

　なお、**通達は内示の段階など、発令日以前に発してしまわないように注意してください**（次ページの書式例参照）。

　なお、転居を伴う転勤の場合には、発令日までに新しい勤務地に赴任できない場合もあります。これに関しては、就業規則において、**発令日から2週間以内に赴任する規定を設けて**運用してください。

✓ 異動に伴う手配

　異動に際し、人事部門は次ページ掲載の「異動時に必要な各種手配」を行う必要があります。これについては、就業規則の他に、必要に応じて「転勤規程」など各種規程を整備し、これに則って手配を行ってください。

　また、人事部門が異動に伴う手配の有無を把握するために、前述の人事異動申請書に加えて、必要に応じて以下の**申請書式を整備**しておいてください。

---

①身上（異動）届
②通勤手当（変更）申請書
③各種手当（変更）申請書
④赴任旅費申請書
⑤借上社宅入居申請書
⑥単身赴任申請書　　など

　人事担当者は、これらの申請書の内容を規程類の基準と照会するだけでなく、ぜひ「人事異動申請書」の内容に照らして申請漏れがないかチェックしてあげてください。

●「人事異動辞令」記載例●

辞　令

No. 4545

営業本部 静岡支店 営業3課 主任
岩田 浩一 殿

○○年4月1日付を以って、
AM級への昇格および人事本部 人事企画部 人材採用課 課長代理を命ずる。
また、同日付で以下のとおり給与改定を行う。

給与項目	現行	改定後
基本給	275,000円	297,000円
役職手当	15,000円	30,000円
営業手当	60,000円	0円
資格手当	10,000円	(変更なし)
家族手当	10,000円	(変更なし)
住宅手当	20,000円	(借上社宅に移行)
単身赴任手当	(支給開始)	85,000円

以上

○○年3月15日
株式会社将軍
代表取締役会長・執行役員社長
朧月 省吾　角印

●「人事異動通達」記載例●

人事－6969号
○○年4月2日

従業員各位

取締役・執行役員常務　人事本部長
堀田 和紀

人事異動の件

○○年度4月1日付にて、以下のとおり人事異動を実施いたします。

記

社員番号	氏名	異動前	異動後	備考
69	望田 建三郎	営業本部 静岡支店長	人事本部付 部長	株式会社将軍トレーディング専務取締役として出向
194	成田 紀美	コーポレート本部長	執行役員 コーポレート本部長	
893	岩田 浩一	営業本部 静岡支店 営業3課 主任	人事本部 人事企画部 人材採用課 課長代理	

●異動時に必要な各種手配●

手配の内容	内訳
社員情報データベースや組織図の変更	・人事企画担当者が、人事部門で管理している社員情報データベースおよび社内イントラネットで公開している社員情報を変更 ・人事企画担当者が、組織図を変更
手続き・給与処理	・手続き・給与担当者が、住所変更、基本給や役職手当、通勤手当等の変更手続き
借上社宅の手配	・「借上社宅管理規程」の入居資格を満たす異動者が、借上を希望する物件を選定し会社に申請 ・社宅管理のアウトソーシングを委託している場合は異動者と業者を繋げる ・規程に則り、敷金・礼金等を会社が払込み
赴任旅費の精算	・「赴任規程」に基づき赴任旅費を精算
総務部門への通知	・名刺手配 ・座席表、内線番号表の変更依頼
システム部門への通知	・社内システムでの所属部門やアクセス権限の変更依頼
経理部門への通知	・諸費用計上部門の変更依頼

15 人材育成業務の基本

✓ 自社に合った人材育成体系づくり

　会社の「理想の従業員像」と実際とのギャップを埋めることが、人材育成の目的です。したがって、会社の理念・ビジョンから一貫性のある理想の従業員像が体現された人事制度がつくられ、正しく運用されていることが大前提です。

　そして、そこで見える化された理想の従業員像とのギャップを埋めるために、自社に相応しい人材育成体系をつくり、**研修**や**メンター制度**などの人材育成策を実施していきます。つまり、人材育成体系は、他社の流用は無意味ですので自社に合ったものをつくることが大切です。

　次に、どのような研修コースを設定するかを考えます。

　研修コースは、①**階層別研修**と②**職種・目的別研修**の2種類に大別されます。他社でそれぞれどの研修コースを設定しているかについて、次ページに統計資料を掲載しましたので参考にしてみてください。

　また、研修には、1) **ＯＪＴ**（On the Job Training、職場内研修）、2) **Ｏｆｆ－ＪＴ**（Off the Job Training、職場外研修）、3) **自己啓発**の3種類があります。次ページにあるようなそれぞれの長所を伸ばし短所を補いながら、この3者は相互に作用し合っています。

　自己啓発の一例としては、各種検定試験・公的資格の対策講座受講補助や合格報奨金制度、経営学大学院などへの選抜派遣などがあります。

✓ 人材育成担当者の2つの役割

　人材育成担当者には、以下の2つの役割があります。

1．研修制度の企画	各種研修コースや「メンター制度」等の人材育成策の企画をします。具体的な業務としては、研修プログラムづくりや研修会社や講師の選定などがあります。
2．研修の運営	研修が円滑・効果的に実施されるよう事務局業務を行います。また、研修が内製化されている場合には、時に講師・ファシリテーター等を務めることもあります。

●各種教育研修の実施状況●

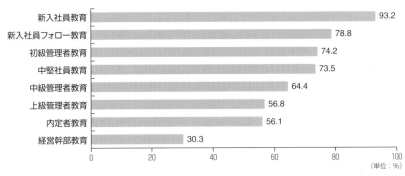

出所:株式会社産労総合研究所「2017年度(第41回)教育研修費用の実態調査」

●OJT・Off-JTのメリットとデメリット●

	長所	短所
OJT	・日常業務のなかで実施可能 ・実務に即した指導が可能 ・対象ごとの細やかな指導が可能 ・反復的、継続的に育成可能 ・指導者自身の育成にも直結 ・費用が安い　など	・日常業務に忙殺され、研修が粗くなりやすい ・育成状況にばらつきが出やすい ・育成メンバー同士のコミュニケーションが希薄 ・研修実施や指導者育成で現場に負担増　など
Off-JT	・学習・訓練に集中できる ・体系的に学べる ・多人数、同時に、同内容が学べる ・受講者間の相互刺激とコミュニケーションにつながる　など	・業務を離れなくてはならない ・研修時間と場所の確保が必要 ・対象ごとの細やかな指導は困難 ・反復的、継続的な育成が困難 ・費用が高い　など

5章　人事企画業務の基本を押さえよう

16 研修会社の活用

✓ 研修会社の選び方

　研修の企画と運営には相当の経験値とノウハウが必要であり、労力もかかります。また、管理職研修のように主観や偏った経験を廃してマネジメントの原理原則を体系的に学ぶ必要があるものなど、研修会社を活用したほうが都合がいい場合も少なくありません。

　実務においては、階層別研修や職種・目的別教育のうち**「汎用的な部分」****は研修会社を活用し、会社独自の内容についてのみ内製化した研修で補っていくのが現実的**です。

✓ 研修会社の種類

　研修会社には、4つの類型があり、それぞれの得意分野や予算感、講師については以下にまとめました。

●研修会社の種類と特徴●

種類	特徴	研修価格	講師
総合研修会社	・豊富な研修メニューと社員研修に確かなノウハウ ・企業個別研修と合同研修の2種類	・個別研修（1日）：20万円から40万円程度 ・合同研修（1日）：1人当たり2万円から6万円程度	社員研修に特化した専任講師＋若干の外部講師
コンサル会社	定型的な研修ではなく、経営的な観点からの研修が得意	カリスマコンサル100万円以上から一般クラス20万円程度	社長クラスのカリスマコンサル〜一般コンサルレベルまで多様
個人研修講師	講師の得意分野に特化した研修	カリスマ講師100万円以上からあまり経験のない講師2万円程度	・個人の研修講師、士業やカウンセラーなど ・カリスマ講師からなんちゃってまで極めて多様
資格学校	体系的に学ぶ資格講座のノウハウを生かした社員教育	総合研修会社と同程度か少し安価	資格講座の講師

✓ 研修会社の絞り込み

　同じ名称の研修であっても、研修会社によって内容が異なる場合もあります。

　研修会社を選ぶ際には、まずはＷｅｂサイトや資料請求して得られる案内資料など、事前の情報収集をして、その会社が過去にどのような研修を実施してきたのか、どのような研修コンテンツを持っているのかといった各社の特徴を理解することが大切です。場合によっては、人材育成担当者が事前に試し受講をする必要もあるでしょう。そのうえで、自社の研修ニーズと合致する会社を選定してください。

　研修会社の選定のために事前に洗い出しておくべきポイントについて記載しましたので参考にしてください。

●研修会社選定のために事前に洗い出しておくべきポイント●

①実施する研修の種類と内容
②予算
③実施時期
④所要時間・日数
⑤譲れないポイント（研修講師ではなく実務に携わっているコンサルタントが講師、カリキュラムのカスタマイズが可能であるか　など）

✓ 営業担当者のプレゼン

　こうして２～３社程度に候補が絞られてきたら、来社または訪問で営業担当者のプレゼンを受けます。なお、総合研修会社やコンサル会社が実施する企業個別研修であれば営業担当者の来社を求めてもいいと思いますが、合同研修やカリスマ講師が実施する研修の場合は来社を求めず、研修会社に訪問しての打ち合わせになります。

　営業担当者のプレゼンの際には、特に**熱意**と**自社の人材育成担当者とウマが合うか**を重点的に見極めてください。

17 研修オペレーション

☑ 事前対応として人事・労務部門がやるべきこと

研修実施日時や研修会社が決定したら、**受講対象者に研修実施通達**を発して以下の通知をします。通達の作成例については、次ページの書式を参考にしてください。

①研修内容
②日時
③場所
④窓口担当　など

研修実施通達を発した後、人材育成担当は研修当日までに以下の事前準備をしておきます。

1) 事前資料、事前課題の配布
2) 座席順やグループ編成の検討
3) 受講者アンケートの準備
4) 宿題の回収
5) 弁当等の発注
6) 受講者や講師の交通や宿泊の手配
7) 講師への最終確認とレジュメ印刷データの提出督促
8) レジュメやテキストの印刷・準備
9) 当日必要なものの準備　※次ページリストを参照のこと　など

☑ 開講後の対応として人事・労務部門がやるべきこと

開講後には、人材育成担当者には、以下の業務があります。

1) 受講者の受付対応
2) 講義前後の司会進行、講師紹介
3) 欠席者等の対応、案内
4) 受講者アンケートの回収
5) 会場の収去
6) 研修会社からの請求対応　など

● 研修実施通達の記載例 ●

人事－4545号
○○年5月21日

役割責任等級M級以上の従業員各位

人事本部　人事企画部長

管理職研修の件

○○年度の管理職研修を、役割責任等級M級以上の従業員を対象に、下記の要領で開催いたします。当日緊急業務のある方を除き、前年度以前の既受講者も含め全員参加を原則とします。日程ご調整をお願いします。

記

日　時　：　○○年4月4日（水）～6日（金）の3日間
　　　　　　各日とも9時から17時の7時間
場　所　：　当社本社17階大会議室
備　考　：　部課長用メーリングリストで人事企画部から事前課題をお渡しします。
　　　　　　必ず課題をやって当日の受講に臨んでください。

以上

担当窓口：人事本部　人事企画部　人材育成課　渡部俊一（内線：69）

● 研修当日に必要なもの ●

必ず必要なもの	研修内容・形式により必要なもの
・ノートパソコン（パワーポイントとPDFが読めるソフト必須） ・プロジェクター ・PCとプロジェクターを繋ぐコネクタ類 ・延長コード ・差し棒 ・リモコン機能付きのレーザーポインター ・ホワイトボードとホワイトボードマーカー ・レジュメデータ ・レジュメを出力したものやテキスト、受講者アンケート ・講師用飲み物とおしぼり　など	・模造紙（ワークで使用） ・ポストイット（同上） ・マジック（同上） ・ビデオカメラとSDカードなど記録媒体 ・三脚 ・テレビとビデオ ・受講生飲み物 ・受講生弁当 ・菓子（円卓形式でのワーク時に使用）　など

※備品の紛失を防止するためマニュアル化は必須

18 メンター研修
①メンタリングの目的と効果

✅ 定着率アップに繋がるメンタリング

　以前から**七五三現象**と言われるように、**中卒者で7割以上・高卒者で5割以上・大卒者で3割以上**が新卒入社3年以内で**離職**します。職場に相談しやすい先輩がいるとガス抜きができてうまく定着できたかもしれません。

　しかし、そうした先輩がいるかは運に左右されますから、意図的に「つくる」仕組みを導入すれば定着率アップに繋がります。

　メンタリングは、主として**新卒3年目**くらいまでの従業員に対して、直属の上司や先輩ではない斜め横の先輩社員を相談役である「メンター」として割り当てる制度です。したがって、新卒入社者の場合、メンタリングの期間は3年間です。メンターの定義は以下のとおりです。

> 職業という世界において、仕事上の秘訣を教え、コーチし、役割（ロール）モデルとなり、重要な人物への紹介役を果たすなどによって、メンタリングの受け手（メンティ）のキャリア発達を援助する存在
> 参照論文：藤井博・金井壽宏・開本浩矢 「ミドル・マネージャーにとってのメンタリング—メンタリングが心的活力とリーダーシップ行動に及ぼす効果—」

　なお、**メンタリングを受ける後輩社員は「メンティ」**といいます。263ページの統計資料「2017年度（第41回）教育研修費用の実態調査」にあるように、49.2％の企業がメンター教育も含むOJT指導員教育を実施しています。

　メンタリングでは、メンターがメンティに対して、以下の事柄を実施します。

> ①必要な情報を提供し、相談に乗る
> （仕事のやり方はいうまでもなく、人間関係の築き方やメンタル面、職業人生やキャリア形成などに関するものも含みます）
> ②メンティの業務等に役立つアドバイスをする

　メンタリングは、メンティが、その職場にうまく適応し、仕事に馴染み、組織の一人前の成員として成長することで、会社の発展にも貢献できる人になれることを目的として実施します。

●メンタリングで期待される効果●

①世代間の快活な人間関係を促進できる
②メンターがメンティの面倒を見て、メンティがメンターをロールモデルとして学んでいける環境を「意図的」に作ることで、部下・後輩を育てることが会社の発展に繋がるということを再び体感してもらえる
③会社の伝統・伝承、知恵、人的・知的資源の継承がしやすい風土がつくれる
④「リアル」の人間関係の築き方のトレーニングができる
⑤新卒採用者のみならず、中途採用者に対しても可能であれば1年間はメンタリングしていくことで、中途採用者も組織内でより効果的に機能するようになる

●よいメンターの条件●

(1) 日頃から他者に関心を持ち、思いやれること
(2) 「人はみな異なるユニークな存在である」という人間観を持っていること
(3) "準拠枠"を押し付けず、メンティの語りを促進できること
(4) 相手の「気持ち」に「共感」できること
(5) 適切な「リファー(自分1人で抱え込まずに他者を頼りにする)」ができること
(6) 「未来志向的」で「適切な寛大さ」を持っていること
(7) 秘密を守れること

19 メンター研修 ②メンターの人選

✓ メンター研修で教える三大ポイント

　メンターは、前ページに掲載した「よいメンターの条件」に合致した人を、新卒4年目から主任職までの従業員から人選してください。**メンティのロールモデルとなる先輩社員なので、人事評価結果もA（よい）以上の人**となります。

　メンター候補者の人選が終わったら、人事部門は**メンター研修**を企画・運営します。初めてメンタリングを導入する会社は、研修会社を活用するのが効率的です。

　メンターには心得ておくべきコミュニケーション手法がいくつかあります。メンター研修では、下記の三大ポイントを講義と事例演習でメンター候補者に教えていきます。

聴く

　メンターに要求される「聴く」とは、以下の3点を実践することです。

> **(1) 自己一致（一致）**
> 　自分自身の「思考の癖」をあるがまま受け入れること。自己一致していないと〝自分の正しさ〟を他者に押し付けてしまいます。
> **(2) 無条件の肯定的配慮**
> 　相手の考えや行動が容認できなくても、選択したり評価したりすることなく非所有的に受け入れること。自分の準拠枠は「脇に置いておく」。「無知の姿勢」で聴いてください。
> **(3) 共感的理解**
> 　「あたかも」相手が感じているように感じ、考えているように考えるように努力すること。〝同感〟とは違います。相手の言うことの意味を聴き、気持ちを伝え返します。身振り手振りや話す声の大きさや速さなど非言語的表現も注意して聴いてください。

場づくり

　メンターは、以下の点を実践して、メンティが話しやすい「場づくり」

を心がけてください。

> ①「閉ざされた質問」ではなく「開かれた質問」を多用し、メンティの語りを促進するようにしましょう。
> ②メンティへの質問は、質問の意図を明確にして行い、質問に答えることの安心感を醸成しましょう。
> ③専門用語や抽象的な表現は避け、なるべく具体的でわかりやすい表現をしましょう。
> ④メンティに侮辱的と感じられる恐れのある表現は避けましょう。
> ⑤メンティを防衛的にする恐れのある表現は避けましょう。

「いつもとの違い」に気づき声かけ

まず、メンターは、メンティの以下のような「いつもとの違い」に気づく目を持ってください。

> 1) 遅刻、早退、欠勤など勤怠の乱れ。無断欠勤。
> 2) 服装や身だしなみが乱れ。不潔。
> 3) 仕事の能率が悪い、落ちている。成果が上がってこない、落ちている。
> 4) ミスの多発。事故。
> 5) 報連相や挨拶、会話がない。無視するようになった。
> 6) 異様な長時間労働や休日労働。
> 7) 表情や動作に元気がない。
> 8) 不自然な言動 など。

次に、メンターはメンティへ以下のプロセスで声かけを行ってください。

> ①いつもとは違うメンティに、「いつもとは違うけどどうした」と声をかける
> ②話をしてくれるならそれを聴く。必要があれば所属長や人事部門に繋げる。
> ③「何でもありません」と言って話をしてくれないときは、とりあえず話を打ち切り、10日前後状態の変化を観察する。
> ④状態が元に戻らないときは、再度声かけする。話をしてくれるならそれを聴く。
> ⑤話をしてくれないときは、これは会社の約束事だからと説明して、所属長や人事部門に繋げ、会社の指定する医師のところへ受診するように指示する。
> ⑥会社の指定する医師のところへ行きたくないという場合には、必ず、これが会社の約束事であるからと告げて、メンター・管理監督者が産業医のところに行く。

20 メンター研修 ③カリキュラム

✓ メンター研修で教えるべき内容

　研修会社にメンター研修実施を依頼した場合、セミナーの所要時間はおおむね**3時間から6時間程度**です。この時間のなかで、メンタリングの基本事項を学ぶ座学と、事例演習を実施します。

　下に筆者が代表を務める社労士法人の関連会社で実施するメンター研修のカリキュラム一例を掲載しました。受講スタイルは、「ワークショップ

●「メンター研修」の時間割　一例●

株式会社望月商事　メンター研修の時間割

○○年6月13日(水)

時間	内容	手法
14:00〜14:30	ワーク1：後輩社員は上司や先輩社員にどんなことを期待しますか？ ワーク2：上司や先輩社員として、部下・後輩社員にどのように成長してもらいたいですか？	ワーク
14:30〜15:00	1．なぜ今メンター制度が必要なのか？ 　1) そもそもメンターとは？ 　2) メンター制度で期待される効用 　3) よいメンターの条件とは？ 　4) メンターになるメリット　など	講義
15:00〜15:30	2．メンタリングの四大重要ポイント 　1) メンターに要求される「聴く」とは？ 　2) メンターに要求される「コミュニケーションの"場"づくり」とは？ 　3) メンターに要求される「"いつもとの違い"に気づく目」とは？ 　4) メンターに要求される「声かけ」とは？　など	講義
15:30〜15:50	3．メンターのためのフィードバック入門 　1) メンティへのフィードバックの目的とは？ 　2) メンティへのフィードバックの進め方 　3) メンティの属性別フィードバック早見表　など	講義
15:50〜16:20	4．メンターとして知っておかなくてはならない前提知識 　1) 会社の福利厚生費の内訳と負担割合を知っていますか？ 　2) 一人前の会社員に要求される付加価値はいくらか知っていますか？ 　3) 勤怠管理システムの正しい打刻ルールを知っていますか？ 　4) 正しい時間外労働申請ルールを知っていますか？	講義

形式」で、ワークでは他のメンター候補者とディスカッションしながら進めていくことを想定しています（この例は3時間で実施するケース）。

まず、後輩社員とメンターのそれぞれの期待点を、それぞれの立場に成り代わって理解する30分間のシェアワークからスタートします。そして、メンタリングの基本を2時間座学で学びます。ここでは、前述のメンターに必要なコミュニケーション手法や重要ポイントを習得していきます。

メンターは、「その会社の理想の従業員像」「ロールモデル」としてメンティに接していくので、会社が負担する福利厚生費や従業員が生み出すべき付加価値額など、先輩社員として当然知っておくべき常識についても、再確認の意味合いで講義で触れていくのがいいでしょう。

最後に30分間の事例演習を実施し、よくあるケースでの模擬メンタリングを体験し、受講者同士のシェアと講師の講評から気づきを得てもらい終了です。メンター研修を内製化する際の参考にしてください。

下にメンター研修での事例演習の一例を掲載しました。事例演習は、メンタリングでよくあるケース、メンターの悩みポイントを散りばめたものを作成します。メンタリングを導入して実績がある会社であれば、過去事例を盛り込んでもいいでしょう。下の事例では、自社をブラック企業と決めつけたり、インターネット上の情報を盲信する若年従業員という現場で散見されるシチュエーションを盛り込んでいます。

●「メンター研修」の事例演習　一例●

ワーク3：事例演習
〈事例〉
　舞台となる会社は、株式会社大父電機産業（従業員数40名、家電製品製造業、社内の部門構成は商品開発部・設計部・営業部・通販営業部・総務部）。
　同社は、就業規則を整備し、賃金や時間外手当などを適法に支払うなど、労働基準法はじめ諸法令を遵守している会社である。また、各部署各役職ごとの役割責任を明確にした「職務能力基準書」に基づく役割責任達成度評価と、期首の目標設定に対する期中の達成度を評価する目標達成度評価を導入しており、人事評価制度に基づく公正な昇給・昇格・賞与査定が行われている。

　また、今回のメンティは、同社営業部営業1課の正社員・林下清志さん（28歳、男性、入社2年目、総合職の正社員（役職なし）として採用、現在の担当業務は営業事務、大学卒業後2社での事務職の経験を経て入社、現在の給与額は350万円（年間））

　林下さんは、几帳面な性格で、事務仕事の正確性とスピードは素晴らしく、会社としてもその点は評価している。また、総合職の正社員の採用であるので、営業事務のルーティンワークを入社半年程度で一とおり覚えたら（注）、本人の希望と適性を勘案して、お客様と直接接する営業担当か、営業事務を担当している契約社員やパートタイマーを統括管理する事務センター長になってもらいたいと考えていた。このことは、採用過程や入社時にもその旨を本人にも十分伝え、納得したうえでの入社であった。

成果主義が日本企業に根付かなかった理由

「個人主義」は日本の雇用環境に合わない

　1990年代のバブル崩壊以降、成果主義を導入する企業が増えました。2000年代初頭には、数万人規模の一部上場企業など大企業・有名企業の導入が相次いだことは記憶に新しいと思います。

　この時期我が国で成果主義が持てはやされたのは、低成長時代に突入して、これまで年功的な運用をされてきた「職能給」の制度が維持できなくなったからにほかなりません。

　しかし、ここ10年余り、企業経営の実態に即していないとして成果主義を廃止または縮小するケースが多くなりました。

　我が国に成果主義が根付かなかった一番の理由は、「個人主義」が日本の雇用環境に合わなかった」ことです。

　成果主義は、高い成果を上げた従業員が高いポストと報酬を得て、低い成果しか上げられなかった従業員はそれらが得られない制度です。そうなると必然的にチームプレイよりも個人プレイになりがちです。

　また、成果主義では〝短期的な〟成果を絶対視されやすいため、成長や育成、管理職適正の見極めという概念が軽視され「日本的経営のよさが失われた」と言われました。

　加えて、短期的な成果を重視するあまり、将来的な成長投資案件を上司に提案する部下が減っていったという問題点もありました。

ここ10年の人事制度のトレンド

　我が国に成果主義が根付かなかったことを受けて台頭してきたのが、「役割責任達成度評価」の考え方です。

　これは、「会社の理想の従業員像」を役割責任基準書などに具体的に定め、そこにより近づけた従業員が高く評価される評価制度です。単なる成果ではなく管理職適正など会社が各担当業務・各等級で求める基準の達成度を評価できる利点があります。

　また、我が国で重視されるチームワークや、短期的な成果には繋がらない将来投資的なチャレンジも評価しやすい仕組みです。

　しかし、この評価単体では、「人件費の〇倍の労働付加価値を生み出した」というような業績の評価がしにくい点もあります。この点をカバーするために、「目標達成度評価」を併用する会社も少なくありません。　　　　　（望月建吾）

参考文献

望月建吾・木村純一『小さな会社でもできた！ 働き方改革　残業ゼロの労務管理』第一法規
望月建吾『労使共働で納得できるＷＧ式就業規則づくり』経営書院
望月建吾『会社を劇的に変える！残業をゼロにする労務管理』日本法令
堀下和紀『なぜあなたの会社の社員はやる気がないのか？』日本法令
堀下和紀・穴井隆二・渡邉直貴『女性活躍のための労務管理Q＆A164』労働新聞社
堀下和紀・穴井隆二・渡邉直貴・木岡昌裕『ブラック企業ＶＳ問題社員』労働新聞社
堀下和紀・穴井隆二・渡邉直貴・兵頭尚『訴訟リスクを劇的にダウンさせる就業規則の考え方、作り方。』労働新聞社
堀下和紀・穴井隆二・渡邉直貴・兵頭尚『労務管理は負け裁判に学べ！』労働新聞社
堀下和紀・穴井隆二・渡邉直貴・兵頭尚『労働トラブル対応55の秘策』日本法令
堀下和紀・穴井隆二・渡邉直貴・兵頭尚『問題社員ぶった切り四十八手』日本法令
深石圭介・岩本浩一『雇用関係助成金申請・手続マニュアル』　日本法令
労務行政研究所編　『平成29年版 労働法全書』　労務行政
菅野和夫『労働法』第11版補正版　弘文堂
厚生労働省労働基準局編　『労働基準法解釈総覧』改訂15版　労働調査会
厚生労働省労働基準局編　『平成22年版 労働基準法』上巻　労務行政
厚生労働省労働基準局編　『平成22年版 労働基準法』下巻　労務行政
村中隆史・荒木尚志『労働判例百選』第９版　有斐閣
大内伸哉『最新重要判例200　労働法』第４版　弘文堂
峰隆之『賃金・賞与・退職金Q＆A』　労務行政
千葉博『労働時間・休日・休暇Q＆A』第２版　労務行政
岩本充史『異動・配転・出向Q＆A』　労務行政
渡邊岳『募集・採用・退職・再雇用Q＆A』第２版　労務行政
丸尾拓養『解雇・雇止め・懲戒Q＆A』補訂版　労務行政
浅井隆『労使協定・就業規則・労務管理Q＆A』補訂版　労務行政
神田遵『均等法・母性保護・育児介護休業Q＆A』第２版　労務行政
松岡政博『パート・派遣・外国人労働者Q＆A』　労務行政
加茂善仁『労災・安全衛生・メンタルヘルスQ＆A』　労務行政
浜辺陽一郎『個人情報・営業秘密・公益通報Q＆A』　労務行政
安西愈『トップ・ミドルのための 採用から退職までの法律知識』十四訂　中央経済社
安西愈『新しい労使関係のための労働時間・休日・休暇の法律実務』全訂七版　中央経済社
岩出誠ほか『雇用機会均等法・育児介護休業法』　中央経済社ほか
布施直春『均等法と育児・介護休業法で会社は変わる！』　労働調査会
廣江淳哉・上野香織『2016改正　育児・介護休業法 実務・運用に活かす本』　労働調査会出版局
石嵜信憲 編『就業規則の法律実務』第４版　中央経済社
厚生労働省労働基準局監督課編　『労働裁判における解雇事件判例集』　労働新聞社
労働判例研究会『労働判例に学ぶ中小企業の労務管理』　労働新聞社
髙井・岡芹法律事務所監修『労働裁判における解雇事件判例集』　労働新聞社
労務行政研究所編『人事担当者が知っておきたい、10の基礎知識。８つの心構え。』　労務行政
労務行政研究所編『人事担当者が知っておきたい、８の実践策。７つのスキル。』　労務行政
労務行政研究所編『はじめて人事担当者になったとき知っておくべき、７の基本。８つの主な役割。』第２版　労務行政
大南幸弘・稲山耕司・石原正雄・大南弘巳『人事部（図解でわかる部門の仕事）』改訂２版　日本能率協会マネジメントセンター

林明文『人事の定量分析』新版　中央経済社
高原暢恭『人件費・要員管理の教科書』　労務行政
高原暢恭『人事評価の教科書』　労務行政
高原暢恭『人材育成の教科書』　労務行政
大津章敬『中小企業の「人事評価・賃金制度」つくり方・見直し方』　日本実業出版社
大津章敬『強い会社を作る人事賃金制度改革―成果主義の失敗から学ぶ人事制度改革成功の法則』　日本法令
西村聡・山岡美由紀『『多様な働き方』を実現する役割等級人事制度』　日本法令
西村聡・三浦眞澄『役割等級人事制度導入・構築マニュアル』改訂版　日本法令
森中謙介・山口俊一『社員300名までの 人事評価・賃金制度入門』　中央経済社
山元浩二『図解 3ステップでできる 小さな会社の人を育てる「人事評価制度」のつくり方』　あさ出版
山元浩二『小さな会社は人事評価制度で人を育てなさい！』改訂版　中経出版
菅野篤二『人事考課書式集』　日本法令
経営書院 編『精選 組織・分掌職務権限規程とつくり方』改訂版　経営書院
稲田行徳『1週間で会社が変わる！採用の教科書1～絶対失敗しない求人・採用・面接の仕方～』　ビジネス・ベストセラー出版
稲田行徳　『採用の教科書2 即戦力採用は甘い罠？～中小企業向け、求める人材像の設定編～』　ビジネス・ベストセラー出版
稲田行徳　『担当者の「？」をサクッと解決！中途採用の教科書Q＆A』　日本法令
井上和幸・曽和利光　『知名度ゼロでも「この会社で働きたい」と思われる社長の採用ルール48』　東洋経済新報社
谷所健一郎　『良い人材を見抜く採用面接ポイント』　経営書院
原正紀『人が集まる、定着する！会社の採用』　すばる舎
細井智彦『「使える人材」を見抜く 採用面接』　高橋書店
牧伸英『社長・人事・総務のための新しい採用活動（サイカツ）の本』　ダイヤモンド社
松下直子『採用・面接で「採ってはいけない人」の見きわめ方』　同文舘出版
キャロル・マーティン、岡村桂 訳『人材を逃さない 見抜く面接質問50』　ディスカヴァー・トゥエンティワン
社労士「高志会」グループ『図解 労働・社会保険の書式・手続 完全マニュアル』6訂版　日本法令
日本法令 編『29年版 初心者にもよくわかる給与計算マニュアル』　日本法令
社労広報センター 編『社会保険労働保険手続便覧』　社労広報センター
井上修・山田智絵『最新 小さな会社の給与計算と社会保険事務がわかる本』　ソーテック社
青木茂人・今和弘『基本と実務がよくわかる小さな会社の給与計算と社会保険 16-17年版』　ナツメ社
佐藤広一・星野陽子『図解でやさしくわかる！給与計算事務 最強ガイド』　アニモ出版
佐藤広一・さとう社会保険労務士事務所『図解と書式でやさしくわかる！社会保険事務 最強ガイド』　アニモ出版
社会保険研究所 編『社会保険の事務手続 総合版 平成29年度版』　社会保険研究所
原尚美・吉田秀子『最新 小さな会社の総務・経理の仕事がわかる本』　ソーテック社
村井直志　『経理に配属されたら読む本』　日本実業出版社

執筆者略歴

望月 建吾（もちづき けんご）　全体取りまとめ、第1章・第5章執筆、第2章監修

社会保険労務士法人ビルドゥミー・コンサルティング 代表社員。特定社会保険労務士／残業ゼロ将軍®。中央大学文学部卒業後、外資系大手コンサル会社、アイエヌジー生命保険 人事部を経て、2010年に上記社労士法人の前身の事務所を開業。残業ゼロの労務管理TM支援実績250社以上、人事制度づくり支援実績250社以上、就業規則づくり支援実績750社以上。NHK「クローズアップ現代」「あさイチ」など、専門家としての全国ネットのテレビ出演多数。著書として、『小さな会社でもできた！ 働き方改革 残業ゼロの労務管理』（第一法規）、『労使共働で納得できるWG式就業規則づくり』（経営書院）など多数。

〈連絡先／コンサルティング依頼先〉
社会保険労務士法人ビルドゥミー・コンサルティング　https://buildme-consulting.com/
東京都杉並区荻窪5-11-17 荻窪第二和光ビル2階　03-5347-2385
info@buildme-consulting.com

水野 浩志（みずの ひろし）　第2章執筆

社会保険労務士法人LaLaコンサルティング 代表社員。水野行政書士事務所所長。富山大学工学部卒業。2011年の試験で社会保険労務士と行政書士にW合格。その後、社会保険労務士事務所、労働局、年金事務所等で経験を積み、2013年に開業。社員の持ち味を活かす人材育成を基にした良い会社づくりの支援を行っている。業務拡大と社員満足度向上のために2017年に法人化。社会貢献事業として障害年金の請求に関する支援も行っている。北日本放送「KNB news every」のテレビ出演。労働新聞、月刊ケアマネジャー寄稿等がある。

〈連絡先／コンサルティング依頼先〉
社会保険労務士法人LaLaコンサルティング　https://lala-consulting.com/
北陸障害年金相談センター　https://e-nenkin.net/
富山県高岡市千石町1-3 横田ビル2階B号室　0766-50-8781
info@lala-consulting.com

堀下 和紀（ほりした かずのり）　第3章執筆

堀下社会保険労務士事務所所長。エナジャイズコンサルティング株式会社代表取締役。特定社会保険労務士。慶應義塾大学商学部卒業。明治安田生命保険、エッカ石油経営情報室長を経て現職。顧問200社。職員30名。全国でセミナー・講演会年30回以上。新聞・TV出演多数。労働紛争問題解決の第一人者。事務所完全クラウド化・在宅勤務・テレワークを実践。著書として、『なぜあなたの会社の社員はやる気がないのか？～社員のやる気をUPさせる労務管理の基礎のキソ～』（日本法令）、『織田社労士・羽柴社労士・徳川弁護士が教える 労働トラブル対応55の秘策』（日本法令）、『三国志英雄が解決！問題社員ぶった切り四十八手』（日本法令）、『労務管理は負け裁判に学べ！』（労働新聞社）、『訴訟リスクを劇的にダウンさせる就業規則の考え方、作り方。』（労働新聞社）、『ブラック企業VS問題社員』（労働新聞社）『女性活躍のための労務管理Q&A164』（労働新聞社）

〈連絡先／コンサルティング依頼先〉
堀下社会保険労務士事務所　http://www.horishtia.com
沖縄県浦添市西洲2-2-6組合会館2F　098-942-5528　info@horishita.com

岩本　浩一（いわもと　こういち）　第3章執筆（助成金担当）

社会保険労務士法人あいパートナーズ 代表社員。社会保険労務士。平成18年に松山市に岩本社会保険労務士事務所を開業。開業当初から助成金を活用したコンサルティング提案を積極的に行っている。業務拡大のため平成28年に法人化。助成金に関する記事寄稿、助成金セミナーなど多数開催。全国各地の同業者に助成金を広めてもらいたいため助成金勉強会を地元松山で立ち上げ講師を務める。共著に『雇用関係助成金 申請・手続マニュアル』（5訂版、6訂版、7訂版）（日本法令）がある。

〈連絡先／コンサルティング依頼先〉
社会保険労務士法人あいパートナーズ　http://www.office-iwamoto.jp
愛媛県松山市大手町1丁目8-20　シャトレー大手町101号　089-909-9094
info@office-iwamoto.jp

杉山　晃浩（すぎやま　あきひろ）　第4章執筆

特定社会保険労務士杉山晃浩事務所　所長。行政書士法人杉山総合法務　代表社員。特定社会保険労務士・行政書士。成蹊大学経済学部卒業後、東邦生命保険、津野労務管理事務所を経て現職。関与先は全国に300社。宮崎県でいち早くISO27001を取得する、選択制401Kの普及に取り組むなど、先進的な取り組みを全国に向けて発信している。NHK、テレビ宮崎、宮崎放送などテレビ出演。税理士業界ニュース、FIVE STAR MAGAZINEなど取材多数。「介護の経営と運営」など寄稿多数。共著に、『大競争時代を生き抜くための介護事業所の労務管理』（日本法令）、『ここで差がつく！次代をリードする人材を獲得するための採用戦術』（日本医療企画）。

〈連絡先／コンサルティング依頼先〉
特定社会保険労務士杉山晃浩事務所　http://office-sugiyama.jp/
宮崎県宮崎市佐土原町下田島20034番地　0985-36-1418　info@office-sugiyama.jp

「人事・労務」の実務がまるごとわかる本

2018年4月20日 初版発行
2024年6月20日 第15刷発行

著者	望月建吾 ©K.Mochizuki 2018
	水野浩志 ©H.Mizuno 2018
	堀下和紀 ©K.Horishita 2018
	岩本浩一 ©K.Iwamoto 2018
	杉山晃浩 ©A.Sugiyama 2018
発行者	杉本淳一

発行所 株式会社 日本実業出版社 東京都新宿区谷本村町3-29 〒162-0845
編集部 ☎03-3268-5651
営業部 ☎03-3268-5161 振替 00170-1-25349
https://www.njg.co.jp/

印刷／壮光舎 製本／若林製本

この本の内容についてのお問合せは、書面かFAX (03-3268-0832) にてお願い致します。
落丁・乱丁本は、送料小社負担にて、お取り替え致します。

ISBN 978-4-534-05585-9 Printed in JAPAN

日本実業出版社の本

「労務管理」の実務がまるごとわかる本

望月建吾・成澤紀美・
蒲島竜也・杉山晃浩・
堀下和紀
定価 本体 2300円（税別）

いまや労務管理は対策が急務となっている経営課題です。本書は、職場の労務リスク対策に強い著者が、はじめて労務管理を任された新人でも無理なく仕事が遂行できるように、現場に即した実務を徹底解説。これで労務問題や企業イメージの低下等を回避できます。

雑誌・定期刊行物

企業実務

「経理・税務」「総務・法務」「人事・労務」の三本柱を中心に、企業の事務・管理部門に不可欠なすべての内容を横断的に網羅。役員・管理職から担当者・スタッフの教育まで、幅広く読める・使える専門情報誌です。経理・簿記、税務・会計、社会保険事務、ビジネスマナー、コンプライアンス等々、仕事の現場に即した実務処理の基礎知識から、制度・法改正などの最新事情までをどこよりもわかりやすくタイムリーに解説。毎号「別冊付録」として、旬な1テーマを選んでコンパクトにまとめた小冊子（16頁）も同梱。経理・総務・人事担当者を幅広くサポートする、事務職必携の"トラの巻"！

発売：株式会社エヌ・ジェイ・ハイ・テック

書店ではお求めになれません。お問い合わせは
03-5225-3818
https://www.njh.co.jp/

- 月刊 ● A 4 変型判
- 94頁（付録16頁）
- 年間購読料 28,800円
  （税別。増刊号を含む。）

定価・誌代変更の場合はご了承ください。